HRBP 理论与应用案例

陈胜军 著

清华大学出版社
北京

内 容 简 介

HRBP是人力资源管理的未来发展方向,本书是一本HRBP方面的专著,是一本HRBP理论和实践有机结合的书。

本书首先从人力资源管理的发展沿革推导出HRBP产生的必然性,明确给出了HRBP的概念,分析了HRBP的作用和职能,探讨了HRBP的来源和分类,研究了HRBP的角色定位和素质能力要求,并从初级、中级和高级三个阶段分别探讨了如何成为一个好的HRBP,最后探讨了HRBP的职业发展路径以及未来之路。

本书包含了23家公司HRBP的一手访谈案例,这些案例包括了BAT、IBM、微软、华为、京东、搜狐、美团、当当等HRBP做得非常出色的公司,读者从中可以了解到HRBP的业界最佳实践。

本书封面贴有清华大学出版社防伪标签,无标签者不得销售。
版权所有,侵权必究。 举报:010-62782989,beiqinquan@tup.tsinghua.edu.cn。

图书在版编目(CIP)数据

HRBP理论与应用案例/陈胜军著. —北京:清华大学出版社,2018(2025.1重印)
ISBN 978-7-302-50853-3

Ⅰ.①H… Ⅱ.①陈… Ⅲ.①企业管理—人力资源管理 Ⅳ.①F272.92

中国版本图书馆CIP数据核字(2018)第179153号

责任编辑:汤涌涛
封面设计:杨玉兰
责任校对:周剑云
责任印制:杨 艳

出版发行:清华大学出版社
    网　　址:https://www.tup.com.cn, https://www.wqxuetang.com
    地　　址:北京清华大学学研大厦A座 邮　　编:100084
    社 总 机:010-83470000   邮　　购:010-62786544
    投稿与读者服务:010-62776969,c-service@tup.tsinghua.edu.cn
    质量反馈:010-62772015,zhiliang@tup.tsinghua.edu.cn
    课件下载:https://www.tup.com.cn, 010-62791865
印 装 者:涿州市般润文化传播有限公司
经　　销:全国新华书店
开　　本:185mm×260mm 印　张:14.75 字　数:325千字
版　　次:2018年8月第1版 印　次:2025年1月第12次印刷
定　　价:59.00元

产品编号:076614-01

前 言

中国已经进入了新时代。"世界大势浩浩荡荡，顺之者昌，逆之者亡。"人力资源管理也正在迈入新时代，传统的模块分割式的人力资源管理模式已经不能适应新时代的要求，HRBP 应运而生，它代表了未来人力资源管理发展的趋势和方向。

很多人力资源管理专业的学生、HR 从业人员以及企业的中高层管理者，都迫切想了解 HRBP 甚至想在本公司使用或者推广 HRBP，但苦于找不到合适的书籍，本专著的写作目的就是要解决这个问题，力求说清楚以下几个问题：HRBP 是什么？它在目前我国企业中的发展现状如何？它的角色定位是什么？HRBP 有什么素质要求？如何才能成为一名优秀的 HRBP？HRBP 的未来发展之路是什么？

我是一名人力资源管理的老兵，从事人力资源管理的教学和科研工作多年，也在首钢和华为的人力资源管理部工作过多年。HRBP 是近年来我非常感兴趣的一个话题，我相信 HRBP 代表了人力资源管理发展的未来方向，可以让人力资源管理给企业创造更大的价值，随着时间的推移，肯定会有越来越多的企业采用三支柱结构、设置 HRBP 角色。为了更好地研究这个问题，我在对外经济贸易大学成立了 HRBP 学派，专注于该问题的研究，并将 HRBP 学派的使命确定为：立志研究和推广 HRBP，让人力资源管理发挥更大的价值。用脚底板做学问，把文章写在大地上。

本书的特点如下：

(1) 国内第一本关于 HRBP 的专著，具有开创性。我从 2000 年就开始关注 HRBP，将其纳入我的研究范围，"十八年磨一剑"，终于将本书呈现给广大读者。

(2) 理论和实践的紧密结合。国内也有一些关于 HRBP 的书籍(但均不是专著)，这些书大部分都是 HR 从业人员或者咨询师写的，实操有余，理论不足。而本书将 HRBP 理论和实践有机地结合起来，理论讲透而深刻，实践讲活而接地气。

(3) 案例丰富，而且很"高大上"。本书包含了我们 HRBP 学派一手访谈的 23 个案例，几乎涵盖了所有 HRBP 做得出色的公司，包括 BAT、IBM、微软、华为、京东、搜狐、美团、瓜子二手车、华夏幸福、当当等著名公司，但由于企业要求保密，我们隐去了公司名称，但这并不影响读者们领略和学习它们 HRBP 的先进思想和做法。

(4) 提供了理解 HRBP 的多个视角。对于每一篇案例，HRBP 学派的"六剑客"都分别从自己的角度进行了点评，有利于读者们从不同的视角更好地理解 HRBP。

本书由对外经济贸易大学陈胜军撰写。本书能够顺利完成，还得益于很多人的帮忙，他们热心给我们引荐被访谈单位，敞开心扉地给我们介绍他们公司 HRBP 的生动实践，让我们顺利地访谈了 23 家企业，获得了宝贵的一手资料。访谈也让我们深刻地体会到：理论是灰色的，实践之树常青。

借此机会，特别感谢以下人员对本书的大力帮助。

(1) 对外经济贸易大学国际商学院的学生：王继新，陈科宇，郑清萍，于渤涵，弭楠楠，王喆慧，丁思蔚，李佩檐。

(2) 企业界人士：党素香，王瑶，沈彤，张嘉宁，刘美娜，田爱荣，王玲怡，王晓斌，孙扬，钱鹏飞，易见，王思捷，申敬宇，朱美容，朱晓红，唐炜，丁美岁，孙强，李建波，赵亦男，李继任，张晓丽，郭伟，芦明一，张伟红，荣启文，时辰，乔皓明。

本书原本的立意是生动活泼、接地气，既有理论也有实践，让读者有获得感，力求达到"文章不写一句空"的效果。我们特别想写好这本书，为在中国宣传和推广 HRBP 尽我们一份绵薄之力，写作中我们也尽了最大努力，但由于水平有限，可能达不到这个目的，也肯定会有不少疏漏、不足甚至错误之处，敬请广大读者批评指正。

陈胜军

2018 年 3 月于对外经济贸易大学

目　　录

第一章　HRBP 的由来 1

第一节　人力资源管理发展的历史沿革 1
　　一、三阶段论 1
　　二、四阶段论 2
　　三、五阶段论 4
　　四、六阶段论 4
　　五、本书的观点：五阶段论 6

第二节　我国人力资源管理学科的发展历史 10

第三节　九大模块的组织形式及其弊病 13
　　一、传统的人力资源管理九大模块 13
　　二、九大模块的弊病 16

第四节　转型突破：人力资源四个新角色和三支柱模型 18
　　一、人力资源的四个新角色 20
　　二、三支柱模型 21

第五节　HRBP：人力资源管理的新时代 22

第二章　HRBP 调研 24

第一节　HRBP 调研情况简介 24

第二节　HRBP 调研情况小结 24

第三节　国内外 HRBP 现状及问题 25
　　一、国内外 HRBP 的现状 25
　　二、HRBP 当前面临的主要问题 30

第三章　HRBP 是什么 40

第一节　HRBP 的概念 40

     一、HRBP 传统定义...40

     二、本书 HRBP 的定义...41

  第二节 HRBP 的作用和职能..41

     一、专业服务职能...41

     二、战略引导和变革驱动职能...44

     三、团队建设职能...44

     四、文化落地职能...45

     五、信息沟通职能...46

     六、问题发现职能...47

  第三节 HRBP 的来源..50

     一、科班出身，你说什么我都懂...50

     二、战场退役，业务经验做管理...53

  第四节 HRBP 的分类..55

     一、专业能力...55

     二、战略能力...56

     三、业务亲密性...58

第四章 HRBP 的角色定位与素质能力要求..60

  第一节 理论层面的 HRBP 角色定位及素质能力要求研究................................60

  第二节 实践层面的 HRBP 角色定位及角色素质能力研究................................64

     一、华为篇...64

     二、阿里巴巴篇...66

     三、腾讯篇...68

     四、IBM 篇..69

     五、雀巢篇...72

第五章 如何成为一个好的 HRBP..74

  第一节 HRBP 的初级阶段..75

第二节　HRBP 的中级阶段 77

   第三节　HRBP 的高级阶段 80

   第四节　HRBP 在实际中的任职要求 83

   　　一、阿里巴巴集团 83

   　　二、华为 86

   　　三、腾讯 87

   　　四、IBM 89

第六章　HRBP 职业发展路径与未来之路 90

   第一节　职业发展路径 90

   　　一、职业发展路径图 90

   　　二、职业发展分类图 91

   　　三、主要职业发展路径分析 92

   第二节　HRBP 的未来 99

   　　一、HRBP 带来了什么 99

   　　二、HRBP 未来会活在哪里 102

   　　三、HRBP 未来怎么活 107

附录一　HRBP 访谈案例故事 113

   案例 1　数学系才女的八面玲珑 113

   案例 2　与 HRBP 相爱相杀 116

   案例 3　来自 COE 的对抗 122

   案例 4　咱们的政委有力量 127

   案例 5　石油公司的顺利转签 133

   案例 6　有压力才有动力 137

   案例 7　大佬们的好帮手——常青藤下的基业长青 141

   案例 8　年轻有为，要撸起袖子加油干 144

   案例 9　雷厉风行的外企 Lady 范儿 148

案例 10　从咨询到大甲方的华丽转身 153

案例 11　没有好 BOSS，难出好 BP 157

案例 12　在雪花的平台大绽光彩 162

案例 13　我在 Top 互联网公司得心应手 170

案例 14　深入业务，才能做得响亮 179

案例 15　产品思维做 BP 183

案例 16　大事小事，事事关心 186

案例 17　谈钱不伤感情，为了荣耀 189

案例 18　打造强文化军团 191

案例 19　百转千回还是你 196

案例 20　年轻就有"希望" 199

案例 21　外企互联网巨头的员工关怀典范 202

案例 22　云端的 HRBP 205

案例 23　转向业务还是管理：HRBP 的美丽光明大道 211

附录二　所调研企业的 HRBP 详情 217

附录三　推荐"涨知识"素材 222

附录四　缩略语解释 225

参考文献 226

第一章 HRBP 的由来

第一节 人力资源管理发展的历史沿革

HRBP(HR Business Partner)的由来和三支柱模型(Three Pillars Model)息息相关,它属于三支柱中的"一柱"。那,三支柱是什么?为什么会产生三支柱?这就需要追溯到人力资源管理发展的历史以及传统九大模块的弊病。

首先梳理一下人力资源管理发展的历史沿革,关于这个问题,国内外各个学者各有看法,莫衷一是。国内外学者总结人力资源管理的发展历史,一般都是将其划分为若干个不同阶段,但是划法不一,典型的划法包括三阶段论、四阶段论、五阶段论和六阶段论,这些划分从不同的角度揭示了人力资源管理的发展历史。本书先简要介绍一下这四种划法,然后再提出本书的观点。

需要说明的是,对人力资源管理发展历史的阶段划分,目的并不是这些阶段本身,而是要借助于这些阶段的划分来把握人力资源管理整体的发展脉络,更加深入地理解它。因此,对于阶段的划分并没有绝对的标准和绝对的对错。

一、三阶段论

三阶段论将人力资源管理的发展划分为三个阶段,根据划分的标准不同,有不同的三阶段划分。

1. 依据人力资源管理所扮演的角色

以 Fombrun,Tichy,Deranna 为代表的学者根据人力资源管理在组织管理中所扮演的角色和所起的作用,把人力资源管理的发展划分为以下三个阶段。

(1) 操作性角色时代。在此阶段,人力资源管理的内容主要是一些简单的事务性工作,在管理中发挥的作用不是很明显。

(2) 管理性角色时代。人力资源管理在这一阶段开始成为企业职能管理的一部分,承担着相对独立的管理任务和职责。

(3) 战略性角色时代。随着竞争的加剧，人力资源在企业中的作用越来越重要，人力资源管理开始纳入到企业的战略层次，要求从企业战略的高度来思考人力资源管理的相关问题。

2. 根据人力资源管理的内容

以此标准划分可将人力资源管理的发展划分为现场事务管理、档案业务管理和指导协调管理三个阶段。

(1) 现场事务管理阶段。主要指以保证工作任务的完成而在现场进行的人力资源管理，它没有专门的人力资源管理部门和人员，主要由现场管理人员来处理人事矛盾、进行人员调配和劳动监督。

(2) 档案业务管理阶段。指在办公室而非现场进行的一种间接性的人力资源管理，这一阶段有专门的工作场所和专业的工作人员，管理的内容是比较专业化的人员招聘、甄选、配置、培训、考核和薪酬等。

(3) 指导协调管理阶段。指导协调管理属于一种专家型的咨询式管理，在这种方式下，人力资源部门的所有人员都是专家，主要负责人力资源管理政策、制度和技术的研究与制定；负责对制度、政策的执行情况进行监督检查；负责人力资源管理技术和方案的咨询与指导；负责人力资源发展战略的咨询与贯彻。

二、四阶段论

代表学者是科罗拉多大学的 Wayne F. Cascio 教授，从功能的角度将人力资源管理的发展历史划分为档案保管、政府职责、组织职责和战略伙伴四个阶段。

(1) 档案保管阶段。时间从人事管理出现一直到 20 世纪 60 年代，在此阶段，主要工作就是招聘录用、培训和人事档案保管。随着雇主对员工关心程度的增加，新员工的录用、岗前教育、人事资料管理等工作，均由人事部门或者专职人员负责。在这一阶段，缺乏对工作性质和工作目标的明确认识，也没有清晰的条理和制度。

(2) 政府职责阶段。时间是 20 世纪 60—70 年代，这一阶段的特点是政府介入和法律规定开始在各个方面影响雇佣，但企业的高层领导人仍将人力资源管理的成本视为非生产性消耗。以美国为例，继 1964 年通过《民权法》之后，政府相继通过了《种族歧视法》《退休法》《保健安全法》等涉及公民雇佣的多项法律，企业如果违反这些法律就会造成巨大的经济损失，这就迫使企业各级领导对劳动人事管理工作予以足够的重视，不允许有疏忽，力求避免或者缓解劳资纠纷或者在出现劳资纠纷时争取主动，减少诉讼损失。在上述背景条件下，企业人事管理工作不得不强调规范化、系统化和科学化，工作任务清晰化，主要任务包括招聘、录用、保持、开发、绩效评价和薪酬管理等，为完成上述工作任务所需要的各类人事专家也纷纷进入企业。而为此所支出的费用，在当时仍然被许多企业的高层管理者视为整个组织的非生产性消耗，企业不过是为了应付政府不得已而为之，因此，这一阶段被称为"政府职责"阶段。例如，1973年美国电话电报公司与联邦政府达成一项协议，同意将晋升到管理职位上的女员工的起点工资与晋升到同样职位上的男员工的工资拉平，这本属于纠正性别歧视的合理之举，但当时在企业里却被认为是"错误的人事管理"，因为该公司为此多支付了3亿多美元。

(3) 组织职责阶段。时间是20世纪70年代末到80年代。此时，企业领导人不再认为人事管理是"政府的职责"，而把它真正视为自己企业的"组织职责"了，人力资源管理和开发成为企业人事部门的职责。

这种认识的转变有其历史背景。首先，心理学、社会学和行为科学日益渗透到企业管理领域，在这种学科交融的基础上形成的理论日益受到企业的重视，并被广泛接受。其次，1972—1982年，美国的劳动生产率年平均增长0.6%，而同时期的日本、西德和法国分别为3.4%、2.1%、3%，员工的懒散和管理的平庸使企业高层领导者忧心忡忡。再次，劳资关系日益紧张。最后，政府官员对企业进行了非公正地干预，再加上劳动力的多样化，教育水平的提高，导致对人的管理越来越困难。因此，企业高层领导被迫从企业内部寻找出路，发现人力资源管理是一个重要的突破口，认为人力资源是一种重要的战略资源，是企业成败兴衰的关键，为此，企业开始吸收人事经理进入企业高层领导集团，共同参与企业的经营决策。20世纪80年代初期，美国和欧洲纷纷出现了人力资源开发和管理组织，人事部门也纷纷开始改名为人力资源管理部，企业从强调对物的管理转向强调对人的管理。

(4) 战略伙伴阶段。时间是从20世纪90年代开始，这一阶段开始把人力资源战略作为公司重要的竞争战略，逐渐从战略的角度考虑人力资源管理问题，把人力资源管理与公司的总体经营战略联系在一起。

三、五阶段论

以 Rowland 和 Ferris 为代表的学者，从管理的历史背景出发，将人力资源管理的发展历史划分为五个阶段。

(1) 第一阶段：工业革命时代。
(2) 第二阶段：科学管理时代。
(3) 第三阶段：工业心理时代。
(4) 第四阶段：人际关系时代。
(5) 第五阶段：工作生活质量时代。

此观点的独特之处，是把工作生活质量作为一个独立的阶段提出来。工作生活质量一般有两种含义：一是指一系列客观的组织条件及其实践，包括工作的多样化、工作的民主性、员工参与和工作的安全性等；二是指员工工作后产生的安全感、满意程度以及自身的成就感和发展感。第一种含义强调描述工作的客观状态，第二种含义强调描述员工的主观需要。将这两种含义结合起来，工作生活质量是指员工在工作中所产生的生理和心理健康的感觉。美国的一项调查研究表明，在辞职的打字员中，60%是由于工作枯燥无聊，而不是因为工作任务繁重。影响工作生活质量的因素有很多，为了提高员工的工作生活质量，企业需要采取一系列措施。工作生活质量的核心是员工参与管理，参与的方法有很多，并且还在不断推陈出新。从美国的实践看，主要形式有：建立质量控制小组以及解决各种问题的小组，劳资双方合作参与工作设计和新工厂设计，实现收益分享、利润分享以及斯坎隆计划，实行企业的雇员所有制等。

四、六阶段论

以华盛顿大学的 French 教授为代表，也是从管理的历史背景出发，将人力资源管理的发展划分为六个阶段。

(1) 第一阶段：科学管理运动阶段。这一阶段以泰勒(W.Taylor)和吉尔布雷斯(Gilbreth)夫妇为代表，关注重点主要是动作和时间研究、工作分析、人员选拔和激励方案的制定。

(2) 第二阶段：工业福利运动阶段。在此阶段，企业出现了社会秘书或福利秘书(Social Secretaries or Welfare Secretaries)，专门负责员工福利方案的制定和实施，员工的待遇和薪酬问题成为管理者关心的重要问题。

(3) 第三阶段：早期工业心理学阶段。以 Hugo Munsterberg 等人为代表的心理学家的研究结果，推动了人事管理工作的科学化进程。关于个人心理特点与工作绩效关系的研究以及人员选拔预测效度的提出，使人事管理开始从规范步入科学化的轨道。

(4) 第四阶段：人际关系运动时代。以霍桑实验为起源的人际关系运动，推动了整个管理学界的革命，也影响了人力资源管理。人力资源管理开始从以工作为中心转变到以人为中心，把人和组织看成是社会系统。此阶段强调组织要理解员工的需要，这样才能让员工满意并提高生产效率。

20 世纪 30—40 年代，美国企业管理界流行着一种"爱畜理论"，当时爱畜牛奶公司的广告说"爱畜来自于愉快的奶牛，因此品质优良"。研究人员认为心情愉快员工的生产率会比较高，于是，公司使用郊游、员工餐厅等各种办法来改善员工的社会环境，提高士气，从而试图提高劳动生产率。实际上，这一理论夸大了员工情感和士气对生产率的影响，最终实践表明，良好的人际关系可以提高生产效率的观点是不可靠的。

(5) 第五阶段：劳工运动阶段。雇佣者与被雇佣者的关系，一直是人力资源管理的重要内容之一，从 1842 年美国马萨诸塞州最高法院对劳工争议案的判决开始，美国的工会运动快速发展；1869 年，形成了全国性的网络；1886 年，美国劳工联合会成立；大萧条时期，工会也处于低潮；到 1935 年，美国劳工法案即瓦格纳法案(Wagner Act)的颁布，工会又重新兴盛起来，罢工现象此起彼伏，缩短工时、提高待遇的呼声越来越高，出现了集体谈判。到 20 世纪 60 年代和 70 年代，美国联邦政府和州政府连续颁布了一系列关于劳动和工人权利的法案，促进了劳工运动的发展，人力资源管理成为法律敏感行业。对工人利益的重视、工人权力的重视，成为组织内部人力资源管理的首要任务。

(6) 第六阶段：行为科学与组织理论时代。进入 20 世纪 80 年代以后，组织管理的特点发生了变化，人的管理成为主要任务。从单个人到组织人，把个人放在组织中进行管理，强调文化和团队的作用，成为人力资源管理的新特征。

五、本书的观点：五阶段论

综合国内外的相关研究，本书认为，人力资源管理经历了人事管理、人力资源管理、人力资本管理、战略人力资源管理以及由外而内的人力资源管理等五个阶段，如图 1.1 所示。

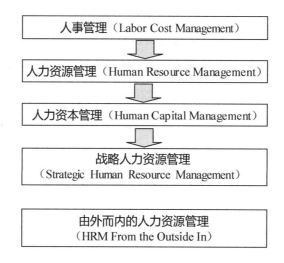

图 1.1 人力资源管理的发展阶段

1. 人事管理阶段

这一阶段的假设是：人是成本。既然是成本，人事管理就要千方百计地降低成本。这一阶段的工作以"事"为中心，内容主要包括记考勤、开调令、管档案、发工资、签合同、办理入职和离职手续、组织招聘或招工等一些事务性的工作，虽然事务繁杂，但是工作属于操作层面，工作的技术含量较低，比较被动，体现不出价值增值性。

在此阶段，很多人认为人事管理就是一个办事员的角色或身份，只有那些专业水平不高、技术能力不强的人才愿意从事这些工作，人事管理什么人都能干。办事员的形象定位限制了从业人员的积极性和能动性，一味地被动应付，大量的时间花在附加值很低的事务性工作上，机械地重复着流程性工作，其价值大打折扣。人事部的官僚作风也在这种环境中日渐增长，长时间的机械性事务工作使得人事部从业人员感觉没有价值感和成就感，变得懒散，不求上进，不思进取。

2. 人力资源管理阶段

这一阶段的假设是：人是有价值的重要资源。

在我国，最早提出"人力资源"概念的是毛泽东同志，他在1942年撰写的《评柏林声明》中提到"希特勒的旧军队是疲敝不堪了，精锐部分已经耗完。他的人力资源与军备资源即使再搜括，也不能再组织一个像样的攻势了"。《毛泽东文集》中共七次提到"人力资源"。在国外，管理学大师彼得·德鲁克(P.Drucker)1954年在其著作《管理实践》中对"人力资源"进行了界定，他认为：人力资源也是一种资源，但人力资源是一种特殊资源，不同于其他所有资源，是具有自身生理和心理特点、具有不同能力和行为模式的人，它必须通过有效的激励机制才能充分发挥作用，并为组织带来经济价值。自从20世纪60年代开始，人力资源的概念逐渐深入人心，对人力资源的研究也越来越多。

既然是资源，人力资源管理就要充分利用和挖掘好"人"这个资源，为组织创造价值，因此这一阶段的工作以"人"为中心，内容主要包括：人力资源管理各项制度建设、员工能力建设和职业生涯规划、员工的激励和保留、优秀员工管理、继任者计划、企业文化建设和敬业度管理等。企业逐步建立起了招聘选拔、培训开发、工作分析、绩效考核、薪酬福利、劳动关系等人力资源管理体系。

人力资源管理与人事管理的区别如表1.1所示。

表1.1 人力资源管理和人事管理的区别

比较项目	人力资源管理	人事管理
管理理念	视员工为有价值的重要资源；劳资是利益共同体，劳资两利	视员工为成本、负担；劳资利益冲突，劳资对立
管理内容	丰富；建立人力资源规划、开发、应用与管理系统，提高组织竞争力	简单；行政的、事务性的工作

续表

比较项目	人力资源管理	人事管理
管理活动	重视培训开发；主动	重使用、轻开发；被动
管理性质	战略性、整体性、未来性	战术性、分散性
管理地位	战略层	执行层
管理目的	组织和员工长远利益的共同实现	组织短期目标的实现
工作模式	以人为中心，人本化管理，参与、透明	以事为中心，命令、控制
与其他部门关系	和谐、合作	对立、抵触
本部门与员工的关系	帮助、服务	管理、控制
角色	挑战、变化	例行、记载
部门属性	生产与效益部门	非生产、非效益部门

3. 人力资本管理阶段

这一阶段的假设是：人也是一种资本。根据马克思的说法，资本是能够创造剩余价值的价值。美国芝加哥大学著名经济学家西奥多·W. 舒尔茨(Theodore W. Schultz)提出了人力资本的概论，并由于创建了人力资本理论而获得了1979年的诺贝尔经济学奖。舒尔茨认为，人力资本是体现于人身体中的知识、能力和体力(健康状况)，人力资本是投资形成的，投资渠道如下。

(1) 营养及医疗保健费用。

(2) 学校教育费用。

(3) 在职人员培训费用。

(4) 择业过程中所发生的人事成本和迁徙费用。

人力资本强调投资的概念，认为人力资本和其他资本一样，都有投入回报的特性。相较于人力资源，人力资本是一个更动态化的概念，希望通过对员工的投资、培训和开发，提升员工的能力，让员工为企业创造更大的价值。

在人力资本管理阶段，管理从追求数量转到追求质量，工作重心转移到营造良好的"投资"环境和整合人力资源各项规章制度上。通过工作分析和人才盘点，优化"人岗匹配"；通过科学的招聘选拔，精准定位和录用企业与岗位所需要的人才；通过加大培训开发的力度，提升员工的知识技能，改善员工的工作态度；通过建立科学的绩效管理体系，使绩效评价更客观更全面；通过改革和优化薪酬管理体系，使之更公平更有激励性，最终在企业里形成"聚集人才、培养人才、开发人才、有效配置人才、合理使用人才、全面激励人才、有效留住人才"的观念，提高人力资本的投资回报率。

4. 战略人力资源管理阶段

随着中国特色社会主义进入新时代，随着知识经济、互联网经济和全球化时代的深入发展，随着中国经济由高速增长阶段转向高质量发展阶段，企业经营环境的不确定性越来越强，企业之间的竞争日益加剧，人才的作用越来越凸显，企业对人才的争夺战也越演越烈，麦肯锡公司提出了"人才战争"概念，人才成为企业竞争的核心，成为企业核心竞争力的来源。

在此背景下，客观上要求企业人力资源管理需要与企业战略密切结合，使人力资源管理更好地支持企业战略的实现。基于此，人力资源经理进入了企业的决策层，以专家顾问和战略合作伙伴的身份出现，参与决策，推动变革，使人力资源管理上升到战略人力资源管理阶段。

战略人力资源管理是相对以前的"一般人力资源""事务人力资源管理"而提出的新概念，要求在战略层面上开展人力资源管理工作，人力资源管理要促进企业战略的实现。这一阶段的工作以"战略"为中心，人力资源管理者要做企业战略决策的参与者，提供基于战略的人力资源规划及系统解决方案。

5. 由外而内的人力资源管理阶段

管理学大师彼得·德鲁克在他的著作《管理的实践》中提出了几个经典问题，其中之一是：我们的事业是什么？他写道："'我们的事业是什么'并非由生产者决定，而是由消费者来决定；不是靠公司名称、地位或规章来定义，而是由顾客购买产品或服务时获得满足的需求来定义。因此，要回答这个问题，我们只能从外向内看，从顾客和市场的角度，来观察我们所经营的事业。"

受此启发，现代人力资源管理之父、密歇根大学的教授戴维·尤里奇(Dave Ulrich)提出了由外而内的人力资源管理的新思想和新价值主张，即：价值是由接受者而非提供者决定的。尤里奇认为，由外而内的人力资源管理比战略人力资源管理走得更远，人力工作者需要根据企业的商业环境、利益相关者需求而调整自身的工作，需要将眼光投向组织之外的客户、投资者和社区，以他们的视角来定义企业人力资源管理的成功，如图 1.2 所示。

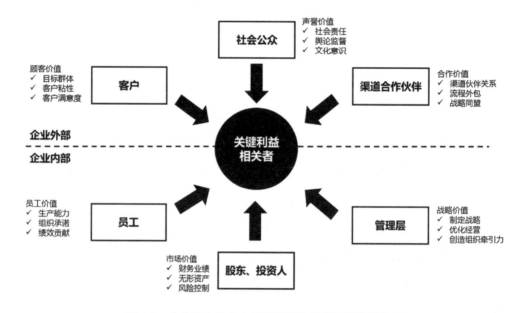

图 1.2　由外而内的人力资源管理需考虑的利益相关者

尤里奇非常积极地推广这一理念，先是将"由外而内重建 HR"作为他一本著作的副标题：*HR transformation—building HR from the outside in*，后来干脆将其作为该书的书名：*HR from the outside in*。

通俗而言，这一理念就是"跳出圈外""站在月球上看地球""不识庐山真面目，只缘身在此山中"。人力资源管理不能只囿于企业内部，要放远和放宽眼光，在企业所处的整个生态系统中考虑诸多利益相关者的需求，这样才能更好地定位人力资源管理需要做什么，才能把人力资源管理工作做得更好。

第二节　我国人力资源管理学科的发展历史

前面讲了人力资源管理在企业的发展历史，下面介绍一下人力资源管理学科在我国发展的历史沿革。我国高校的人力资源管理专业是从 20 世纪 50 年代的"劳动经济学"专业发展而来的。其间主要经历了以下四个阶段。

1. 初创期(20世纪50年代至1966年)

1958年北京经济学院(首都经济贸易大学前身)成立,在全国最早设置了劳动经济系和劳动保护系。

2. 停办时期

"文化大革命"10年间相关专业被停办。

3. 发展期(1977—1998年)

1) 劳动经济学专业与人事管理专业并行发展(1977—1991年)

1981年,北京经济学院成为全国第一个获得劳动经济学硕士学位的授权单位;1984年,北京经济学院设立人事管理专业;1986年,中国人民大学开始招收人事管理专业的本科生。因此,在此阶段,"人力资源管理专业"的前身——带有计划经济色彩的人事管理专业产生了,其定位主要是为国家政府机关培养专司劳动人事管理职能的行政事务性人才。

2) 人力资源管理专业独立发展(1992—1998年)

1992年,原国家教委首次将"人事管理"专业更名为"人力资源管理"专业,1993年中国人民大学首次设立了"人力资源管理"专业。但直到1997年,部分院校仍以"劳动经济学"专业的名义招收"人力资源管理"专业的学生,1998年国家教育部将部分院校的"劳动经济学"专业并入"人力资源管理"专业。至此,"人力资源管理"专业完成了新的整合,迈向了一个全新发展的时期。

4. 成熟期(1999年至今)

2003年,中国人民大学获准独立设置人力资源管理专业博士和硕士学位授予点。中国的人力资源学科进入一个蓬勃发展时期,朝向一个成熟稳定的学科方向走去。在这个阶段,企业对人力资源管理这个概念已经熟悉,人力资源管理专业的学生也开始大量增加。1999年,全国只有37所院校招收人力资源管理专业学生,而到了2017年已经有428所院校开始招收。与此同时,一批从国外回来的博士或者学者也开始在国内教授人力资源管理课程。

随着1991年MBA以及2002年EMBA的开始招生,人力资源管理在社会上越来越受到关注，人力资源管理的培养层次也越来越丰富化，包括本科生、硕士研究生、MBA、EMBA、博士研究生等。所有这些，都为人力资源管理在我国的发展进行了理论和人才准备。

人力资源管理学科在我国高校发展的历史演变过程如图1.3所示。

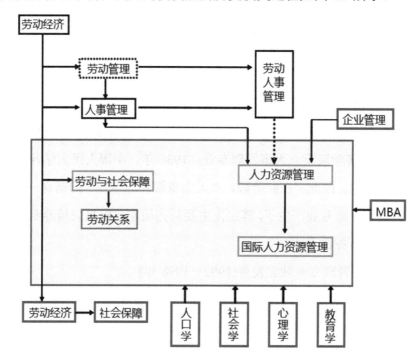

图1.3　人力资源管理学科在我国高校的发展沿革

总结起来，中国高校人力资源管理学科的快速发展与以下背景有关：①人力资源成为"第一资源"的世界潮流，大众创业、万众创新的持续推进，为中国人力资源管理研究的兴起奠定了深厚的时代背景。②中国经济发展进入新常态，庞大的人口数量压力需要转变为人力资源优势的现实国情，新时代中国特色社会主义条件下企业用人体制、机制的转变，人力资源管理面临的新问题越来越多，问题越来越复杂，为人力资源管理研究在中国的兴起和发展提出了客观要求。③人力资源管理人才的市场需求急剧攀升，为中国人力资源管理研究的兴起和进一步发展奠定了市场基础。④MBA(工商管理硕士)和MPA(公共管理硕士)等专业硕士项目的开办，为中国人力资源管理学科的发展提供了优秀的人才基础和广阔的科研空间。

第三节 九大模块的组织形式及其弊病

传统的人力资源管理采用九大模块的组织形式,在特定的历史条件下有其合理性,曾经发挥了较大的作用,但是随着时代的发展,其弊病也日益显现。

一、传统的人力资源管理九大模块

九大模块模式,是一种基于职能分工的人力资源管理模式。该模式采用专业分工的方式,满足组织在员工招聘、培训发展、绩效评估、薪酬福利以及员工关系管理等方面的需求。具体而言,九大模块包括:人力资源规划、工作分析及评价、招聘选拔与录用、培训开发与职业生涯管理、绩效管理、胜任力评价系统(素质模型)、薪酬管理、员工关系管理和企业文化管理,如图1.4所示。

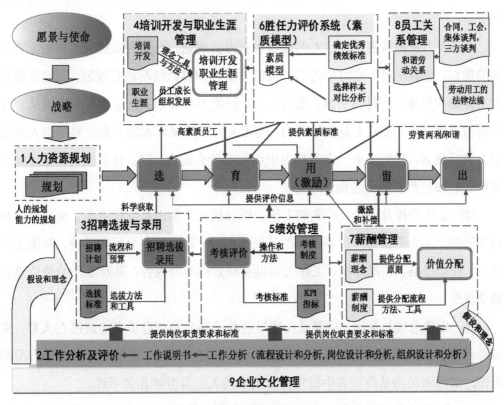

图1.4 传统人力资源管理的九大模块

上图类似于一个鱼骨图，中间围绕着人力资源管理的功能，简言之，五个字：选、育、用、留、出。

"选"是吸纳功能，要为组织挑选出合适的人力资源，既要符合"人—岗"(Person-Position)匹配，也要符合"人—组织"(Person-Organization)匹配，这是人力资源管理的入口关，"病从口入"，把好入口关非常关键和重要；"育"是培训开发(Training & Development)功能，要不断地培育员工，一方面使其工作知识和能力不断提高，另一方面与企业在理念、文化、价值观等方面的契合度不断提高；"用"包含了配置功能和激励功能，要做到"人职匹配、适人适岗"，根据员工的需求激励员工，调动员工的工作积极性，为组织创造更大的价值；"留"是维持功能，需要采取各种办法将优秀员工保留在组织中；"出"是清理和代谢功能，通过裁员或者末位淘汰等方式方法"吐故"，保持或提高组织的活力和竞争力。

人力资源管理的这些功能，是通过人力资源管理的九大模块来实现的，分述如下。

(1) 人力资源规划。包括人的规划和能力的规划。人力资源规划，表面上看是人的规划，是组织对一定时期内的人员需求情况和供给情况进行预测，制定平衡供需的计划和措施，并付诸实施；而实质上，是能力的规划。企业战略的实现从表面上看需要的是人，实质上是人的能力，因此人力资源规划本质上是要对组织人员的能力进行规划，预测未来一定时期内组织需要什么能力，现存什么能力，能力差距是什么，如何弥补能力差距，等等。

(2) 工作分析及评价。广义的工作分析包括三个层面：流程层面、岗位层面和组织层面。人力资源管理主要关注的是岗位层面，通过工作分析和评价，明确工作职责、任职资格、工作环境、工作关系以及绩效标准等内容，并对工作的价值进行科学评价。

(3) 招聘选拔与录用。招聘是指通过各种途径发布信息或者走进潜在人群，将应聘者吸引过来；选拔是对应聘者进行知识、技能、经验、价值观、人格等方面的测评；录用则是指从应聘者中确定符合要求的人选并办理相关手续。

(4) 培训开发与职业生涯管理。培训与开发是指组织通过各种方式使员工具备胜任现在或者将来岗位所需要的知识、技能,并改变或塑造他们的态度、理念、价值观,以提高员工在现有或将来岗位上的工作绩效以及组织的整体绩效,并最终贡献于组织战略实现的一种计划性、连续性和系统性的活动。在新时代背景下,在"Y一代"越来越多地进入劳动力市场的情况下,为了调动"Y一代"的工作积极性,职业生涯管理变得越来越重要。

(5) 绩效管理。绩效管理(Performance Management)是识别、衡量以及开发个人和团队绩效,并且使这些绩效与组织的战略目标保持一致的一个持续性的过程。通过绩效管理对员工的工作表现进行评价,向员工提供反馈,帮助员工提升绩效进而提升组织的绩效。绩效管理包括制定绩效计划、绩效监控、绩效考核、绩效沟通和改进等活动。

(6) 胜任力评价系统(素质模型)。通过深入系统地研究优秀员工具备的素质,构建素质模型,描绘优秀员工的行为,据此可以进行招聘选拔、培训开发、使用激励、业绩评价和薪酬奖励等活动,使更多的员工达到高绩效。

(7) 薪酬管理。通过薪酬管理,对员工所做出的贡献,包括知识、技能、体力、工龄、工作绩效等进行科学合理的补偿。

(8) 员工关系管理。员工关系是指企业所有者、经营管理者、普通员工和工会组织之间在企业的生产经营活动中形成的各种责、权、利关系。需要通过规范化、制度化、法律化的管理,使劳动关系各方的行为得到规范,权益得到保障,促使劳动关系稳定和谐,保证企业稳定运行。

(9) 企业文化管理。文化是一种假设,是一种共同的价值观,是一种氛围和风气,是一种集体习惯和行为方式,是企业的性格和味道。文化贯穿人力资源管理的整个过程,要做好人力资源管理,必须将制度和文化二者有机结合。

可见,九大模块分工的人力资源管理模式是围绕着"选、育、用、留、出"等人力资源管理的功能而设计和展开的,各模块均需要不同的专业知识和技能,各个模块之间有效衔接,互相配合,形成了有效的人力资源管理体系。不同企业以及不同的企业发展阶段,由于企业战略、经营目标以及工作任务的不同,九大模块的工作重点也会有所区别。

二、九大模块的弊病

九大模块的人力资源管理模式曾经发挥了非常重要的作用，但是随着VUCA(Volatile、Unpredictable、Complex、Ambiguous，动荡的、不可预测的、复杂的和不确定的)时代的到来，互联网时代的到来，组织结构扁平化，企业竞争加剧，对企业应变能力提出了更高要求，九大模块分工的人力资源管理模式的弊病也逐渐暴露出来，主要表现如下。

(1) 不了解业务部门的需求，工作重点和针对性易出偏差，工作精确度不高。以前的人力工作者要么"高高在上"，要么"偏安一隅"，和业务部门接触不多、了解不多，或者有接触和了解，但是流于表层，不够深入。随着新时代的到来，移动互联网的兴起，企业内外环境的变化更加迅速，导致人力工作者对业务部门的情况或者需求越来越不了解，工作的盲目性加大。

(2) 工作与公司战略脱节，偏操作层面。由于工作定位不高等原因，人力工作者的工作往往都是事务性质的，对公司的战略缺乏了解，更多的是具体操作。

(3) 基于单模块视角的思维及处事方式，难以整体解决问题。各模块员工仅站在本模块的角度进行工作，缺乏整体性思考。当业务部门提出需求时，对应的是人力资源部的某一个职能模块，对应的解决方案往往偏重某一个角度，表面上好像是解决了问题，实际上可能会引发更深层次的矛盾。例如，业务部门抱怨团队现有人员能力不足，招聘部门给出的方案可能是招聘高能力级别的人，但实际问题可能是该业务部门的团队凝聚力或者分工出了问题，这样，花费高成本引入高能力的员工，可能不仅不能增强团队能力，反而引发内部同工不同酬等一系列矛盾。

(4) 效率低下。由于各模块之间的隔阂和沟通不畅等原因，导致工作效率低下。

(5) 大量重复事务性工作，HR自身的价值与成就感不强。由于大量的事务性工作，加之工作内容重复性较高，缺少自主性，导致人力资源管理部员工付出了大量劳动，但工作的价值感和成就感不强。

(6) 工作风格及角色定位偏监管，与业务部门矛盾重重。以前的人力工作者，往往是公司高层领导意见的传达者和执行者，"高高在上""发号施令"，工作风格偏管控，以督导或命令的方式推动工作，没有深入到基层了解员工和业务的实际情况，例如，经常要求员工填写各种价值不高、不切实际或者重复劳动的表格，被员工戏称为"表哥表姐"。工作风格的管控性、角色定位的不合理性加之工作态度的强硬性，造成人力工作者与业务部门之间的矛盾，很多人对人事部的看法是：怕它，恨它，又瞧不起它！

综上，基于九大模块分工的人力资源管理模式，由于工作定位、工作视角以及工作效率等问题，导致人力资源管理工作不能满足用人部门的需求，员工的满意度越来越低，意见越来越大。

这时有人提出，既然人力资源管理部门不创造价值，那要它有什么用呢？为什么不炸掉它呢？《财富》杂志的专栏作家托马斯·斯图尔特(Thomas A. Stewart)就持这种观点，他在1996年1月就写道："在你们的公司中有这样一个部门，它懒懒的，昏昏欲睡，就像是克娄巴特拉胸脯上的毒蛇一样。这个部门中的员工将80%的时间都用在了日常性的行政管理上。该部门几乎所有的职能都可以让其他部门用更少的时间却更熟练地去完成。更要命的是，这一部门的领导人无法说出该部门对公司的价值增值到底有什么贡献，而只会说一些颇为流行的、无法量化的和苍白无力的话。然而，正如毒蛇不会受到自己的毒液感染一样，这个部门竟然还常常向其他部门提出建议，告诉它们应当如何精简那些不会给公司带来价值增值的工作。不仅如此，从招聘广告上还可以看出，这个部门中的专业人员的平均薪酬水平在去年竟然上升了30%。我所描绘的当然就是你们公司的人力资源管理部门，想听听我给你们的一个小小的建议吗？干嘛不把它炸掉算了？"

2005年，《快公司》(Fast Company)副主编基思·哈蒙兹(Keith Hammonds)发表了一篇文章"我们为什么恨人力资源部"。他认为，往好里说，人力资源管理充其量是一种"必要的罪恶"(Necessary Evil)，往坏里说，它就是一种"黑暗的官僚势力"(Dark Bureaucratic Force)，"盲目地推行荒谬的规章制度，妨碍创造力，阻碍建设性的变革"。对于人们为什么恨人力资源部，他提出了如下四条理由：

(1) 人力资源部的从业者不是企业中最优秀的人；

(2) 人力资源部的工作追求效率，不重视结果，不关心是否为企业带来价值；

(3) 人力资源部不是为员工工作；

(4) 人力资源部没有得到企业高层的重视。

管理咨询大师拉姆·查兰(Ram Charan)于2014年7月在《哈佛商业评论》上发表文章"分拆人力资源部"，他说："是时候跟人力资源部说再见了。我指的不是撤销人力资源部门执行的任务，而是人力资源部本身。"他认为，首席人力资源官没能将人力资源与真正的商业需求结合起来，不了解关键决策是如何制定的，分析不出员工或整个组织为何没能达成企业的业绩目标。他建议，将人力资源部一分为二：一部分可以称之为行政人力资源(HR-A)，主要管理薪酬和福利，向首席财务官汇报；另一部分称为领导力与组织人力资源(HR-LO)，主要关注提高员工的业务能力，直接向CEO汇报。HR-LO负责人由运营或财务部门非常有潜能的人担当，他或她既有专业知识，又具备人际交往能力，令其能将二者融会贯通。拉姆·查兰此文一出，立即就在全球商界掀起了轩然大波，大家都争相讨论这个问题：要不要分拆人力资源部？

一时间，千万双质疑的眼光都投向了人力资源管理部。人力资源管理部面临着生死存亡的巨大危机，必须要转型突破！

第四节 转型突破：人力资源四个新角色和三支柱模型

关键时刻，戴维·尤里奇教授站了出来，通过重新界定问题，他巧妙地避免了陷入争论的漩涡当中。他提出，不应该讨论是否应该炸掉或者分拆人力资源部，应该讨论：人力资源部到底应该怎么做？如何转型才能真正为企业创造价值？公司高层所面对的问题将不再是"应不应该撤销人力资源部"，而是"应如何发挥人力资源部的作用"，答案是：我们要为人力资源部门制定全新的职能和纲领(Agenda)，让它不再把重心放在员工考勤、招聘、发放工资、档案管理等传统活动(Activities)上，而要把重心放在结果(Outcome)上。人力资源部存在的意义并不在于做了多少事情，而在于它给企业带来什么成果，能够帮助企业创造多少价值，为客户、投资者和员工提供多少增加值。

尤里奇认为，现实中确实有很多人力工作者不能为组织创造价值，但他却乐观地将这种不足看作是改进的空间，反对炸掉或者分拆人力资源部，而且他对高层不给人力工作者机会也颇有埋怨。尤里奇认为，如果人力工作者能够在人才、领导力和组织能力方面为高层领导提供洞见时，他们就创造了巨大的价值。而且，他认为，科班出身的人力工作者能够在以下三个方面做得更好。

(1) 人才。为组织培养出有能力、有意愿、能做出贡献的人才。

(2) 领导力。确保各级领导者都能够具备正确的思维和行动方式，为员工、客户、投资者和社区创造可持续的市场价值。

(3) 组织能力。识别和打造能够驱动公司赢得竞争的组织能力，这些能力因公司战略而异，可能包括服务、信息、创新、协作、风险管理、效率、变革、文化、学习和战略聚焦等。

尤里奇批评拉姆·查兰的建议假定人力工作者只能在人才领域做出贡献，这实际上限制了人力工作者可以和应该创造价值的空间。

为应对人力资源工作转型的需要，戴维·尤里奇早在1998年就写了文章"人力资源管理四个新角色"，文中提到，人力工作者应该扮演好四个新角色：战略合作伙伴、行政专家、员工后盾以及变革推动者，如图1.5所示。

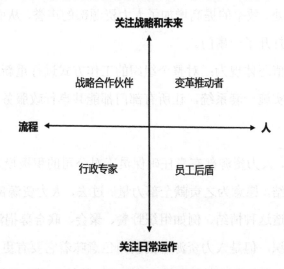

图1.5 戴维·尤里奇的人力资源四个新角色

一、人力资源的四个新角色

下面,我们简述一下戴维·尤里奇提出的人力资源的四个新角色。

1. 战略合作伙伴

这并不是让人力资源部去制定战略,制定战略是公司高层管理团队的责任,但是,人力资源主管应该参与公司战略的制定,然后推动和引导认真的讨论,共同研究公司应该采取什么样的组织形式来执行和落实战略。

2. 行政专家

以前,人力工作者往往被人看作是行政人员。然而,行政专家(Administrative Expert)是一个新角色,人力工作者需要摆脱传统意义上制定规则和维护制度的警察形象,同时确保公司的各项日常工作都顺利进行。为了从"行政人员"变身为"行政专家",人力资源部必须提高自身和整个组织的工作效率。

在人力工作里,有许多流程可以更好、更快、更省钱地完成。担当起新角色的人力资源部,其工作之一就是发现并改进这些流程。成本降低并非人力资源部变为行政专家的唯一好处。效率的提高增加了人力资源部的声誉,从而又为人力资源部成为战略合作伙伴打开了一扇门。

行政专家的价值还体现为:对整个组织的工作方式进行重新思考并进行改进。例如,可以设计和实施一套系统,让所有部门都能共享行政服务。

3. 员工后盾

在这一角色中,人力资源部有责任确保员工对公司的积极投入,让他们对组织有种难以割舍的情结,愿意为之贡献全部力量。过去,人力资源部往往通过满足员工的社交需求来制造这种情结,例如组织野餐、聚会、联合募捐活动等。当然,这些活动还得继续组织,但是人力资源部的新角色意味着它要有更多的活动去组织,例如,人力资源部必须负责培训和指导直线经理,使他们明白保持员工的高昂士气多么重要,以及如何做到这一点。此外,人力资源部应该在管理层会议上成为员工的代言人,向员工提供个人与职业发展机会,并提供各种资源以帮助员工达到公司对他们的要求。

4. 变革推动者

这一角色要求人力工作者帮助组织形成应对变革和利用变革的能力。变革项目可能包括建立高效能团队、缩短创新周期或者应用新技术，人力资源部要确保这些项目及时得到界定、组织和实施。这一角色还要求人力工作者确保公司的愿景和使命能够转化为具体行动，必须要帮助员工搞清楚，为了实现公司的愿景和使命，他们可以停止、开始或者继续从事哪些工作。

变革往往令人畏惧，使人瞻前顾后，不敢行动。作为变革推动者，人力资源部需要以坚定的决心来消除人们对变革的抵制，以结果来代替规划，以对机会的欢呼驱走对变革的畏惧。作为变革推动者，人力工作者无须自己实施变革，但是要确保变革在公司上下得到执行。

二、三支柱模型

从 2000 年起，IBM 公司在人力资源四个新角色的基础上，逐步提炼出了人力资源管理三支柱模型(Three Pillars Model)。在该思路下，人力资源管理部的工作被一分为三：HRBP(HR Business Partner)、COE(Center of Expertise)和 SSC(Shared Service Center)，如图 1.6 所示。

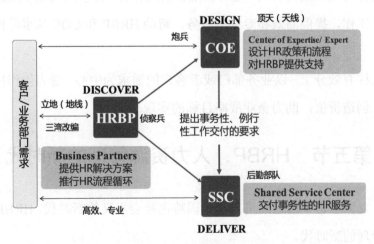

图 1.6 三支柱模型

三支柱模型从客户需求满足的角度上讲，也可以称为3D模型，即HRBP发现问题(Discover)，COE完成设计方案(Design)，SSC进行日常的交付执行(Deliver)。

1. HRBP(HR Business Partner)

HRBP的使命是确保人力工作实现业务导向，贴近业务解决问题，把企业各部门和各级员工作为自己的客户，针对需求，提供人力咨询服务和解决方案。HRBP相当于人力资源管理部派出去的"侦察兵"或者"前哨部队"，他们和业务部门工作在一起，倾听业务部门的声音，感受他们的"脉搏"和"心跳"。HRBP最大的特点是工作的现场性，可以及时发现问题和即时解决一些问题。但有些系统性、长远性、项目性或者规模较大的工作他们无力或者无法解决，需要求助COE。

2. COE(Center of Expertise/ Expert)

COE的定位是专家中心，或者说是领域专家，借助对某一领域精深的专业知识、技能和先进实践的掌握，负责设计战略导向的、符合业务部门需求的、创新的人力资源管理政策、流程或方案，如绩效管理方案、薪酬福利方案等，给HRBP提供技术支持，是HRBP的坚强后盾。

3. SSC(Shared Service Center)

SSC是人力资源管理标准化服务、例行工作的提供者，他们负责解答员工对于成熟人力资源管理政策的问询、处理薪酬福利的计算、办理入离职手续或者调转后续等事务性工作，提供高效和专业的服务，帮助HRBP和COE从事务性工作解脱出来。

三个支柱有效分工，以业务部门或者客户的需求为中心，通力协作提供解决方案或服务，创造价值，助力企业战略目标的实现。

第五节　HRBP：人力资源管理的新时代

党的十九大宣告中国已经进入了中国特色社会主义的新时代，HRBP就代表了人力资源管理的新时代。

面对"互联网经济、工业4.0、中国制造2025"新经济以及大数据、云计算、区块链等新技术的冲击，世界急速地发生着变化。以制造为中心转变为以创造为中心；"Y一代"员工已经成为劳动力的主力军，劳动力结构越来越多元化和异质化；组织结构从以前高度集权的金字塔结构转变为扁平化、网络化或虚拟化；组织从强调员工的忠诚度、敬业度转变为强调满意度和幸福感。

"世界大势，浩浩荡荡，顺之者昌，逆之者亡。"在此千年未有之大变局下，传统的人力资源管理模式已经不再适应新形势的需要，企业人力资源管理必须要直面新形势，顺应新变化，发挥新价值。需要从专业的HR转变为懂业务的HR，从"表格HR"转变为沟通的HR，从被动的HR转变为主动的HR，从事务的HR转变为战略的HR。否则企业人力资源管理部将沦为一个事务性的、后勤的、可有可无的、无足轻重的部门。

纵观国内外的人力资源管理，一些外企、互联网公司、高科技公司以及人力资源管理水平比较高的公司已经是"春江水暖鸭先知"，先行一步，逐渐采取了HRBP的工作模式，本书认为，这代表了人力资源管理未来的发展趋势和潮流，揭开了人力资源管理的新时代。

第二章　HRBP 调研

第一节　HRBP 调研情况简介

受国外学界和 IBM、Intel 等诸多国际企业最新人力资源管理实践的影响，越来越多的中国企业开始关注三支柱，并逐渐在公司人力资源管理部设立 HRBP，HRBP 在人力资源管理中扮演着越来越重要的角色。

相较于企业中传统的人力资源管理角色而言，HRBP 是一个新鲜事物，人们对它充满了好奇、疑惑甚至误解。很多人力资源管理的专业人员以及相关的管理者甚至企业中高层管理者，都很想了解 HRBP，但又苦于找不到合适的书籍，本项目的开展就是要达到以下目的：了解、研究和推广 HRBP，让人力资源管理发挥更大的价值。

本项目的研究受到了对外经济贸易大学培育项目"HRBP 理论与实践研究"(资助号 17JXPY15-11BGL019)的支持，自 2016 年初开始，历时两年多，主要由文献研读、访谈提纲拟定、联络访谈对象、现场访谈与案例写作、整理材料与汇总写作等几个阶段组成。

希望本专著的出版，能够增加大家对 HRBP 角色的认识和理解，帮助众多 HRBP 从业者找到自身定位并指导他们的工作。与此同时，也希望本专著的出版能够推动 HRBP 这个角色或者职业在中国企业里的健康发展。

第二节　HRBP 调研情况小结

本项目调研从两个方面展开，一方面是国内外 HRBP 相关资料的搜集和整理，另一方面是通过访谈企业 HRBP 从业者获取鲜活生动的第一手资料。我们一共访谈了 23 家典型企业，涵盖互联网、IT、金融、制造、地产、石油等多个行业，共访谈了 31 名 HRBP 从业人员，包括基层、中层或者高层 HRBP，整理完成了 23 篇访谈案例。所选的企业在各自行业的 HRBP 实践中均具备典型性，而所采访的

HRBP 从业人员均在组织中扮演着重要角色，这对我们描绘 HRBP 的典型画像、分析 HRBP 在中国的发展现状具有重要作用。

在访谈阶段开始之前，我们首先明确要访谈的主要内容。HRBP 学派进行了多次研讨会，分析讨论国内外 HRBP 的相关文献与众多二手资料，最终形成了希望通过访谈要了解的问题，拟定了初步访谈提纲，在后来的访谈过程中又逐渐完善该访谈提纲，最终的访谈提纲如表 2.1 所示。

表 2.1 访谈提纲

> 1. 受访人简要的工作和学习经历。
> 2. 公司中的 HRBP 所在部门的简要情况。
> 3. 公司中的 HRBP 在组织结构中的位置；HRBP 与 HR 部门(COE，SSC)的关系及自身定位。
> 4. 公司中 HRBP 的职责与主要工作内容。一个 HRBP 大概支持(服务)多少名员工？
> 5. 出色的 HRBP 需要具备什么核心能力？什么样的人才能做好 HRBP？
> 6. 作为 HRBP 如何了解部门业务？如何平衡与业务部门尤其是负责人的关系？
> 7. HRBP 对公司而言的价值何在？HRBP 在工作中创造了什么价值？请举例说明；员工能感觉到 HRBP 所创造的价值吗？
> 8. HRBP 的收入和待遇如何？和 HR 部门的其他岗位比较，是高还是低？
> 9. HRBP 本身的发展通道与职业生涯规划如何？
> 10. 作为 HRBP，你感到最困惑、最挑战或最棘手的问题是什么？
> 11. HRBP 的未来发展趋势与挑战。
> 12. 目前很多企业都在组织中设立 HRBP 职位，但不同企业中 HRBP 工作内容和职责不一，能否将不同 HRBP 大致分类？
> 13. 描述一件平时工作中作为 HRBP 角色体现对企业发展贡献价值的事例，包括工作场景、当时的措施与做法、产生的结果与影响(作为 HRBP 最自豪的一件事)。

第三节 国内外 HRBP 现状及问题

一、国内外 HRBP 的现状

通过我们的资料搜集与调研访谈发现，虽然如今许多企业都设立了 HRBP 以及采纳人力资源的三支柱管理模式，但仍有众多企业和管理者对 HRBP 的作用没有深刻的了解。从总体来看，HRBP 的实践仍处于"摸着石头过河"的阶段。通过我们的调研与资料汇总研究，目前 HRBP 角色的现状主要呈现六个特点，如图 2.1 所示。

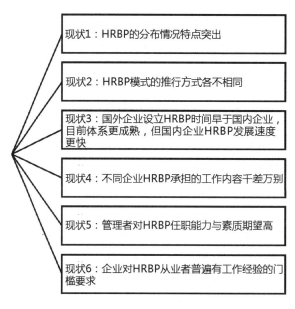

图 2.1　目前 HRBP 的现状特点

1. HRBP 的分布情况特点突出

从设立情况来看，在当前国内外企业中推行人力资源三支柱管理模式并存在 HRBP 角色的企业大多集中于 1000～10000 人规模的民营大型企业和新兴互联网服务、IT 企业。在行业上，HRBP 的应用呈现出一定的行业集聚性，主要集中于 IT、通信、电子、互联网行业。而就地域而言，设立有 HRBP 的公司主要集中在一线城市如北京、上海、深圳等。我们认为，出现上述情况主要是因为上述行业与大城市竞争更为激烈，企业能有更多途径较早获得新的管理理念，并有足够的动力与压力将其付诸实践。

2. HRBP 模式的推行方式各不相同

在目前的企业实践中，HRBP 作为一个新兴职位角色，在公司中推行的方式不尽相同。我们总结梳理其推行主要分为三种情况。

(1) 在保有原有 HR 部门的基础上增设 HRBP、COE、SSC 为主的三支柱模式。

这更像是一种过渡式方法。这种方式的好处在于组织内变革比较缓和,对原有组织架构与运行机制影响小,只是增设或分散原有 HR 部门职责。但这种方式缺点在于容易造成 HR 部门与三支柱部分职能重叠,也会因为 HR 与 HRBP 部分利益的差异而导致两者产生矛盾冲突。在国内外设立有 HRBP 的企业中,采用这种方式的主要是较大规模的传统企业,这是因为一方面考虑到企业体量大,组织架构垂直度高,无法承受大幅度剧烈的运行模式变革;另一方面也考虑到传统大企业员工传统思想较深,对新事物的接受需要一个过程,故采取过渡模式。

(2) 直接取消原有 HR 职能部门,直接推行三支柱人力资源管理模式。与第一种方式相比,这种方式较为激进,对原有组织架构变动大。优点是能较快实现更替,迅速顺应未来管理发展趋势,并且避免职能重叠;而缺点是变动大,原有 HR 部门相关员工等容易产生抵触与反感情绪,存在着组织内部不和谐的隐患。采用这种方式的多为 IT 与互联网服务企业,主要原因是互联网企业与 IT 企业组织结构本来就比较灵活扁平,更能适应环境变化。除此之外,互联网与 IT 企业的企业文化更加包容和与时俱进,思想文化上普遍容易接受新事物。

(3) 从企业设立之初即采用以 HRBP 为代表的三支柱人力资源管理模式。采用这种方式推行 HRBP 的大部分是新兴创业企业。创始人在企业创立之初即接受过相关人力资源管理理念教育。而在创业过程之中新加入的员工,在社会化的过程之中直接就接受三支柱模式理念,不存在抵触与波动。

3. 国外企业设立 HRBP 时间早于国内企业,目前体系更成熟,但国内企业 HRBP 发展速度更快

普遍来看,国外企业的 HRBP 实践相比于国内企业的 HRBP 实践更早,大致在 2005 年前后,这是因为西方受尤里奇教授学说影响较早,故较早将其付诸实践。其中的代表企业是 IBM、Intel、GM,他们在各自组织内部应用人力资源三支柱模型较早,在行业内也颇具代表性。因为经过了长时间的企业经营实践,国外企业目前的三支柱人力资源管理模式运行也更加成熟,其管理体系也更加庞大。相较之下,国内企业的三支柱模式引入实践的时间较晚。我们发现,国内企业开始推行 HRBP 岗位的时间普遍集中于 2010 年之后,首先由大型企业率先引入,接下来是中小企

业。而国内比较有代表性的采用 HRBP 的企业有阿里巴巴、华为、腾讯、百度等。但在设立 HRBP 的企业增速与 HRBP 从业人员的增速方面，国内企业增速明显高于国外，很多企业正在经历人力资源管理的转型，而众多新企业也在设立之初就直接采取 HRBP 模式进行人员管理。

4. 不同企业 HRBP 承担的工作内容千差万别

结合众多学界讨论与企业实践情况来看，不同企业的 HRBP 所承担的主要工作差别很大，对此也可以看出，管理者们对这个职位并没有一个清晰明确的画像和定位。汇总起来，不同企业的 HRBP 主要承担以下不同的工作。

- 负责部门人员招聘、选拔与录用。
- 部门绩效与薪酬管理。
- 部门人才盘点、人才规划与发展。
- 企业文化建设与维持。
- 部门团队建设与氛围营造。
- 日常数据分析以支持业务部门。
- 宣传、传达与落实公司规章制度。
- 监督业务部门完成工作。
- 问题解决方法设计与效能提升。
- 组织召开、参加业务部门会议并反馈需求。
- 企业与部门内部资源驱动。
- 部门内部需求挖掘对接以及二次转化分解。
- 协调不同部门间利益与矛盾，实现企业利益最大化。

一个组织的 HRBP 可能承担着以上一项或多项职能，而不同企业的 HRBP 之间职能又有不同，导致大家缺乏对 HRBP 工作的整体统一认识。

5. 管理者对 HRBP 的任职能力与素质期望高

新事物的产生总是寄托着人们美好的期望。在组织从传统人力资源管理职能结构向三支柱模式转变的过程中，管理者们往往对 HRBP 赋予了比较高的期望，希望 HRBP 能具备较高的素质，并有效解决企业目前面临的诸多问题。与此同时我们在调研 HRBP 现状时发现，管理者们与 HRBP 从业者们目前所认为的一名合格的 HRBP 应当具备的素质大同小异，基本都应满足以下特点，我们将其总结为"三性、三高、四能"。

1) 三性
- 战略性，视野广阔，既有企业高度又有长远考虑。
- 前瞻性，保持好奇，提前洞察问题又能挖掘需求。
- 主动性，觉察变化，运筹帷幄于心积极应对于行。

2) 三高
- 高眼光，会读心，惜人爱才。
- 高魅力，有影响，权威专家。
- 高情商，懂激励，感同身受。

3) 四能
- 善于沟通，促进部门内部信息传递。
- 精于协作，助力部门成员完成任务。
- 强于学习，保持人力资源管理素养与业务专业性。
- 工于计划、分析、解决实际问题。

6. 企业对 HRBP 从业者普遍有工作经验的门槛要求

众多企业在进行 HRBP 招聘时，大多要求应聘者已经具备一定的工作经验，通过我们资料搜集发现，很多企业在招聘 HRBP 时大多要求应聘者有 3~5 年或 5~10 年工作经验。我们认为出现这种状况的原因恰恰是对 HRBP 的高期望所导致的结果。公司和公司管理者对 HRBP 保有很高期望，一般刚毕业的大学生难以具备 HRBP 的高素质要求。想要真正做好 HRBP 工作，需要有大量的管理经验与 HR 执业经验的积累，通过在职场的不断历练，深得治理之道，才能更加顺利地开展工作。例如我们所熟知的阿里巴巴的 HRBP 角色也就是"政委"，往往是需要在公司内部有 3 年以上的工作经历，之后才能通过转岗等手段开启 HRBP 的"征程"。当然，随着 HRBP 更加深入地实践与推行，也不排除 BP 向年轻化方向发展的可能性，但就目前来看，依旧是有经验者的工作。

二、HRBP 当前面临的主要问题

综上可见，与传统 HR 角色相比，HRBP 需要具备更高的素质与更全面的能力，而只有坚持修炼自我，HRBP 才能在日新月异的企业发展中站稳脚跟，体现价值。但总体而言，现阶段 HRBP 在工作实践中却往往面临着诸多问题，很难达到上述目标。在我们的调研中，主要从三个思维角度出发，发现现阶段企业 HRBP 实践中存在的主要问题，如图 2.2 所示。

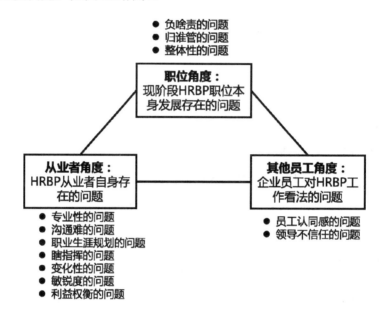

图 2.2　HRBP 实践中面临的问题

1. 职位角度：现阶段 HRBP 职位本身发展存在的问题

1） 负啥责的问题：职位定位和岗位职责不明确

作为公司中一个较为新兴的角色，HRBP 在工作实践中首先面临的问题是职位的定位不清晰。虽然众多企业名义上设立了 HRBP，但管理者难以对这个角色进行职责描述与画像，导致很多时候 HRBP 要么只是承担"打杂"、临时性的辅助工作，要么流于"假大空"的名头，要么只是作为传统 HR 职能的整合，最终结果是难以对组织做出直接能看见的贡献。

在这里，我们有必要将 HRBP 的定位与职责划分问题放在首位。一方面是因为这个问题涉及 HRBP 角色的定义。只有明确职位定位与职责，我们才能通过工作分析明确工作规范，即通过工作对任职者的要求来制定相应的任职资格。而另一方面，定位与职责问题的处理也会影响到人力资源传统六大模块中的绩效管理。若 HRBP 的工作职责说不清道不明，则会导致绩效考核时无法准确考核从业者绩效，也无法准确衡量 HRBP 的工作价值，并造成一系列严重后果。

Connect to Reality

访谈案例——瓜子二手车

我的工作随后会有 40%的时间用在人才规划与盘点上，30%用在团队建设和团队文化中，15%用在招聘板块上，15%用在绩效板块上。

访谈案例——腾讯

夏盈自己总结说，公司的 HRBP 工作主要包括组织架构优化、人员盘点、人员编制优化、核心人才发展等，但工作有周期性。

访谈案例——华夏幸福

对他的考核表中，招聘占 50%，另外 50%为效能提升，主要是评价去年的人才培养项目完成情况。

2) 归谁管的问题：隶属部门和汇报线设置不清晰，部门间关系紧张

在我们的访谈中也发现，"归谁管"的问题在很大程度上制约了 HRBP "撸起袖子加油干"。HRBP 应该向 HR 部门负责还是向业务部门负责？向谁汇报工作？在角色考核中谁拥有主导权？这些关于隶属部门与汇报线的问题困扰着管理者们。

若 HRBP 隶属于业务部门，则易形成中国古代"地方制衡中央"与"藩镇割据"局面，业务部门利用 HRBP 发展在公司中、在 HR 部门中的势力，通过"游说"等形式争取对自己部门有利的政策制度，各部门间"打得"头破血流；而 HRBP 则出于与业务部门"同一条船上"的考虑而站在 HR 部门的对立面，处处作对。相反，若 HR 部门对 HRBP 拥有绝对控制权，则易形成"中央集权"的情况，即 HRBP 更像是"中央"派驻到"地方"的"眼线"，监督业务部门的一举一动。这时候的业务部门会感觉处处受监督，不自在的感觉会使部门工作积极性与主观能动性受制约，也背离了 HRBP 作为业务合作伙伴的初衷。如何妥善处理"归谁管"十分重

要，如何通过合理安排汇报线，以实现不同部门间、HR部门与业务部门间和谐关系的维护与共同绩效的提升，考验着管理者们的智慧。

Connect to Reality

访谈案例——康菲石油

向我的直接上司人力经理汇报工作，在考核方面，人力部门会对我的工作做最后的打分评估，但同时也会重点参考业务部门的反馈意见。

访谈案例——瓜子二手车

HRBP的绩效考核采取的是打分制，由业务部门负责人、员工、人力部门主管共同打分，其中主管打分占大头。

访谈案例——当当网

公司的汇报关系是：专员—主管—经理—总监—总经理，所谓总监就是各个业务部门的领导，而肖红直接向事业部总经理汇报工作，相当于总监的汇报等级，事业部内部的经理与集团没有汇报关系。

3) 整体性的问题：组织架构失衡，HRBP发挥价值时支持乏力

这里的整体性是指HRBP在工作中不应该是"单打独斗"的，而应该是与COE、SSC合作，共同完成问题的解决和工作的推进。但在当今的众多企业中，许多企业人力资源管理的组织结构中COE、SSC平台并未完整搭建。有的企业有SSC没有COE，有的企业HRBP与COE混为一谈……种种"缺陷"使HRBP就算发现了问题，也缺乏解决的工具手段等支持。尤里奇教授提出的"三支柱"模型，对HRBP而言更像是场景的搭建，处于三支柱的场景之中，得到"弹药库"与"智库"的支持，HRBP更能游刃有余，形成一套完整的PDCA问题解决循环。

Connect to Reality

访谈案例——搜狐

搜狐目前的总部COE和子公司HRBP的工作配合有不顺畅的地方，工作职责有一定交叉，工作界面划分不清晰，没有隶属关系，有时候协调工作会遇到障碍。

访谈案例——恩布拉科雪花压缩机

人员规划与发展中心，BP 就属于这个中心，该中心实际上承担了 BP 和 COE 的角色，还包括了宣传、社会责任等职能。此外，BP 除了本身的任务外，还做一些项目，比如公司人才库建立、职业生涯规划、忠诚度调查和相关的改进措施等。

2. 从业者角度：HRBP 从业者自身存在的问题

1) 专业性的问题：人力资源管理知识不精，又没真正与业务结合

专业性问题一直是老生常谈的问题。HRBP 脱离了原本 HR 部门的"温床"，承担了更多整合的责任后，常常觉得力不从心。这种力不从心表现在：难以在工作过程中体现 HR 专业素养，同时又不懂业务发展规律。以往 HR 部门员工往往只需要承担选、育、用、留、出中的某一项职责，但当转变为 HRBP 之后，员工往往需要具备"多面手"的能力，但这之中的弊端在于力图全面的过程中每一项能力都不精进，人力资源管理的专业素养并不具备。更严重的是，派驻业务部门后的 HRBP 不了解业务，或只是对业务一知半解，只知道基础概念知识，纸上谈兵，很容易导致空降的 HRBP 难以树立在业务部门的威信。对业务需求的了解不深入，缺乏作为"咨询顾问"的能力，又对人力资源管理的专业工具不熟悉，缺乏精准诊断问题的能力，共同形成了 HRBP 工作中专业性的问题。

Connect to Reality

访谈案例——百度

从 HR 转型 HRBP 需要学习不少新知识，最需要恶补的一定是业务知识。学习业务知识有一定的方法，但前提是你要喜欢它，这样才能学得下去，其次要在平时就关注业务，培养业务的敏锐性。从方法论上来讲，事实上，大部分的业务知识都是自学得到的。看书、查找内部沟通邮件，或者听公开课、分享会、与业务部门一对一沟通，此外还可以参加业务部门会议。不论是年度总结，还是季度会议和周会，BP 都被欢迎去听。最后需要提及的是，我们还通过人才盘点了解个人、组织的发展情况，知晓公司的人力资本优势，以助力完善内部晋升、裁员制度。

访谈案例——恩布拉科雪花压缩机

因为 BP 不是信息的传递者,应该是问题解决的引导者,所以要有全面的 HR 各个功能的经验和知识,要有解决的思路和方法。

访谈案例——华夏幸福

他认为,一个合格的 HRBP 应同时具备"硬件"和"软件"。在"硬件"方面,主要包括人力资源固定知识,即 HR 基础模块必须都做过,整体知识都了然于心;而在"软件"方面,一个合格的 HRBP 需要是服务型的,有高情商,受得了委屈,并具备帮助别人成长的奉献精神,善于平衡自己的心态。

2) 沟通难的问题:部门内人际关系难以协调

善于沟通是 HR 从业者非常重要的技能,在从原本 HR 职能部门向三支柱模型的转变过程中,由于从执行者逐渐转变为主动的指挥者,HRBP 的沟通任务在无形之中加重了。就我们的调研结果来看,一个 HRBP 往往需要同时支撑几个业务部门,这其中人际关系错综复杂。不同的员工有不同的诉求,如何发挥 HRBP 的感染力与感召力以实现有效的沟通,需要 HRBP 认真反思,只有解决沟通问题,感同身受,HRBP 才能更好地融入业务团队,获得认同与信任。

Connect to Reality

访谈案例——美菜网

互联网行业是快速变化的行业,尤其是像美菜网这样高速扩张的公司,业务模式、组织架构都在快速迭代,如何激活组织和个人,让团队保持旺盛的战斗力,让员工热爱自己的工作,是美菜政委的工作重心。

访谈案例——百度

可以想象,纵使眼前是刀山火海,BP 也一定要时刻充满正能量,及时倾倒业务部门的垃圾,鼓舞士气,影响他人。

3) 职业生涯规划的问题:从业者对未来职业发展没有清晰计划

对任何职业而言,一个清晰的职业上升通道是必需的,模糊的职业晋升路径会导致员工缺乏自我继续提升与精进的动力。HRBP 作为国内较为新兴的职位,就我们访谈来看，普遍还缺乏明确而有吸引力的上升通道，众多目前的从业者都对未来 HRBP 的发展方向比较迷茫。很多 HRBP 从业者自身对于这个职位的认同感不强，出于职业发展的考虑而不愿意从事相关职业。

新事物的发展总是需要一段过程，HRBP 的发展也不例外。HRBP 在中国的发展过程中，职业生涯规划是无法绕开的问题，努力形成在企业内部通畅的晋升通道，让员工更有"盼头"，是企业管理者们需要思考的重要问题之一。

Connect to Reality

访谈案例——搜狐

对于 HRBP 的发展方向以及 HRBP 人员的职业生涯规划，李继任认为没有固定的方式，HRBP 只要能够适合业务发展就好，最终是要与公司战略相匹配。至于 HRBP 本身的职业生涯规划，更多的要看个人的能力，此前从搜狐离职的李善有，曾经是一位 HRD，后来转做总编辑，离开搜狐创办酷 6 网，现在在长江商学院任教。集团现在的 HRVP，承担了很多运营工作，可能会转型为 COO。

4) 瞎指挥的问题：不懂战略，只会执行

从 HR 到 HRBP 的另一个重要转变是由被动转变为主动。简单来说，以往的 HR 是被动地得到业务部门的需求，如招聘、培训、人才盘点等，并在得到需求之后再执行对策。而 HRBP 则需要主动发现业务部门中存在的问题，先于业务部门自身发现潜在的问题。这需要 HRBP 由执行者变为一个指挥者，指挥整个业务部门解决部门内部存在的人力资源管理相关的问题。在现实企业实践中，很多担任 HRBP 的员工依然保持着以往 HR 部门的工作状态，习惯于被动接受任务，不适应主动寻找任务的客观要求，这样只会导致瞎指挥。

Connect to Reality

访谈案例——快循环

在 HRBP 的工作中，我发现，领导力是领导层级必须要学习的一门课，因为在我接触的很多领导中，都存在这样一种现象：业务能力很出众，但是却缺少作为领导的情商。

访谈案例——华夏幸福

当然，阿飞也意识到当前公司 HRBP 体系依然需要提升，因为目前的职能更多的是照纲照本地支持业务部门，而还没有像一些领先成熟公司的 HRBP 那样冲到业务部门的前面。

5) 变化性的问题：难以处理变化，缺乏随机应变能力

尤里奇教授曾提出过人力资源管理的四个角色，其中一个重要角色是变革推动者。HRBP 作为 HR 深入业务一线的角色，更需要具备处理变化的能力。在这个过程中，HRBP 需要利用自身感召力帮助员工适应组织变革，推动整个组织变革进程。经验告诉我们，在日益竞争激烈的商业环境中，"以不变应万变"是行不通的，因时而变，方能决胜千里之外。按目前比较流行的话来说，HRBP 应该有自己的风格，有自己的"打法"与"玩法"，以动制动，促进业务部门的整体变革。

Connect to Reality

访谈案例——微软

每个公司内部随时会出现组织结构的调整及人员变化，Line HR(微软内部 HRBP 称呼)工作的特点就是不确定性，这种不确定性如果可以提前预知，所有的问题都不是难事，就像一句话说的那样：Changes always good, because sometimes it means opportunities。一个问题是否棘手决定于你用什么心态去看待它。

6) 敏锐度的问题：难以洞察业务发展方向并做出决策支持，总是被"牵着鼻子走"

众多公司对 HRBP 的期望中都有一个共同点，那就是 HRBP 工作的过程需要保持敏锐的"嗅觉"，直击业务痛点，补足业务盲点。HRBP 需要具备大局观，时刻敏锐地洞察整个业务部门的点点滴滴。毕竟在如今日新月异的商业环境和人才竞争中，机会转瞬即逝。天下武功，唯快不破，迅速察觉问题做出决策，而不是被动地反应，才能保持公司在人才管理上的领先地位。但这样的修炼谈何容易，HRBP 的"机动性"不足成了一个普遍的问题，导致众多 BP 只能停留在业务工作的初级阶段。

Connect to Reality

访谈案例——当当网

肖红也会经常去参加事业部的战略会议，目的是让战略能够及时落实到工作中，同时为未来战略提前储备人才，但肖红心里觉得自己作为 HRBP 仍然缺乏宏观视野，所以发挥作用的地方主要还是提出建议，没有修炼到 HRBP 的高级阶段"走在业务前面"。

访谈案例——百度

战略敏感，其实 BP 相当于业务部门的管理层，我们不仅仅要站在业务层面，更要站在公司战略的视野上去思考问题，才能辅助业务部门做出人力资源相关的决策。失去了战略敏感的 BP，就是失去了灵魂和引领的 BP，那就不是真 BP！

7) 利益权衡的问题：难以协调自身与员工、不同部门之间利益关系

俗话说：没有永远的朋友，也没有永远的敌人，只有永远的利益。笔者认为，这句话对于公司内部管理或多或少适用。不同部门之间往往由于目标不同、考核内容不同使各自利益不同。HRBP 很多时候需要在业务部门中协调这些复杂的利益，因为利益在很大程度上影响着积极性，让部门与员工看到自己的利益得到保护，自己的利益得到争取，就会起到激励的作用。只有将大家"拧成一股绳"，共同朝着有利于整体发展的方向努力，才会取得更好的成果。在这当中，主要是 HRBP 自身利益、业务部门的利益、HR 部门的利益、员工群体单独的利益、公司上级的利益等，不同的主体之间对利益的想法不同，这也给 HRBP 出了一个难题。

Connect to Reality

访谈案例——用友致远

比如领导要求做一个研发体系的激励绩效方案，希望我给出预算和原则的框架，让 HRBP 根据框架做出自己的执行方案。但实际上 BP 不会按我们给的预算做方案，而是根据部门员工需求或业务需求，自己报一个方案，得出一个预算。往往这两个预算差异很大，于是我希望与 BP 沟通解决，做一个中间方案。但是 BP 不想跟我们沟通，而是希望通过业务部门领导直接找老板要到这个费用预算。所以我

们 HR 部门觉得 BP 并没有站在公司立场，没有大局观，全都是争取自己小部门的利益。

访谈案例——瓜子二手车

与此同时，我还要对张经理的业务部门负责，继续进行 HRBP 的支持工作。因为工作内容与之前相比发生了变化，在工作中，偶尔会与张经理发生矛盾。这是难以避免的，没有冲突才有问题！要么是 BP 太迁就业务部门，要么就是业务部门太迁就 BP，两者都不利于公司发展。

访谈案例——快循环

我经常加班到很晚，累死累活的，但是却得不到我的直线主管(HRBP 总监)的认可，总监认为我应该推掉大区 VP 安排的工作，集中精力做好分内的事，但是两个人都是领导，夹在两个人中间，我真是"痛不欲生"。

3. 其他员工角度：企业员工对 HRBP 工作看法的问题

1) 员工认同感的问题：企业员工对 HRBP 工作价值不认同

很多时候员工不认同 HRBP 的工作价值，因为他们觉得 HRBP 缺乏对部门业务的直接贡献，而使这个角色沦为"鸡肋"。建立认同是与员工沟通的前提，也是 HRBP 树立专业权威的前提，更是 HRBP 作为企业与部门运行"润滑剂"的重要前提。如何让 HRBP 的工作脱离"小打小闹"且更加显化，让员工能感知到 HRBP 对企业健康发展而言有不可或缺的作用，也是需要去思考的问题。

Connect to Reality

访谈案例——用友致远

在我(员工)看来，BP 总是在做各种活动，比如复活节、愚人节等都过得有声有色，还办一些关于"去哪里吃饭？"等鸡毛蒜皮事情的宣传小报。我们觉得 BP 很不专业，干活总是取巧，都是做锦上添花的事情，对员工发展和战略目标的达成意义不大。

访谈案例——康菲石油

HRBP 价值的体现，从现实意义上讲，更多的是从业务和公司对人力部门的认可程度体现出来的,如果你提出的建议或者完成的项目 80%被公司高管接受,员工认可,那么你就是比较成功的 HRBP。

2) 领导不信任的问题:业务部门负责人对 HRBP 不信任

相对于员工的不认同,业务领导人对 HRBP 的不信任现象也颇为严重。导致这种情况的主要原因是"负啥责"与"归谁管"两个问题没有解决好。在企业转变为三支柱组织架构后,业务部门负责人会想:HRBP 是上级派下来的"监听者"吗?BOSS 对我们部门是不是不信任了?我们业绩那么好凭什么被一个做 HR 的人指手画脚?种种猜疑与不信任会产生隔阂,隔阂会造成信息传递的不通畅,信息的不通畅会使信息不对称,从而众多上级政策传达落实不到位,HRBP 工作无法顺利开展,最终公司机器无法高效运转。与此同时,业务方的排斥使 HRBP 在工作过程中对业务部门负责人或多或少也存在敌意,这种敌意加重了互相的不信任,形成恶性循环。

Connect to Reality

访谈案例——用友致远

这时候业务部门跳出来抗议了,他们认为 HR 部门就像是老板的"眼线",HRBP 被收回到 HR 部门,使业务部门产生了被老板监视的感受。经历这次变故后,业务部门开始对 HRBP 处处提防,很多 BP 难以融入业务部门。

第三章 HRBP 是什么

第一节 HRBP 的概念

一、HRBP 传统定义

HRBP 又称为人力资源业务合作伙伴。HRBP(HR Business Partner)实际上就是企业派驻到各个业务或事业部的人力资源管理者,主要协助各业务单元高层及经理在员工发展、人才发掘、能力培养等方面的工作。其主要工作内容是负责公司的人力资源管理政策体系、制度规范在各业务单元的推行落实,协助业务单元完善人力资源管理工作,并帮助培养和发展业务单元各级干部的人力资源管理能力。要做好 HRBP,需要切实针对业务部门的特殊战略要求,提供独特的解决方案,将人力资源和其自身的价值真正内嵌到各业务单元的价值模块中,这样才能真正发挥 HRBP 的重要作用。

此外,美国著名密歇根大学教授戴维·尤里奇对 HRBP 的认识得到了较为广泛的认可。尤里奇提出,传统的人力资源管理并没有帮助企业实现应有的价值,未能协助企业发挥人力资本的优势。鉴于此,人力资源需要进行激烈转型。1998 年,尤里奇教授发表文章,提出"人力资源管理四个新角色"的概念,即战略合作伙伴、行政专家、员工后盾、变革推动者。与此同时,实践中 IBM 公司为了应对时代变革下的公司需求,用将近 10 年的时间搭建了人力资源的三支柱模型。该三支柱由"人力资源领域专家中心(COE)""人力资源共享服务中心(SSC)"以及"人力资源业务合作伙伴(HRBP)"构成。在三支柱模型下,人力资源有了更好的分工,更可以专于所长。在企业实践中,HRBP 也得到了很好的认可,其有效地促进了业务的高速运行。如今大公司设置 HRBP 岗位是再平常不过的事,除此之外小型创业公司内部也逐渐兴起 HRBP 热潮。

二、本书 HRBP 的定义

通过对 23 家公司的实地调研以及大量文献的研究，我们对 HRBP 有了更深入的了解。HRBP 出现是传统企业 HR 的演进。传统的 HR 仅仅聚焦在人力资源管理的六大模块(人力资源规划、招聘与配置、培训与开发、绩效管理、薪酬福利管理、员工关系管理)，他们单独坐在自己的办公室，招人，裁员；业务部门一来邮件，或是一个电话，他们则被动响应，顶多算是一个"救火队员"。然而，随着市场环境的不断变化，只懂得救火是远远不够的。于是 HRBP 应运而生。HRBP 大多坐在业务部门办公，他们通过参加业务部门会议、加入业务部门的团建活动，更好地了解员工的需求，并从人力资源角度给业务部门提出相应建议，促进业务的有效运行。

根据我们的研究，本书将 HRBP 定义为：企业派驻到业务或职能部门，对其人力资源管理问题提供现场及"一站式"服务的人力资源工作者。

第二节　HRBP 的作用和职能

纵观人力资源管理的发展历程，企业人力资源管理从最初的履行人力资源管理职能逐渐演进到关注企业战略和人力资本的提升。早期，尤里奇在 1996 年提出人力资源管理的四大角色：战略合作伙伴，行政专家，员工后盾，变革推动者。国际人事管理协会(IPMA)也将人力资源角色归类为：专家顾问，战略伙伴，变革推动者，员工服务者。从中我们也可以印证，人力资源从业者的专业顾问职能及逐渐演进的战略、变革推动职能都是十分重要的。

在调研中，我们访谈了多家企业的 HRBP 并最终将 HRBP 的职能归类为以下几方面。

一、专业服务职能

1. 招聘

招聘主要指 HRBP 利用人力资源的专业知识进行与人力资源的六大模块相关的工作。访谈的多家案例中也体现出，HRBP 最主要的人力资源模块工作就是招聘。

这也很正常,招聘决定着企业的人力资本质量,没有合适的员工就没有优秀的业绩,更没有成功的企业。这在很多知名企业中都有所体现,如百度、阿里巴巴、腾讯。有人甚至说招聘是 HRBP 的看家本领,招对人不容易,需要多年的经验积累;招错人成本又高,还要尽力地避免雷区。招聘同时可以帮助 BP 了解行业状况、竞争对手人才现状、业务发展趋势等,说招聘是 HR 最重要的本领一点也不为过。

Connect to Reality

阿里 HRBP:

业务看 HR 大多会有两点需求:招聘和懂业务。有的 HR 其实非常擅长招聘,你会觉得这个 HR 很专业,能帮他在行业当中招募很多人,他就会很希望跟这样的 HR 搭档。有的 HR 其实是非常懂业务的,你一说业务大体的外貌,他大概就能抓住其中的一个核心点,他也愿意跟这样的人搭档。

招聘是 HRBP 专业能力板块中最重要的。因为当你不了解竞争对手的时候,你可以通过招聘来了解;当你不了解行业人才的聚集和分散的时候,你可以通过招聘来了解;当你不知道你的业务是否非常平稳,或者在行业当中属于什么地位的时候,你可以通过招聘来了解;当你不知道未来会发生什么,比如 VR 下一代是什么,你可以通过招聘来了解……所以招聘永远是 HR 所有职能当中最为重要的一个环节。

2. 绩效和薪酬

除了招聘工作之外,大部分 BP 也会涉及绩效、薪酬方面的工作。但 BP 并不会去计算薪酬(这些工作多交给 SSC 或外包),而是了解业务发展情况后,根据员工的表现定义薪酬等级,以及根据需求来定考核方式,最后反映给 COE 进行最终的政策制定。

3. 员工关系

第三类 HR 专项事宜是员工关系,主要涉及员工裁员和合同转签等。员工关系事宜是企业 HR 常常遇到的工作,而且对从业者的 HR 知识和经验要求较高。我们的 BP 在企业中往往要扮演裁员或劳动合同变更前员工沟通者的角色。如企业部门重组，或是员工因为绩效问题被裁掉等情况下，HRBP 都要作为企业和员工沟通的桥梁，让员工敞开心扉，并心甘情愿地接受裁员决定。

4. 员工建设培养

最后一类专业技能更为常见，就是员工建设培养。这个培养有两层含义。员工到企业中来，都希望企业能给他带来点儿什么：与企业共同成长了很多年，员工希望自己的业务技能、人际技能都能有所增长，这其中员工成长便是第一层员工培养，常见的形式有定期员工培训会、线上培训等。当然仅有这些还是不够的，人人都想要更大的平台，而在职场中常见的套路就是从技术层上升至管理层。这一过程就需要第二阶段的员工培养，多数企业将其称为干部建设，也就是打造领导班子。HPBP 此时培养的就是未来的大人物了，他们会先和未来的大领导们谈谈心，聊聊人生，然后再帮助他们通过公司线下课程、野外训练，甚至资助 MBA 的形式提高领导者的沟通管理技能、概念和战略审视能力。合格的 BP 有强大的影响力，他们会是很多成功人士的导师。

以上四类便是常见的 HRBP 专业技能，但不得不说的是，有不少企业的 HRBP 还承担薪资计算、档案管理的工作。而这一类的工作过于琐碎，会剥夺 BP 在战略层面付出的精力。一般这种情形下的 BP 就是个"假 BP"，或是个"半真半假 BP"，不但 HRBP 业务辅助能力没有发挥出来，BP 自己也怨言载道，认为没有价值。

Connect to Reality

IBM 公司对 HRBP 的角色定位和工作描述如下。

为了履行使命并且做好本职工作，HR 业务伙伴应具备以下领域的专业知识：福利和薪酬、商业协作和结盟、培训和专业技能的培养、员工关系、执行和组织能力的培养、人才管理、劳动力多样化、全球派遣。同时需要具备以下的相关技能：了解基本的财务概念；了解 IBM 使命、愿景、战略、组织结构；了解核心 HR 原则；了解 HR 战略；了解 IBM 策略和程序；了解当地的法律、规章制度；了解谈判技巧；了解项目管理方法论；开发 HR 解决方案。

阿里巴巴 HRBP 的看人方法如下。

透析各个员工，要看人的能力，而不是要看人的感觉。像"我觉得他挺好的""他挺坚韧的"是大忌，这种主观臆断很不专业，要以事实、行为说话，如看他的工作情况等。

二、战略引导和变革驱动职能

HRBP 与业务部门频繁接触，参加业务部门会议，员工一有需求就要即时回应，这其中不可缺少的就是强大的战略引导能力和变革驱动能力。实际上据作者调研发现，该项能力几乎被每一位 BP 提及。例如组织内部业务架构调整，或是外部竞争对手战略转向，激烈的外部环境让业务部门措手不及，服务企业内部客户的 HRBP 要及时帮助企业接受挑战，重登巅峰。不过也正因此，HRBP 确实是个累活儿。天天加班怕是少不了，业务指标压下来的时候内心的强大程度又要受到考量。当然你可以选择放弃认输，那是弱者的表现。优秀的 BP 都迎难而上，收获更大的成长和成功。

三、团队建设职能

"中秋节到了我们 BP 又发彩虹月饼了！""中秋节员工抢月饼又被 BP 开了！"——来自员工内心的呐喊。

节日一到，活动礼品少不了，组织活动、建设团队氛围少不了 BP 的功劳。当然节日活动只是团队建设的一部分，更多的团队建设体现在日常的工作中。HRBP 通过团队建设把控团队的文化价值导向，强化自身价值观，打压、剔除出格的小炮兵。

团队建设对组织的"向心力""凝聚力"影响很大，团队氛围又进而影响整体业绩。搞团队建设，BP 是主力军，可见 BP 的重要性。试想一下，要是团队整日人心惶惶，那别说跑业务，能来上班就不错了。在团队建设上，BP 的"花招"很多。中秋节发月饼是最常见不过的事儿，各种微信推送稿，各种"亲，别忘健身运动呦"的爱心提示，更有拉各主力部门一起泡温泉以敞开心扉。团建这种事儿没有固定的形式，只要你有脑洞，只要大家都能接受，那么越新颖越好。

Connect to Reality

阿里以战养兵——皮格玛利翁效应

马云曾说过,阿里要做一家102年的企业。对政委权利责任的赋予,也反映了阿里打造百年老店的信心和决心,而阿里"月饼门"事件则是这一决心的最好写照。

阿里在养人的过程当中,一个很好的做法是以战养兵,就是要通过不同的战役来看人,没有任何一个人各方面都是优秀的,在一个桌子上面每个人都是千奇百怪的,看你是否能够让所有的人趋同。

当组织有了共识的时候,你要相信这个组织的活力就会爆发。五个人讨论能不能建成飞机,接近痴心妄想,但最后我们五个人都很坚信我们可以造一模型的时候,它一定能建成。阿里有一句话叫"相信相信的力量",也就是所谓的"皮格玛利翁效应"。

在你的组织当中,大图要确立,然后再往下层层分解,最终可以达到所有人都相信这件事情。今天我们都很相信阿里马云说的,让天下没有难做的生意,就是这样的道理,通过层层的分解,渗透到组织文化的各个方面。

联想HRBP的日常具体工作内容分三块:

一是让员工胜任岗位要求,并持续提升敬业度。

二是促进团队组织和谐,避免冲突,应对紧急突发事件,等等。

三是团队人才梯队建设,包括高潜力员工识别和发展、核心员工保留等。

当然,处于不同发展阶段的公司,HRBP的这三点职能侧重点各不同,HR要根据实际情况安排工作重点。HRBP的工作内容非常多,要上得厅堂下得厨房,从早到晚忙个没停。如何让BP有效地运作、发挥其应有的作用,很有挑战性,其没有固定形式,是企业适应市场竞争时的产物。

四、文化落地职能

如果说团队建设是以业务部门的视角来帮助提高绩效,文化落地则是从整个公司的视角出发的。企业文化是吸引员工的强大基因,是留住员工的重要因素,同时更是企业实施控制的重要方式。强企业文化的公司有 GE、华为、阿里巴巴等。以 GE 为例，其以诚信、开放、变革著称。诚信是经营之本，一定做到合规、遵守道德。而开放则体现在对员工的态度、对外界的方式上，GE 不会拘泥于形式，给予员工自由。而变革则更明显，GE 的业务变动很及时，响应时代需要，不论是经营 GE Capital 做融资租赁，还是近期卖掉 GE Capital 走 Predix 工业时代，努力做工业界的微软，都表明 GE 敢于在变革的浪潮中改变自我。

强文化有两点，首先要对外传播，不论是公关媒体还是通过产品来与顾客接触，都让企业"暴露"在外界视野中，增加企业知名度，间接增强企业实力。其次，企业文化更要对内传播，文化是企业的根基，是企业之魂，它无时无刻不影响企业经营方向和员工的行为，是强有力的控制手段，如何将文化落地需要管理者花费心思，而 BP 是文化落地的重要执行者。

实践中，企业文化落地的方式较为传统，多是定期发放宣传稿、出游活动等。也有些 BP 通过"洗脑谈心"的方式，将文化以"鸡汤"的形式灌输给员工。其实这样也更利于拉近员工和公司的距离，潜移默化地帮助员工和公司成长。还有的文化落地是体现在细微的员工福利中的，比如腾讯的住房贷款等。

五、信息沟通职能

"沟通"是不可或缺的技能，甚至是最重要的技能，毕竟人力资源从业者与人打交道是最多的。BP 涉及的沟通包括两方面：一是内部与员工沟通，包括传达公司政策、帮助员工进行心理疏导等；二是与外部沟通，首先要帮助业务部门与人力资源部门进行良好的沟通，其次则是公司与外部的沟通，如参加客户会议等。人与人之间沟通是十分重要的，以正确的方式传达正确的内容是重要技能。沟通是一门艺术，对 BP 来说尤为重要。

Connect to Reality

阿里巴巴 HRBP 的沟通职能：

保证沟通机制健康。比如说，产品部门和运营部门有冲突，技术部门和测试部门有冲突,或者销售部门和售后部门有冲突。这些冲突怎么办?

第一,要正视这样的现象是非常正常的。然后你要把看到的这些矛盾,通过一些工具和方法解决掉。

第二,不要说:"你不能这样""你怎么可以这样呢",业务搭档会觉得:"你凭什么?每天这样来教育我。"业务搭档需要,你给他搭一个场子。在阿里,HR 很重要的职能是要搭场子,而不是要左右一个人。

六、问题发现职能

当 BP 要有火眼金睛,能及时发现业务部门中存在的问题并立即响应,提出合理化建议。如组织结构复杂不方便员工沟通、业务内容突变需要招聘新鲜血液,BP 要及时甚至是先于业务部门一步反映问题,想办法解决。这需要 BP 很懂业务,也需要 BP 有很高的概念技能。在实践中,BP 们也要努力地贴近业务,他们通过参加培训、业务部门会议、阅读书籍,抓住一切时机与业务人员交流,拓宽自己对业务的理解。他们的办公室就设在业务部门,与业务部门一起工作,一起加班,一起接受挑战,一起头脑风暴解决问题,工作强度非常大。而概念技能则不是一朝一夕就能获得的,这需要人生阅历以及个人天赋。事实上,敏锐的洞察能力都少不了个人底蕴的积累、个人天赋以及个人对问题的深入了解。不论是 BP 还是业务主管,要发现问题,都少不了以上素质要求。有趣的现象是很多大神 BP 在结束 BP 生涯后,都选择了自主创业,BP 变 CEO。这样的晋升途径在 BAT 等互联网企业中十分常见。对整体业务框架有了详细的了解后,又懂得用人、育人之道,自成一家,是个人职业生涯的飞跃。这间接反映了 BP 一职对从业者的综合实力要求,优秀的 BP 有望提升为 CEO。

Connect to Reality

IBM 的 HRBP:

问题的诊断和解决是 HRBP 需要具备的重要能力之一,IBM 对 HRBP 这一方面的能力比较看重,并会通过固定的形式帮助 HR 分析和诊断业务问题。HRBP

需要高效地把人力资源解决方案转换成业务人员能理解的语言,并根据组织实际情况,协同各 HR 职能部门有策略地推进解决方案的落地。

通过以上对 BP 职能的描述,我们能看出 BP 主要履行着专业服务、战略引导及变革驱动、团队建设、文化落地、沟通渠道和问题发现等职能,如图 3.1 所示,六大职能互相依托,体现着 HRBP 不可替代的独特价值。

图 3.1　HRBP 六大职能

Connect to Reality

IBM 的 HRBP 职能:

(1) 通过人力资源政策制定和实行、优化人力结构、建设组织文化和企业价值观、提高员工的效能和生产力,达到赋能员工和提升员工效能而提高创新能力和实现收入增长的目的。

(2) 通过共享服务中心的实现、互联网的使用和灵活、开放、可扩展的基础架构建设,达到人力资源运营模式的创新,以实现灵活的架构和成本的削减。

华为的 HRBP 职能:

BP 扮演了战略伙伴、HR 解决方案集成者、HR 流程运作者、关系管理者、变革推动者和核心价值观传承驱动者等六大角色职能,提供定制化服务。

阿里的闻味官：

(1) "揪头发"：你知道你的上级现在想什么？你知道你上级的上级在想什么？上一个台阶看问题，把问题揪出来，揪上去。多方位多角度考虑问题，有全局观。

(2) "照镜子"：认识真实的自己，肯定优点，发现短板。美己之美，美人之美！照镜子分照下属、照自己、照同事和照老板，都要及时交流，定期回顾。

(3) "摸温度"：需要及时感知这个团队状况，若团队士气是否过于低落，需要设法振奋一下；若团队士气高烧不退，需要降一下温。

(4) "闻味道"：每个组织都有自己的气场，管理者既要有敏感度和判断力，又要懂得望闻问切。望——透过现象看本质；闻——感受，闻气味；问——沟通；切——以小见大，切中要害。

腾讯 HRBP 主要工作内容：

绩效考核、组织架构优化、人员盘点、人员编制优化、核心人才发展。

阿里巴巴 HRBP 的作用：

(1) 在业务部招人时要与业务经理商讨业务的实际需求，提供选人的建议，懂得如何分析真材实料与过度包装应聘者的简历。

(2) 帮助业务经理合理充分地使用人才，发挥员工最大优势，合理配置人手。

(3) 充当"坏人"。帮助业务经理裁人、说教，识别出势力虚伪之人。

(4) 在员工做得好的时候，要及时告诉业务经理对其给予表扬、加薪和认可。

(5) 帮助业务部门与其他部门跨部门沟通，例如财务部、生产部等。

(6) 适当适时适量地培训业务经理领导力，教会他们如何有效合理地管理下属。

另外，承担公司文化的推动和实践也是许多公司的 HRBP 所忽略的价值，这种文化更多地体现在将企业内部文化观、价值观和行为方式用标准化的形式呈现出来，作为招聘、用人和管人的工具。

联想 HRBP 的作用：

联想的 HRBP 制度不是建立在总部职能的核心功能模块上，其作用体现在：

(1) 建立在业务系统，了解业务整体需求，贴近组织业务，并快速反应。

(2) 推动联想人力资源部的专业化分工及专业能力的提升。

(3) 丰富和发展联想人力资源员工的职业发展路径。

通过梳理 BP 的职能，我们发现 BP 的作用主要体现以下几方面：首先，好的 BP 会响应业务需求，帮助业务部门在方向把控上迈出坚实的一步，不论是文化建设还是业务方向变革，优秀的 BP 都会提出实质建议帮助改变。其次，BP 加速了企业运营效率，这主要通过沟通职能来体现。事实上问题说开了就不是问题了，要是都避而不谈，那就是堵死了交流渠道，往往会为以后埋下祸端。再次，BP 提高了部门的人力资本利用率。BP 的存在提高了员工的参与率，员工愿意和 BP 敞开心扉，BP 的个人魅力影响、鸡汤灌输，都对员工成长、企业业绩增值起到了"火箭式"推动作用。此外，BP 通过专业知识引导能帮助企业更好地开发人力资源，比如引入多项培训制度、依据市场变化和员工绩效进行调薪等。最后，BP 帮助企业凝聚军心，使得员工团结起来并与企业融为一体，保持了行动的一致性，大家都向着一个目标努力，更好地奔向前方。

第三节　HRBP 的来源

HRBP 的来源，从整体来看无非就是来自业务部门还是来自人力部门。实践中两种来源都有，但优秀的 BP 不论来自哪一方都有做得很好的。但坦诚来讲，来自 HR 部门以及来自业务部门是各有利弊的。

一、科班出身，你说什么我都懂

出身人力部门，这才符合 HRBP 的定义。HR 在人力部门修炼多年，有着一眼看透"你"的直觉观，手拿多项考核标尺，通晓国家劳动法，也知晓行业内外薪酬政策。对员工而言，最浅层的需求他们都能满足了。高薪、福利政策、保险、养老金、十三薪、奖金、加班费、车费报销……或是培训课这些与员工日常息息相关的各种事情，大部分都有 HR 的参与。

但传统的人力部门视野不够宽广,这与他们和业务部门"坐得太远"有关。他们无法及时发现员工需求,有时还受公司上层指派,不去探寻员工需求,反而老想着怎么扣工资,如何给员工办离职,让员工感到人力部门就是公司老板层压榨员工的工具。员工会对HR避而远之。

进阶的HRBP则不一样,他们和员工一起"吃"一起"住",有问题直接和BP说就好。想涨薪不知怎么和老板说?想升职却开不了口?压力太大需要找人倾诉?这时HRBP便扮演军师的角色,给员工提建议,进行心理疏导。

1. 科班出身的长处

相比业务部门出身的HRBP来说,人力部门的BP有以下几大优点。

1) 专业能力强

HRBP多数人至少在人力部门工作十年左右。在这十年,HR在实践中增长经验,接触了形形色色的案例,见到了各式各样的人,人力资源知识早在实践中打好基础。HR从入门零基础到五年后熟练于心确实也很常见。专业能力强,使得员工在遇到人力资源问题时有人可寻,有人可信。员工一说想加薪,人力部门出身的HRBP不但早对市场薪酬行情有深厚了解,还清楚加薪操作的流程,与人力部门交涉也方便。

2) 软技能强,沟通能力好,亲和力极佳

一说起HR,人们心中往往最先想到的就是温柔的知心大姐姐,也有不少人说HR是企业中最善解人意的人。事实上,笔者接触的大部分HR确实如此,她们很懂得以何种方式与他人沟通,他们会站在你的角度思考问题,给你提出建议,很少听说HR很坚韧又容易生气的。和善的态度容易让员工放下戒心,敞开心扉和你沟通,有利于找到矛盾的根源,加速业务流畅地运行。

3) 与员工接触多,知你所想,经验丰富

若说专业能力是基础知识实力,那么知你所想应该属于概念能力了。经验会帮助培养直觉。HR开始从业就接触很多的人,好员工(诚实守信、真诚待人、爱岗敬业)、坏员工(欺诈造假、人际关系恶劣、消极怠工)他们都见过。你编了个理由想请假,HR很容易猜透。站在公司的角度,了解员工的工作状态很重要,不只是工作能力表现，更有员工内心的深层次状态。人力资源部门出身的 HRBP 对人有更深的了解，可以更好地管理员工工作状态。

4) 第三人优势

来自业务部门外部的 HRBP 可以站在第三方角度来思考、处理问题。"当局者迷，旁观者清""不识庐山真面目，只缘身在此山中"说的就是这个道理。以第三方的视角看业务会更从另一角度丰富业务。有时候反而真的是局外人懂得多、看得深，在此也建议从人力资源转业务的 HR 不要妄自菲薄，成功的案例也是有不少，最有名的莫过于阿里巴巴旗下蚂蚁金服的前任 CEO 彭蕾女士。

2. 科班出身的短板

当然事物都有两面性，人力部门出身的 BP 同时也有几大劣势。

1) 业务能力欠佳

这个是显而易见的，企业存在就是要盈利，不懂业务谈管人那是空谈。相比业务部门出身的 HRBP，人力部门出身的 BP 要付出更多的时间学习业务，而且有些业务还有专业门槛，学起来不简单。就算学好了，业务部门认不认可还是一回事儿。认可度低的话语权就少，会降低 BP 的价值。在我们调研的过程中，像金融企业、工业企业，他们来自 HR 部门的 BP 多为被动反应业务需求，BP 们说没听说过有 BP 能一票否决业务决定的，裁多少人招多少人、裁谁招谁得最终由业务部门拍板。业务技能要求过高的行业，人力部门出身的 BP 确实受限。

2) 概念思维缺乏

大家在企业中也能看到，人力部门整天与人打交道，处理更多的是事务性的人员关系问题。企业内部市场是有限的，相较外部商业市场，挑战性小得多，因此也会降低人的概念性思维。甚至可能会过于保守，不愿意承担风险。在业务部门风险与收益是成比例增加的，过于保守会限制业务部门的发展速度。

3) 刻板印象之上面派来的眼线

这种现象在国企可能更为常见。HR 执行上面的政策，领导一说裁员，HR 就要承担杀手的角色，领导一说减薪，HR 就要想方设法扣工资，说不定他们还时不常巡视我们业务部门，看谁不顺眼就打个小报告！在某些业务部门，HR 留给人的形象并不友好，有的对 HR 是有防备之心的。尤其是依旧受人力部门考核的 HRBP，员工和业务部门会担心 HRBP 并未照顾他们的利益，在笔者采访中，甚至有的企业拒绝来自人力部门的 HRBP 参与业务会议，究其原因也是由于人力资源部的刻板印象。不过这种现象在中小企业较为常见，像 BAT 等大型互联网企业，这种情况并不多。

尽管列举了这么多人力部门 HRBP 的缺点，但现实中，不论是高速发展的互联网企业还是传统的制造企业，来自人力部门的 BP 还是占 BP 的大多数，HRBP 也是很多 HR 为自己设定的发展之路。在和众多 BP 交谈的过程中也能发现，来自人力部门的原因主要也是因为人力部门的 BP 专业知识能力更强，而且大多业务是可以现学的。懂业务不是说懂得如何操作，甚至是自己亲自去完成业务。而是理解业务的运作模式，知道如何让员工完成业务，达到自己想要的效果就可以。不过，HRBP 已经带了 HR 两字，很多企业自然也是从人力部门选拔。

二、战场退役，业务经验做管理

1. 来自业务部门的优势

这里我们指的是从自己业务部门中提上来的 BP。"老将"出发，拥有业务的敏锐度和十足的经验，在商场打拼的过程中自然也积累了不少为人处世、管理人员的经验，管理是在实践中不断学习强化的，脱离实践谈管理是本末倒置。这也是很多企业愿意从业务部门选拔 HRBP 的原因。来自业务部门的 BP 有几大优势。

1) 业务能力强

业务能力强，这个就不多说了，可以给出更多的业务发展建议，同时可以更好地使人力资源和业务部门结合。

2) 自家兄弟，有革命友谊

一起并肩作战打拼了那么多年，早已你知我心，我知你心，有的事情都可以心照不宣了，默契度不是一般的好。从业务部门出身的领军人物，可以类比成"军魂"，他们协助老板指挥业务运作，多方面提出实用建议，促进业务的推进。

3) 实践中学习并运用管理知识，BP 上手快

业务转管理容易，管理转业务则难。BP 在业务管理的过程中，可以不断积累管理知识。一般亲和的人做管理都是相当容易的，亲和的业务大牛转型变 BP，既简单又靠谱。

2. 来自业务部门的缺点

1) 人力资源管理经验不足，专业性不强

搞业务的对人力资源的专业知识不敏感，不熟悉劳动法，薪酬政策可能也不甚了解，很可能在管理员工的过程中还要借助企业人力部门的力量来进行人力资源管理，这会降低管理效率，HRBP 就不是 HRBP 了，而是 BP。

2) 与人力资源部门的矛盾

人力部门出身的 HRBP 与人力部门会产生矛盾(嫁出去的女儿泼出去的水，HRBP 绝不会 100%站在人力部门思考利益相关问题)，业务部门出身尤甚。人力部门的规章制度到了业务部门是需要 HRBP 进行推动落实的。大家也都理解规章制度比较烦琐甚至是死板，业务部门出身的 HRBP 更可能会睁一只眼闭一只眼，这会加速激化企业内的矛盾，不利于业务进行。业务部门一般和 CEO 的关系比较好，在我们的访谈中，有的中小企业业务部门经常向 CEO 反应人力资源部门的不足(规章教条、不站在业务角度想问题等)，拒绝人力部门的规章制度传达。缺少人力资源部门的把控，会让企业暴露在不必要的风险下，比如员工欺诈、管理人员违规等，不及时纠偏会影响企业形象和企业业绩。

3) 企业文化把控欠佳，易冒险

业务部门出身的人自然是业务第一，但有时 HRBP 会过于冒险，甚至有做出违规行为的可能性，金融企业尤甚。在诚信道德和企业金钱利润的抉择下，有些 HRBP 会选择冲破道德的束缚进行圈钱，最后落得身陷囹圄的下场，这是极其不明智的，害人害己，更损害企业声誉。相比之下，来自人力部门的 BP 对人文关怀更加关注。

总体来讲，HRBP 出身何方都是利弊兼有的，现状是来自人力部门的 BP 更多。但二者的业绩都差不多，这与行业的性质也有关系。

Connect to Reality

阿里巴巴 B2B 超过半数的政委来自业务部门：

都是由具有丰富一线实战经验、懂得业务运作的人担任的。按照马云的说法，就是各个功能部门的二号人物，在文化建设和组织保证方面具有很大话语权和决策权。准确地说，各个功能部门的个性化运作方式，就是由各自的一号人物与政委一起决定的。政委是业务的合作伙伴，使命就是保证道德大方向、传承价值观、建设好所匹配的队伍。

第四节 HRBP 的分类

经过调查并综合各学者和专业人士的意见，我们将 HRBP 从三个方面进行分类，即专业能力、战略能力和业务亲密性，如图 3.2 所示。

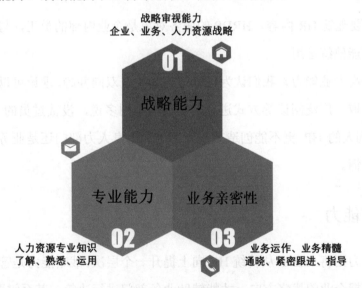

图 3.2 HRBP 分类依据

一、专业能力

是否具有扎实的专业能力是 HRBP 是否专业的重要前提。专业能力主要指的是人力资源管理方面的能力，包括 BP 是否对劳动法熟稔于心，是否了解市场和公司内的薪酬政策，是否会合理招聘等。人力资源管理的六大模块包括：人力资源规划、招聘与配置、培训与开发、绩效管理、薪酬福利管理、员工关系管理。近来也有模块丰富化的趋势，如九大模块，即在原来的基础上加入素质模型、企业文化、工作分析评价。实践中，BP 不同程度地在工作过程中施展专业能力。比如说阿里巴巴的政委向来以文化把控出名，他们是企业文化的落地者，在与员工朝夕相处的日子里，通过个人言行举止和借助公司政策的方式把控文化，防止员工做出违背公司文化、出格的事情，比如偷窃、欺诈等。腾讯的 BP 则在薪酬福利中有新颖之处，比如员工贷款买房、员工新生宝宝 QQ 靓号等，这与企业的文化、企业倡导的价值观紧密结合，极具公司特色。还有的企业 HRBP 在招聘和裁员上发挥重大作用，他们熟悉劳动力供给，能结合对业务的分析了解劳动力需求，确定招聘或裁员人数，之后协助后台团队招聘，或亲自操刀进行招聘，有的企业会将招聘指标作为 HRBP 的考核内容。

HRBP 要理解 HR 内容，HRBP 的服务对象是企业内部的员工，与员工紧密相关的内容应能熟练运用。

如何提高专业能力？我们认为可以理论和实践双向并趋。理论可以通过参加课程、证书考取、广泛阅读等方式进行，实践则不用多说，没裁过员的 HR 不是好 HR，招不到人的 HR 更不能创造效益，不论你出身人力部门还是业务部门，实践内容还是要懂。

二、战略能力

战略能力则将 HRBP 从传统 HR 向上提升一个层次。战略能力是管理者所必需的能力。把握企业的战略方向，才能辅助业务部门进行决策，甚至需要 HRBP 提前对业务有自己的预测。不过需要强调的是，HRBP 的战略能力更偏执行，即落实战略，最终制定战略往往由 COE 完成，其中 HRBP 起到信息收集的作用。但具备概念能力确实不容易，在实践中，HRBP 概念能力的具备也是因企业而异的。高战略能力的 HRBP 常存在于快速发展大企业中，如互联网巨头 BAT，或是通信业领军企业华为。在金融行业，HRBP 相比之下并不很受重视，具备的战略能力少，从事的工作多是传统HR模块内容，如依据上级指示招聘、裁员；可能在这过程中会有新想法跳出，比如怎么设计计划裁员，但仍然是被动反应。通过我们采访还发现，金融行业的HRBP话语权也不多，真正可以影响业务部门的决策很少。这可能与金融行业的专业性较强、业务节奏快有关，业务部门有自己的金融领域经营方式，不太愿意人力资源合作伙伴过多的参与。

采访中，BAT中的HRBP的战略能力都比较高。像百度的HRBP，他们会根据企业战略(甚至是预测战略)进行组织架构调整、人员招聘配置等，战略一变，BP就要跟着响应。阿里巴巴的BP则是更多的文化把控，保证战略的正确性，之前比较火的就是抢月饼事件：有程序员设计程序使自己多抢了月饼，就被BP直接当天开除，雷厉风行。

战略能力是很必要的，其实在企业中工作，对外面临的环境变动速度极快，没有战略能力，看不到企业、行业的走向，那永远都是个小兵，帮别人做事，是无法独自承担大任的。不要以为HRBP只服务内部客户，不用考虑外部风险和公司整体利益，其实不然。

战略能力的提升绝非一朝一夕就可以达到的。通过采访众多HRBP，总结出提高战略能力的方式是：广博阅读、积极实践、深入了解公司、勤思考。

其中，积极实践建议：多和大佬沟通，将思维转化为实践，不断在实践中试验、总结、纠偏、创新。同时不要忘记聆听他人的看法，不能太偏执。

了解公司建议：内省。知己知彼方能战无不胜，了解公司可以帮助梳理企业战略，知悉优势劣势，帮助明确战略方向。

勤思考建议：古话有云"吾日三省吾身"，人都是在思考总结中不断提升的。管理是充满不确定性的工作，用已知的方法处理不确定的问题很难不出问题，一定要勤思考总结，不断优化管理方式，努力探寻最佳的管理实践。此外需要注意的是，做HRBP单单有HR的知识是不够的，需要综合能力，最好是有综合背景的复合型技能，所以HR一定要注意提升自身的不可替代性。

三、业务亲密性

业务亲密性就是指和业务部门的联系是否紧密。好的 BP 整天和业务部门待在一起，在一块儿办公、一起开会、一起头脑风暴，还要一起加班。他们可能不懂具体的技术操作，比如说互联网的代码怎么写、风控模型怎么建立；但他们了解业务如何运作，比如说程序设计要达到什么效果，风控的哪些指标要注意。管理人的意义不在于你可以一手包揽所有的事情，而是找到英才，用好英才，用对的人做正确的事。

1. 业务亲密性容易被忽视

实际上，业务亲密性可能有时不受到重视，尤其是在 HRBP 归人力部门考核的前提下，如果 HRBP 在人力部门办公，情况更严重。有的 BP 坐在业务部门也不能称得上真 BP，他们做的工作和传统 HR 没什么区别，就像派到业务部门的 HR 驻营人员一样，被动响应工作。综合可见，业务亲密性弱主要由于考核无业务部门参与、与业务部门沟通少导致。企业在实践过程中要尽力避免。

2. 业务亲密性弱的隐患

业务亲密性弱就丧失了作为 BP 的意义，相当于传统的 HR 人员，这一来不利于业务开展，二来也会打击 BP 的积极性。采访中有 BP 反映，工作中承担过多的行政职能，认为工作不具备挑战性，对公司极为不满，甚至有了离职的想法。

3. 如何了解业务

了解业务运转，说难则难，但用点心都可以做到。实际上，BP 在业务上还是很下功夫的。具体的主要通过博览群书、参加会议、积极沟通、轮岗实习、冒险实践等方式。书籍就不推荐了，因业务涉及太广。读者可多与专家沟通，获取充电书籍清单。

4. 分类模型汇总

将调研的企业进行简单归类后，我们绘制出分类图表(见表 3.1)，并提取了一些规律性的内容。

(1) 战略能力、业务亲密性、专业知识高的企业多为互联网行业的大企业。

(2) 传统行业、中型企业集中在低战略能力、高业务亲密性、高专业知识维度，其 HR 参与业务的程度有待提高。

(3) 部分互联网企业的 HRBP 并未强调过高的专业知识。

(4) 金融行业企业的 HRBP 可能处于最低级的状态。

表 3.1 HRBP 分类模型

专业能力	专业能力强				专业能力弱			
战略能力	高战略视角		低战略视角		高战略视角		低战略视角	
业务亲密性	紧密	弱	紧密	弱	紧密	弱	紧密	弱
企业列举	广联达、瓜子二手车、腾讯、百度、当当、微软、搜狐、美菜网、雪花机		KF石油公司、网龙科技、华夏幸福	通盈、快循环	阿里巴巴、百度		用友致远	MSCI

通过将调研的企业进行归类，我们得出以下汇总图形，如图 3.3 所示。

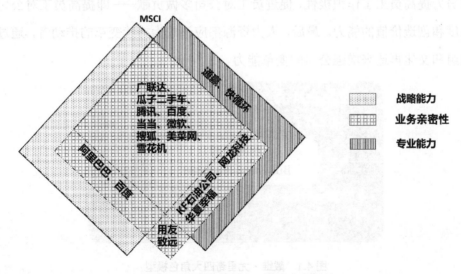

图 3.3 对调研企业的 HRBP 归类汇总

第四章　HRBP 的角色定位与素质能力要求

第一节　理论层面的 HRBP 角色定位及素质能力要求研究

HRBP 角色定位的理论研究,最具权威性的当属戴维·尤里奇的人力资源管理四个新角色(见图 4.1)。他提出,首先,人力资源工作者应该成为高层经理和直线经理(Line Manager)在战略执行过程中的合作伙伴,协助他们根据市场情况制定计划,而不是在会议室里闭门造车;其次,人力资源部应该成为任务组织和任务实施方面的专家,通过提供高效的行政支持,在保证质量的前提下尽可能降低成本;再次,人力资源部应该成为员工的坚强后盾,积极向高管层反映员工的顾虑和担忧,同时努力提高员工工作积极性,促进员工对公司多做贡献——即提高员工对公司的投入度和创造价值的能力。最后,人力资源部应该成为持续变革的推动者,通过流程重组和文化再造来增强公司的变革能力。

图 4.1　戴维·尤里奇四大角色模型

在关于 HRBP 角色定位的国内研究中,杨磊和陈静认为人力资源部门的角色定位随着时代的进步逐渐变得不同,以前人力资源部门基本属于后台支持部门,而现在为了提升企业价值,适应时代人力资本的理念,HR 必须走向台前,与业务部门进行更多的合作。安世民、张月萍将研究焦点聚焦于中型企业 HRBP 的发展，在《中型企业 HRBP 模式的应用研究》中曾提出中型企业 HRBP 的角色主要分为三种：第一种是战略伙伴(Strategic Partner)，主要活动有：及时调整人力资源战略；确立衡量 HR 效能的重要指标；理解公司内部人才发展的需求，并对各种复杂事件进行排序。第二种是操作经理(Operations Manager)，主要活动有：与员工沟通公司的政策、业务流程等；确保人力资源项目与企业文化的一致性，并更新 HR 项目的进展。第三种是危机管理者(Crisis Manager)，主要活动有：及时应对各种紧急突发事件；为业务经理和员工提出的问题提供解决方案；解决公司在业务计划执行过程中出现的政治问题。易晓芳则以个别公司为例，在《ZY 公司组织变革管理中 HRBP 角色定位研究》中提出 HRBP 的三种角色，分别是组织运营支撑者，用于设置组织结构、新组织氛围的营造以及原价值观的传承，确保组织顺利运营；业务主管的 HR 咨询顾问，用于对组织内人员的配置，并为业务经理提供结合业务实际需求的 HR 专业服务；变革管理中的沟通者，用于与组织内所有利益相关者进行沟通，确保组织人员的融合，解决组织变革过程中的沟通问题。国内研究中，吕静、刘士庵曾在《HRBP 的价值、角色定位与职业修炼》中提出，HRBP 的角色可以分为三种：首先，HRBP 应该是集团人力资源战略和文化大使，HRBP 要深刻理解公司战略，并作为集团核心价值观的代言人，通过具体的项目，使得集团战略和文化通过人才管理落地，对业务的发展起到实质促进作用；其次，HRBP 应该是集团和业务部门沟通的桥梁，HRBP 的角色任务，决定其既不单纯是集团的"钦差大臣"，又不仅是业务部门利益的代言人，而是两者沟通的桥梁和纽带，HRBP 要站在中立的立场，将集团利益和部门利益完美统一起来。最后，HRBP 应该是业务部门人才管理的政委、军师，HRBP 不仅是集团人力资源的形象大使，更是业务部门人才管理的主体，承担着政委和军师的角色。HRBP 除了要有效传递集团战略与文化外，还要深入挖掘业务部门的管理需求，切实解决业务部门发展的难题和瓶颈，为业务部门的发展提供有实效的解决方案。高霞、王炳天两人认为，在 HRBP 模式下，要想充分发挥 HRBP 的业务合作伙伴作用，首先，要提升 HR 决策的战略性，将人力资源管理提升到战略管理的层面，业务伙伴的角色定位可以使 HR 的工作深入到具体业务的层面,从企业战略执行中发现与人力资源有关的问题,并及时提供解决方案;其次,优化人力资源管理范围与流程,业务伙伴可以作为人力资源部门和业务部门的桥梁,HR不再局限于传统的职能型工作内容,在直线经理和员工的密切配合与支持下,更好地优化人力资源部门内部的分工以及HR自身工作的内容和具体操作流程。最后,要在组织内部塑造合作、共同进步的组织氛围,HR要明确自身定位,深入到业务中去,在业务直线经理在处理人事方面工作时提供指导,提高人力资源工作的真实性和满意度。

通过对文献的大量研读,我们可以很明显地感受到人力资源工作者角色定位的变化以及重要程度的提升。一个大部分学者都提到的观点是:HRBP工作者要成为真正的战略合作伙伴,需将人力资源管理提升到战略层面,在深刻理解公司战略的同时,深入业务发展,根据部门的实际需求提供有针对性的解决方案,使HRBP真正发挥价值,积极推动公司业务的发展和效益的增长。

与角色扮演相对应的是HRBP工作者的素质能力。国内学者中,赵丹在《人力资源管理——HR新定义(对HRBP的素质要求)》中从四个方面分别阐述了HRBP的素质要求。第一,在战略方面主要分为三点:①领导变革,要具备可以去激励并推动组织中的成员成为变革中的一员的能力;②观察入微,要有能力在本组织以及其他组织内发现关联以及相互关系,并找到关键人物;③客户服务导向,集中关注和发现客户的需求,并尽力满足客户需求。第二,在专业方面,首先是战略思考,将自身的业务和所处环境结合起来,发现突出的成功因素的能力;其次是构建人力资源架构和管理体系,理解人和组织是企业长期成功的关键因素,并将其转化为当前发展形势下的人力、程序和系统;最后是专业技能,了解人力资源管理领域的专业知识,将其变得可视化并且不断扩充知识。第三,在领导力方面,主要分为以下两点:①作用及影响,洞察他人及他们的兴趣点,说服并影响他人,从而在某个观点或目标上给予支持;②积极主动:发现问题、找到机遇和机会,并采取行动。第四,在个人方面,首先是成就驱动力,以达到极为出色的表现和超越绩效标准为目的;其次是探究型驱动力,有天生的好奇心以及想要去了解其他人和当前事物的渴望;最后是勇气和正直,勇于说出自己认为正确的事情。安世民、张月萍在《中型企业 HRBP 模式的应用研究》也曾提到，中型企业对 HRBP 的评估主要包括三个方面：第一是专业知识，主要是指 BP 对人力资源、心理学等方面的理解；第二是对行业的熟知程度和意识，若 BP 从业人员能对行业的发展、竞争对手情况、国际市场认可度、市场挑战等业务了然于心，那么他/她就具备与业务经理对话的基础；第三是个人影响力，主要指个人视野、领导魅力、全局观、沟通组织能力等。

裴珊珊在《中国企业 HRBP 的发展和胜任 HRBP 的基本素质》中提出：HRBP 工作者首先要提升专业知识，成为一个有效的战略型 HRBP，起主要作用的首先是其胜任能力，其次才是经验，而动机和教育背景的作用最少。也就是说，是否具有丰富的人力资源管理专业知识是 HRBP 成功的关键因素。此外，HRBP 工作者要增强商业意识，不少企业在人力资源管理的转型过程中，会从业务部门抽调精干人员组建 HRBP 团队，这种做法能够在一定程度上缓解 HR 管理人员在业务把控能力方面的欠缺。许多企业认为，HR 专业知识相对于其他业务能力更容易获得与培养，从业务部门选拔 HRBP 团队可以通过短期培训掌握 HR 专业知识，再加上对业务的了解以及敏锐度，这个团队就能够迅速进入 HRBP 的角色。事实也证明，不少企业的 HR 高管并不都是人力资源专业科班出身，有的甚至没有任何相关工作经验，而恰恰是这些高管，往往能够跳出 HR 固有的思维模式，站在业务角度并结合人力资源专业角度进行企业管理，且往往能出现令人惊喜的管理效果。

在众多学者对 HRBP 素质能力要求的阐述中，我们不难看出，要想成为一名优秀的 HRBP 工作者，不仅需要扎实的 HR 专业知识，更应该深入学习并了解公司的业务知识，站在战略的高度去思考问题，为业务部门提出切实可行的人力资源解决方案。此外，HRBP 工作者还需要具备良好的沟通能力及分析解决问题的能力，最后，HRBP 工作者的个人魅力及领导力也是影响其工作能否顺利开展的一项重要因素。HRBP 不仅在学术界引起众多学者关注，在企业实际运用中也被广泛实践。HRBP 在企业中扮演的角色虽然殊途同归，却也有所不同，在 HRBP 的实践方面，我们将重点介绍华为、阿里巴巴、腾讯、IBM，雀巢这五个公司的 HRBP 角色扮演及能力素质要求。

第二节 实践层面的 HRBP 角色定位及角色素质能力研究

一、华为篇

华为于 2008 年首先在业务部门建立 HRBP 运作模式,据华为人力负责人李山林介绍,做出如此改进的原因有两个。

首先是公司业务发展的需要,许多业务主管反馈 HR 和业务是两张皮,虽然 HR 很努力,每天做的事情很多,但业务部门对其的评价却不高,在业务部门看来,HR 更像是公司派来监视他们的人,而不是帮助推动业务发展的人。有些时候,业务主管关注的事情,HR 不关注也不了解;HR 着急的"任务",在业务经理看来无关紧要,完全不上心,所以好一点的 HR 在业务经理眼中是"助手",差一点的是"监工"。HR 也觉得比较委屈:做了很多事,但人家不领你的情。

其次是 HR 自身的组织和队伍建设的需求。在业务部门不大的时候,旁边有 HR 支撑,如接入网只有几百人的时候,有管理办支撑;但固网产品线有几千人的时候,在机关"脖子"上放一个干部部门,下面的员工和主管根本接触不到 HR,HR 只看"天气"不接"地气",没有 HR 专门针对他们的业务需求提供有针对性的解决方案。如果 HR 不接地气,业务一线就无法感知到 HR 的存在,更感受不到 HR 为业务发展带来的价值,由此形成一个恶性循环。基于以上原因,华为改变人力资源运行模式,开始实施 HRBP 运作模式。

华为将 HRBP 的角色分为以下几个(见图 4.2):第一,战略伙伴,主要参与战略规划,理解业务战略,作为业务战略与 HR 战略连接的桥梁,组织公司战略落地;第二,HR 解决方案集成者,理解业务诉求和痛点,集成 COE 专长,组织制定 HR 解决方案并实施落地,是业务需求与 HR 解决方案连接的纽带;第三,HR 流程运作者,合理规划 HR 重点工作,提升人力资源工作质量与效率;第四,关系管理者,有效管理员工关系,提升员工敬业度,合法用工,营造和谐的商业环境;第五,变革推动者,理解变革需求,做好风险识别和利益相关人沟通,促进变革的成功实施;

第六：核心价值观传承的驱动者，通过干部管理、绩效管理、激励管理和持续沟通等措施，强化和传承公司价值观。值得注意的是，这六个角色是华为 HR 呈现给业务部门的全部角色职责，并不代表每一个 HRBP 都需要具备以上角色特征，而是 HR 通过特定场景以及 HR 团队的力量来承担角色。

图 4.2　华为 HRBP 角色模型

为了更好地扮演好人力资源业务合作伙伴这一角色，华为针对不同类型的 HRBP 工作者提出了不同的能力素质要求，一类是对 HRBP 管理者的素质要求，另一类是对 HRBP 专业人员的素质要求。HRBP 管理者需要具备的素质能力为(见图 4.3)：首先是业务能力，即业务战略解读、HR 战略思维能力与连接能力；其次是 HR 专业能力，即人力资源政策理解和应用；最后是管理能力，即团队管理能力、项目管理能力。相比较而言，HRBP 专业人员需要具备的素质能力中：首先是业务能力，即业务战略解读、HR 战略思维能力与连接能力；其次是 HR 专业能力，即人力资源专长；最后是管理能力，即项目管理能力。

图 4.3　华为 HRBP 素质模型

二、阿里巴巴篇

在阿里巴巴，HRBP 被叫作政委。阿里政委体系起源于 2004—2005 年，灵感来自于当时两部热播的军事题材连续剧《历史的天空》和《亮剑》，2006 年前后，"政委"体系被引进阿里巴巴，主要原因有两个。

首先是业务发展需求。2004 年非典发生之后，阿里巴巴 B2B 业务高速成长。对于一个高速成长行业来说，它的突出特点是人才低位高用，从人力资源配置角度来说，机会多工作多，但人不够，此时，阿里就有必要配置另外一条线，让一个有经验、有文化，对于组织建设有经验的人辅助业务经理，帮助业务经理管好队伍、建设好队伍，这为 HRBP 的发展提供了契机。

其次是战略发展需求。阿里希望走 102 年，政委的设立初衷是保证企业长远发展，避免业务经理只是基于短期业务压力单纯地追求短期利益，而忽略了部门其他方面的发展。业务部门的同事大部分情况下只需要看季度、年度目标完成情况就够了，但政委至少要看一两年以后的事情，同时也要考虑整个文化传承和干部培养的问题。阿里"政委"体系分为三层，最基层的是小政委，主要分布在具体的城市区域，辅助区域经理进行工作；再往上为大政委，与高级区域经理搭档工作；最上面是人力资源总监，直接向马云汇报工作。在阿里，政委的发展主要分为两个阶段。第一个阶段是强化职能阶段，该阶段在阿里内部搭建了一套比较完整的基础框架，主要包括薪酬体系，绩效考核体系，人员培训发展体系等。第二个阶段重点是打造政委体系阶段，使其成为贯彻从上到下的非常核心的组织保证，为公司正确定位，确立核心价值观。

阿里将 HRBP 划分为四大角色(见图 4.4)：第一是关于"人"的问题的合作伙伴，主要包括招聘、薪酬福利、成为区域经理的最佳搭档以及员工异动管理；第二是人力资源开发者，帮助实现人力资源的增值，主要包括培训与成长、绩效管理、干部梯队建设以及主管的辅导和推动；第三是公司与员工之间的"同心结"和桥梁，主要包括员工关系管理；第四是公司文化的倡导者/贯彻者/诠释者，主要包括员工沟通、公司制度的宣导、墙面文化、高管沟通信息传递、案例收集学习分享、典型员工及典型事件的树立与包装、以身作则、团建活动融入文化和精神、推手作用(业务主管、经理宣讲)。由四大角色可以联系到阿里政委的几大职能定位：从人力资源视角出发参与业务部门管理工作，给出有效的业务部门的人力资源解决方案；向人力资源职能部门反馈人力资源政策、人力资源计划进程和有效性；协调员工关系，反映员工诉求，调查培训需求；制订并执行业务部门的人力资源年度工作计划；参与所在业务部门的领导力发展和人才发展通道建设；建立所在业务部门的岗位说明书、职位、人员管理等的基础性人力资源体系；支持企业文化变革并参与变革行动。

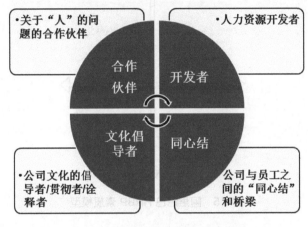

图 4.4　阿里巴巴 HRBP 角色模型

阿里巴巴政委的素质能力模型主要体现专业化、职业化、品格特质方面，具体内容见图 4.5。第一，战略推动能力：需重构需求、识别战略性合作机会，实施企业战略性合作项目。为将人力资源工作的战略规划和业务规划紧密结合起来，"政委"要有能力激励和推动组织中的成员接受变革和拥抱变化；要有能力在本部门以及与其他部门之间发现关联，并识别出关键人物、关键环节和关键联系；要有能力识别客户的需求和战略意图，并尽量满足客户需求。第二，专业应用能力：需精通流程、掌握信息，能够把人力资源工作进行专业化整合与表达，实现显性化业务交融，要将思想政治工作、人力资源开发管理业务和所处的环境和业务需求结合起来；能够把握人员、流程和信息等企业成功的关键，并能将其转化为企业创造价值的能力；要能掌握人力资源开发与管理、思想政治工作的专业知识，并不断显性化。第三，业务洞察能力：需具备对主价值链的深刻洞察力，能够发现并引导员工开拓性地发挥能力，创造性地完成工作；能洞察他人及其兴趣点，说服并影响他人，组织大家齐心协作；同时要主动发现问题，发现机遇和可能，并突破性地解决问题。第四，个人领导能力：需具有能够胜任多重压力并带领团队走向成功的潜质；要具有很强的成就动机，追求完美，注重细节；具有很强的探究动机，有天生的好奇心和想去了解他人及当前事物的渴望；敢于说出、做出自己认为正确的事情。

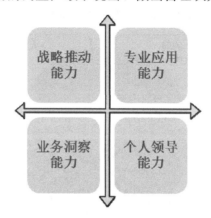

图 4.5 阿里巴巴 HRBP 素质模型

三、腾讯篇

在腾讯，HRBP 是人力资源系统中在各个事业群的人力资源管理人员，主要职责是针对公司内部客户，即员工的需求提供人力资源的专业分析和支持，协助各业务部门负责人以及管理干部在员工发展、梳理需求、发掘人才、整合资源、培养能力等方面的工作。针对不同事业群的员工需求，不是被动地等待内部客户提出人力资源要求，而是积极主动地发挥人力资源的专业价值，从专家角度来帮助各个事业群分析人员需求、招聘计划、培训要求，帮助绩效考核，贯彻薪酬福利政策，关注员工关系，在各业务部门落实与推广公司的人力资源管理政策、制度规范，帮助业务部门进行干部培养和发展人力资源管理能力，并协助业务部门开展人力资源管理工作。此外，HRBP 需要了解业务，能够针对业务部门的个性化需求，提供专业的解决方案，将人力资源和其自身的价值真正内嵌到各业务部门的价值模块中。这样才能真正发挥和实现人力资源管理的重要作用，保障人力资源在业务单元的工作，提升内部客户的满意度。衡量 HRBP 价值最重要的标准是能否支持组织战略、业务目标的实现，助力员工成长。对 HRBP 而言，不仅要在 HR 专业领域是专家，更要精通业务，这样才能够与业务对话。HRBP 要知道各个业务单元有什么样的特征，这些特征对人力资源有什么特殊的要求。不同业务单元可能会有直接的差异，比如做互娱方向的员工和游戏开发类的员工，会更多地强调他的个性，强调他的创新意识；而技术工程类的员工，则更多地希望他们有扎实的专业技术。

由此看来，腾讯 HRBP 在工作中扮演的角色主要分为四个，分别是：业务能力支持者、沟通协调者、人才保障者(见图 4.6)。相对应的，为了能够扮演好以上三种角色，第一，HRBP 要有较强的业务影响力，要能影响到业务部门的负责人；第二，HRBP 要具备良好的沟通协调能力，要有较高的情商去跟不同性格的人沟通；第三，HRBP 要有驱动变革的能力，作为公司创新价值观的指导，使每一个职位都不断地创新；最后，HRBP 应该成为制度使用和落地的推动者，保证每一个新制度、新工具的推行都要能落地(见图 4.7)。

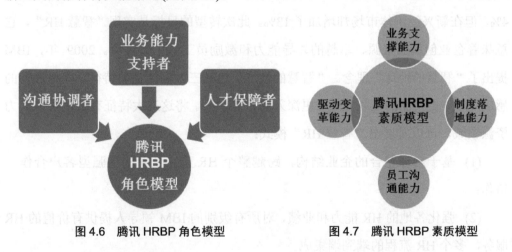

图 4.6　腾讯 HRBP 角色模型　　　　图 4.7　腾讯 HRBP 素质模型

四、IBM 篇

20 世纪 90 年代早期，IBM 就开始了人力资源转型。2006 年，IBM 公司对 HRBP 的角色和期望值进行了重新设定，从过去的规则、控制和目标导向转变为以原则、期望值和指导为重心。一个成功的 HRBP 在专业知识和技能之外，还要具备相当的领导力，才能使企业的 HR 组织发挥最大价值，帮助企业和人才脱颖而出。HR 的领导力包括执行力和影响力两个层面。HR 的执行力体现在针对与人相关的业务挑战的企业人才战略和解决方案实施上；HR 的影响力则体现在对公司决策的构成，甚至管理战略的形成上。另外，作为业务战略合作伙伴，HRBP 在必要时会充当守护神，预测和避免由于短期业绩的压力或高级管理人员的弱点导致的可能出轨行为而影响战略的有效制定和正确实施。在经历了持续不断的创新实践后，到 2007 年，IBM 的 HR 转型达到了一个崭新的高度，在组织运营层面，开始出现人力资源"三支柱"的雏形，即共享服务中心、专家中心和 HR 合作伙伴，后来，IBM 逐步建立了"三角形"人力资源管理服务模式，建立了有效的客户服务和亲密的客户关系。IBM 公司在人力资源服务效率和准确性、HR 组织和 HR 人员能力、客户满意度提升等方面获得了很高的回报。2008 年，在全球金融危机的阴云笼罩下，IBM 非但没有缩减人力资源组织，反而对新兴经济体市场增加投入，引领全球人才发展，以成就全球整合企业。在主要市场，IBM 将用于支持总体业务战略的 HR 资源减少了 4%，但在新兴经济体市场却增加了 13%。此次转型的目标是实现"智慧 HR"，它意味着企业创新的泉源、卓越的领导能力和激励员工的工作环境。2009 年，IBM 提出了"智慧的地球"理念。"智慧的地球"包括三方面的主要特征，即更透彻的感应度量、更全面的互联互通、更深入的智能洞察。将这三大特征有机地融入人力资源领域，可以发展出"智慧 HR"模式：

(1) 基于全球整合的企业结构，跨越整个 HR 建立全新的增强型客户合作、协作；

(2) 强化各地的 HR 能力和业绩，对所有级别的 IBM 领导人提供有价值的 HR 服务，多个 HR 流程的端到端集成。

整体而言，在 IBM，HRBP 引领着整个 HR 团队的运作，主要因为：HR 的所有工作都围绕着业务，根据业务的需求交付 HR 的工作，以支持业务的发展，而 HRBP 是业务的直接对接人。但与此同时，IBM 的 SSC 也非常成熟。在 IBM，HRBP 主要服务于经理人，员工的一些个人问题全部转移至 SSC。当然有些时候界限没有如此清晰,如果员工的问题非常具有业务特性,HRBP 需要给出意见或建议。同时,基本的操作性和事务性工作,如数据的录入和计算等也全部由 SSC 交付。

IBM 对 HRBP 的角色定位和工作描述是,为了履行使命并且做好本职工作,HR 业务伙伴应具备以下领域的专业知识:福利和薪酬、商业协作和结盟、培训和专业技能的培养、员工关系、执行和组织能力的培养、人才管理、劳动力多样化、全球派遣。可以简单总结为以下几个方面(见图 4.8):①HRBP 作为业务对接的接口,当业务遇到问题时,需要为业务提供整体的解决方案;②根据业务需求,与业务领导一同制定战略规划,包括一些人力资源项目和计划,并能通过专业的 HR 语言将需求反馈至其他的人力资源专业部门;③负责企业统一的政策和制度在业务部门的落地执行,能为业务部门提供分析指导,例如,每年企业的调薪政策,COE 是统一的政策,但是针对业务部门特性的调整,需要 HRBP 与业务部门共同进行分析,COE 也会参与其中,而这个过程主要由 HRBP 主导。

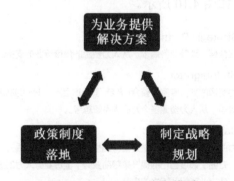

图 4.8　IBM HRBP 角色模型

与此同时,HRBP 还需要具备以下的相关技能:了解基本的财务概念,了解 IBM 使命、愿景、战略、组织结构,了解核心 HR 原则,了解 HR 战略,了解 IBM 策略和程序,了解当地的法律、规章制度,了解谈判技巧,了解项目管理方法论,开发 HR 解决方案。我们不难看出,对 IBM 的 HRBP 而言,这个角色既要"上得厅堂",又要"下得厨房"——要和业务高管站在同一层面沟通宏观的事务,如人才战略、人才库的建立、问题的诊断以及继任者规划等,这需要 HRBP 具有较强的影响力、适应环境的能力;也要负责一些非常具体和基础的事务,因为有些工作从始至终都需 HRBP 一人经手，这需要 HRBP 具有采取行动、注意细节的能力(见图 4.9)。IBM 的组织模式要求其人力组织能够而且应当像一个全球整合的机构那样运作，优化资源配置，把工作安排在最恰当地方，避免重复的工作。人力组织必须从实际需求出发立项并执行，力求简单有效。从人力资源规划到员工管理等，人力组织都需要运用整合的方法，提升员工学习和发展的效力。

图 4.9　IBM HRBP 素质模型

五、雀巢篇

雀巢 HR 转型发展至今，SSC、COE 与 HRBP 三方已能够保持良好的协作和配合，而且 HRBP 的职责定位非常明确。雀巢要求 HRBP 扮演 6 种角色并需要具备相应的素质和能力，如图 4.10 所示。

- **Strategic Partner**：
战略伙伴，理解业务需求，从人力资源的角度给业务支持。

- **HR Integrator**：
人力资源的整合专家，整合HR 部门、HR 团队、HR 的制度和政策，从人力资源各个方面去系统思考。

- **Capability Builder**：
能力的建设，一方面，做好自身的提升或团队能力的提升，另一方面，通过自己的提升来帮助业务，促进业务人力的成长，建立业务团队能力的提升。

- **Culture Enabler**：
文化促进和建设，HR 把企业文化或业务独有的价值观贯彻进员工的日常工作，发挥文化的隐形作用。

- **Change Engine**：
变革推动，从人力资源的角度去推动变革。

- **Insight Advocate**：
发挥其洞察力，帮助业务从人力资源的角度洞察隐性的问题。

图 4.10　雀巢 HRBP 角色和素质模型

由此可见，HRBP 的价值创造主要体现在以下两个方面：首先是通过制定人力资源政策和优化人力结构、建设组织文化和企业价值观、提高员工的效能和生产力，达到赋能员工和提高员工效能而提高创新能力及实现收入增长的目的。其次是通过共享服务中心的实现、互联网的使用，以及灵活、开放、可扩展的基础架构建设，达到人力资源运营模式的创新，成本的削减。

第五章　如何成为一个好的 HRBP

在第二章，我们介绍了 HRBP 在国内的现状和普遍存在的问题，但在实践中，这些问题在 HRBP 的不同阶段有不同体现。为了应对这些问题，我们把 HRBP 分为了初级、中级、高级三个阶段，并结合相关公司的实际案例加以阐释，希望为广大有志从事 HRBP 的同仁们提供一种新的思路和方法。

本书认为，HRBP 可以分为初级、中级、高级三个阶段。我们把初级阶段定义为只能点对点解决问题的阶段，在这一阶段，主要面临的问题是熟悉业务，主要目标是一对一解决问题；中级阶段定义为可以对问题进行系统化思考的阶段，在这一阶段，主要面临的问题是如何用联系和分类的观点解决问题，主要目标是针对业务问题进行集成化解决；高级阶段定义为在战略高度上执行人力资源工作的阶段，在这一阶段，主要面临的问题是业务战略与人力资源战略结合及落地问题，主要目标是根据业务战略执行人力资源战略，如图 5.1 所示。

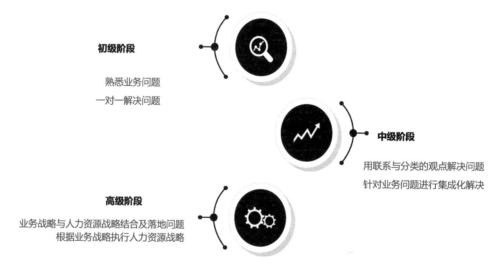

图 5.1　HRBP 的三个发展阶段

第一节　HRBP 的初级阶段

初级 HRBP 更多的是从事事务性和策略性的工作，在这个阶段，HRBP 面临的主要问题是如何更好地一对一解决问题，具体表现为两个方面：一是如何更快地熟悉业务，由传统的深耕单一 HR 专业知识到以业务部门需求为出发点，这是思维和角度的转化问题；二是如何更好地解决问题，由于对业务的不熟悉，只能被动解决业务部门提出的问题，这是专业知识如何能更好地应用问题。所以该阶段的重点在于如何更快地熟悉业务和更好地解决问题。为了帮助大家理解这一阶段，我们为大家提供了以下几个案例。

Back to Reality

访谈案例——阿里巴巴

在阿里，政委有三类："大政委""中政委"和"小政委"。政委的责任很重，一个中政委要对着三个小政委，一个小政委要支持 100 人。张力就是"中政委"中的一员，支持云计算业务团队。跟大多数公司一样，张力并没有独立的办公室，而是直接与云计算业务团队坐在一起，业务团队的会跟着一起开，业务团队的饭跟着一起吃。最开始，张力并不了解云计算，只得开启了漫漫自学之路，上班和午饭时间，一有机会就和业务部门大聊云计算，下班时间就恶补相关书籍，她的学习能力很强，不久就能和业务团队的思路站在一条线上，不会你指东，他说西。但千万不要以为张力做的是业务，谈到她的工作内容，张力描述到，她不做招聘、薪酬和绩效，她要做的是发现业务团队现存的问题，借用 HR 知识解决问题。

有一次团队之间因为沟通没做好，和客户接洽时出了漏洞，团队氛围瞬间僵化凝固，好似只要有人拉一下导火线，瞬间就能爆炸成碎片。通过与相关人员的沟通了解，张力发现，核心问题出在该团队的两个核心人员小 A 和小 B 身上。这两个人都是云计算业务部门主管的直接下属，小 A 是老前辈，周围跟着一群与他一同打拼到今天的老战友；小 B 是公司引入的高级技术人员，因为技术过硬，吸引了一批粉丝。这两人总憋着一股劲儿想要超过对方，一个思想传统实际，一个思想创新发散，矛盾慢慢积累，终于在几天前与大客户的会议中爆发了：小 A 当着客户和老板的面否定了 B 的观点。所谓'手心手背都是肉'，团队主管难以直接否定他们中任何一方，所以就赶紧找来张力商量。

在和直属上级"大政委"请教过后，张力发现，其实这件事情只是引爆点罢了，该团队成员关系很差，虽然表面看来相安无事，但实际上谁也不想听谁的，于是张力选择了"泡温泉"这样一种做法，为团队成员提供一种坦诚相见的机会和情境，并且在房间安排上让团队的这两个核心成员，也就是让团队氛围僵化的始作俑者住在了一起。通过喝酒、泡温泉这样一种环境，以及张力和团队主管的旁敲侧击，小 A 和小 B 终于打开了话匣子，把积在心中的郁闷都倾诉了出来，了解了对方的苦衷，也就不再像以前一样故意挑对方刺了。虽然只是一次简单的温泉之旅，团队氛围却更加亲密，大家更加了解对方，回到工作岗位后，原先棘手的矛盾也就自然而然地化解了。

访谈案例——瓜子二手车

张经理看了一眼不远处在电脑前聚精会神工作的小李，感到有些头疼。小李入职以来，一直是个踏实、努力的员工，但也许是她不太适合变化剧烈、业务能力要求极高的互联网行业，连续几个月来，她的绩效考核几乎都在最末尾。GZ 公司的绩效考核按高中低 2∶7∶1 分布，每个等级的人拿对应等级的工资。公司不会公开每个人的具体考核情况，但是工资的多少已经是个暗示。聪明的员工看到自己的工资与别人相比少了，会心知肚明，主动离职。

但是小李却仿佛没有那个觉悟。张经理告诉我，业务部门的绩效急需提高，人手不够，让我想办法多招几个能力强的人来，顺便把绩效低、很难提升的人尽快解雇。虽然很残忍，但这就是互联网行业生存的现实。

我不得不主动采取行动。我把小李单独叫到一个办公室里，单独聊了一会儿。办公室里很静，气氛有些压抑。小李坦言，她不是不知道自己的绩效考核情况，但是家里最近急需用钱，她离开了这个工作，可能会让这个家庭无法承受。

我对小李的情况表示理解，同时阐明了目前业务部门所面临的压力。我给小李提供了一些寻找工作的建议，并且告诉她我们会给予她一定的帮助。小李最后终于被说动了。第二天,她就主动提出了辞职。

但事情远远没有结束。张经理对我顺利将小李劝退的工作表示满意,同时她还不忘督促我赶紧招到合适的人补充业务部门的人手。

上述两个案例中,主人公所做之事就是基于业务部门管理者的需求提供一对一的解决方案。但在实际中,业务部门对 HR 往往存在一些成见,比如他们往往认为 HR 连业务的基础知识和基础业务流程都不懂,不可能对业务的发展提供帮助;HR 根本不了解一线的情况,僵化而死板;HR 只是守卫着权力、政策的警察,只会一味地用政策、流程卡他们,总是以公司的要求压他们;HR 闭门造车出来的方法论,根本就不适用于业务部门的实际情况。所以在 HRBP 的初级阶段,"熟悉业务"成为重中之重。为了解决这一问题,需要 HRBP 将"从我出发"的思维转换为"从他出发"思维,首先要做的就是跨越业务语言的障碍,在头脑中把业务的逻辑理顺,对业务目标及其进展了然于胸,明确业务期望并进行匹配。这样一来,一是可以让业务部门在心理上摒弃对传统 HR 的这些成见;二是可以解决和业务部门的所有问题,从而与业务部门更好地沟通。

而如何更好地解决问题,我们认为初级 HRBP 需要承担危机管理者的角色,更确切地说是紧急事件处理者和员工关系调解者,要有过硬的专业知识,再借助对业务的学习和了解,为主动挖掘问题做好准备。惯性思维往往会让很多 HR 习惯借鉴大众 HR 各种成功学的打法,却失去了 HRBP 真正的羽翼,就是基于业务部门的不同问题和需求,提出专业性、针对性的解决方案。所以解决问题的关键点在于了解需求,这就需要 HRBP 与业务部门有顺畅且高效的沟通。很多人会错把日常频繁和琐碎的语言交流,当作同业务进行沟通,这是不对的。唯有目标明确,带着问题去,带着问题回的沟通,才是真正的同业务在沟通。

第二节　HRBP 的中级阶段

中级 HRBP 更多从事的是策略性工作,主要承担的角色是操作经理,运用联系和分类的观点将问题系统化,确保人力资源项目与企业文化的一致性并更新 HR

项目的进展。在这一阶段，HRBP面临的主要问题是如何将业务中出现的问题系统化。这个阶段的HRBP已经了解了业务，并能用人力资源专业知识一对一地解决业务部门出现的问题，但随着对业务的熟悉，HRBP会觉得自己的工作内容越来越多：在广度上，有的公司的HRBP仍需要承担六个模块的人事内容；在深度上，随着与业务部门关系的建立，业务部门会有各类大大小小的问题需要寻求HRBP的帮助。除此之外，一个HRBP可能会对应多个业务部门，这样就更增加了HRBP的工作强度。所以，在这一阶段，HRBP需要将问题由点及线，由线及面地进行分类汇总，并提供系统性、集成性解决方案。除此之外，中级HRBP能够合理利用其他资源，如SSC、COE的力量，更系统地解决问题。下面的案例可以帮助大家更好地理解这一阶段的问题。

Back to Reality

访谈案例——华夏幸福

因为出色的专业能力，孙静在工作中承担了更多的任务，她需要经常穿梭于7个部门之间了解各自需求，设计方案并协调沟通。在日常的工作当中，不同的管理部门会开很多会议，会前组织人员都会通知孙静。而孙静总是有选择性地参加一些重要的会议，尽可能了解好每一个部门的动向需求。当然，这是孙静获取信息的一个重要渠道。

对于像孙静等HRBP来说，没有实实在在的业绩指标，而是更看重其角色对于组织的健康运转和人员合理配置方面发挥的不可或缺的促进作用。在她工作的这家公司里，HRBP有较大话语权，老板也主要关注HRBP的管理职能，看似简单的流程和架构中体现着整个公司人力资源架构的战略柔性。她自己的考核由HRD负责，HRD会征询孙静分管职能部门领导意见，年初定量化目标，比如考察招聘完成率、离职率等是否保持在相对健康范围，并考察相关绩效。

最让孙静感觉印象深刻的是对品牌公关部的管理。以前的对外宣传手段比较单一，部门人员也比较少。但自从公司投资中超球队后，大众媒体对公司的关注度迅速提升，周边的很多人也开始认识了自己工作的公司。也是从这个时候开始，公司的品牌输出业务量大增，依托诸多大众媒体，企业形象输出方向多元化。在那段时间里，孙静与品牌公关中心的部门领导就人员编制扩充的问题讨论了多次，最终孙静帮助中心新招到了很多宣传公关人才。在汇总好各个中心的人才需求后，孙静联合其他 HRBP 一起负责招聘工作。但在招募到合适的人才后，孙静并不负责培训工作，这些工作主要是由企业的内部大学负责。公司独创了"常青藤"培养计划，让新鲜"血液"轮岗培训。

访谈案例——微软

当被问及工作中最棘手的问题是什么时，William 说，每个公司内部随时会出现组织结构的调整及人员变化，Line HR 工作的特点就是不确定性，在他看来，这种不确定性如果可以提前预知，所有的问题都不是难事，就像他说的这句话一样：Changes always good，because sometimes it means opportunities。一个问题是否棘手决定于你用什么心态去看待它。举个很简单的例子，从 William 入职以来，微软亚洲研究院先后有 3~4 个副院长离职，即便这样，公司的根基依然不变，微软并没有因为优秀人才的离开而没落，相反，甚至比以前更好，这依赖于微软不断完善的人才培养体系以及源源不断的优秀血液的融入，另外，由于微软亚洲研究院是纯粹做研究的机构，对人才质量要求非常高，短时间内迅速找到与岗位匹配的人才压力很大，公司更多选择对内部人才进行培养。既接受外部人才，又不忘培养内部人才，双管齐下，使得微软人才队伍不断壮大。

在人才保留方面，William 坦然，面对 BAT 等互联网公司的迅速发展，这方面工作确实存在很大压力，在人才保留的过程中，微软并不与市场进行对标。对标没有太大的意义，人才保留重要的是按照每个人的期望值来谈，对于个人来说，最重要的是做什么事情，处在哪个项目，是否是自己喜欢的东西，以及自己的工作对未来是否产生影响。在惋惜人才流失的同时，公司也很开心地看到，离开微软的员工在各行各业继续发挥着自己的价值，无论是 CTO 还是 CEO 亦或是创业者，对 WS 来说，在未来的某个时刻，都可能成为为公司带来巨大价值的合作对象。

在华夏幸福的案例中，主人公在遇到品牌公关部的人才缺口问题之后，会与业务部门讨论并汇总人员编制问题，并且对问题进行阶段性分类，确定由谁负责招聘，由谁负责培训；在微软，主人公甚至会在问题出现之前，就做好准备。当处理过的问题越来越多，面对的问题也越来越多的时候，需要中级 HRBP 思考更深层次的问题：这个问题是结构性问题还是非结构性问题？这个问题是否重要？是否紧急？这就意味着 HRBP 需要对自己的工作进行分类。有业界人员将 HRBP 的工作分为常规性工作和增值性工作，其中常规性工作指的是对于公司每个部门都是必要的，是每年必定在一定时间内开展的工作，它不体现各部门的特性或者只是有细微量上的差异，比如人力资源预算、组织调整、绩效考核、调薪、校园招聘等；增值性工作是根据不同组织规模、发展阶段与业务特点而有较大差异的部分，需要 HRBP 进行因时因地制宜的方案设计，需要花大力气去吃透组织特点、业务痛点，从而提出集成性的方案，并与业务主管和公司领导沟通达成一致，比如组织诊断与管理优化、员工满意度调查、核心员工识别与激励、领导力提升项目等。也可以按照四象限法则来分类，如图 5.2 所示。分类的方式可能有很多种，但其背后的逻辑都是相通的，即中级 HRBP 需要对遇到过的以及将要遇到的问题进行分类，用联系的观点将看似不同的问题连接起来，而不是单纯地"就事论事"，从而找到系统化、体制化的解决方式，更好地解决业务部门的问题。

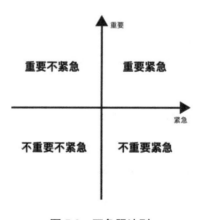

图 5.2 四象限法则

第三节 HRBP 的高级阶段

高级 HRBP 主要从事的是战略性工作，承担战略伙伴的角色。在这一阶段，HRBP 面临的问题是如何更好地落实战略，以起到支持甚至引领业务变革的作用。这要求 HRBP 在洞悉业务和具备了扎实的人力资源专业知识的基础上，要具备战略思维和格局,落实公司战略和人力资源战略,在这个阶段,HRBP 需要考虑的问题是:要保证战略执行,组织是否有效匹配战略?人才的数量和质量是否匹配战略需求?文化和氛围方面是否支撑战略?当前激励是否能有效促进战略的实施?

Back to Reality

实际案例——华为

关于研发人员结构的问题,华为员工的平均年龄是 27 岁左右,20 多年一直是这样的,因为公司发展很快,不断吸收新鲜血液。但在 2009 年华为做推演,如果不对人员结构进行有效的管理,这个平衡就会很快被打破,并且这是不可逆的,5 年之后研发人员的平均年龄达到 30 岁,再过 8 年,平均年龄达到 38 岁。2009 年华为在招聘时还强调招 15 级及以上的。但一般来讲,软件工程师编码的黄金时期是二三十岁(这并不表示 40 岁以上就不编码,华为依然需要经验丰富的人员编写核心代码),只是那个时期创造力是最佳的。

如果华为不改变招聘政策,合理管理研发人员的结构,华为公司可能越来越"老化"、越来越没有活力了,研发成本也将急剧上升。所以其对应的 HRBP 首领就建议公司调整招聘策略,对软件工程师,加大对应届生的招聘,以及优秀本科生的招聘。不仅要对人员的数量和质量进行管理,还要对人员结构和成本进行有效管理。

实际案例——阿里巴巴

如图 5.3 所示,阿里巴巴的"三板斧"早已众所周知,那么"三板斧"是如何而来呢?日本人在训练武士时,师傅会让武士砍一根桩子,连续砍一万次,让他从中体会角度和力度,然后再教他第二招、第三招。三招过后,师傅才会正式开始教授功夫。马云从中得到启发,需要找到对管理干部提高最重要的"三板斧",所以阿里巴巴的干部管理学院就开始进行"三板斧"的培养。那么政委该怎么设计这些培训课程,如何找到对管理者提高而言最重要的"三板斧"呢?他们先对管理者进行了分类,即初中级管理者、总监以及核心管理者。在设计初中级管理者的课程时,公司选择做得最好的 20 个管理者,去观察他们每一天、每一周、每一个月都在干什么,把他们的工作习惯全部列出来,得到了一百多个条目,并发现在这些条目中,有三项是最重要的,他们把这三项统称为 Management Skill,其中包括 Hire and Fire,即初、中级管理者需要学会招聘和开人;Team Building,即团队建设;Getting

Results，即初中级管理者不能耍花腔，而是要拿结果。对于已经做到了总监的管理者，他们也进行了能力的梳理，得到了三项最重要的，统称为 Management Development，其中包括闻味道，即学会观察，通过观察员工的状态就能知道哪些人有问题；揪头发，即提高自己的格局，站在老板的位置去理解老板的想法；照镜子，即作为一个中层需要"日省三身"。对于 M5 以上的核心管理层，公司也设计了相关课程，统称为 Leadership，包括文化、战略和组织能力。

Management Skill
- Hire and Fire
- Team Building
- Getting Results

Management Development
- 闻味道
- 揪头发
- 照镜子

Leadership
- 文化
- 战略
- 组织能力

图 5.3　阿里巴巴"三板斧"

在华为的案例中，招聘不只是为了满足当下需求，也需要考虑未来的人员结构是否还能支撑组织战略；在阿里的案例中，BP 会为了使人才的数量与质量跟得上业务的发展，形成人力资源战略上的一套打法。这就是高级 HRBP 的价值所在，高级的 HRBP 需要将传统的九大模块与业务战略有机统一起来，并确保业务战略和人力资源战略的落地。比如在长期，如果战略是扩张，那么需要 HRBP 确定人才的增长需求。需要先做内部盘点，再进行外部盘点，结合人才市场的供给量，确定社会招聘策略，以及校园招聘和人才培养计划；在中期，HRBP 需要在不同的业务阶段，明确该如何进行梯队的搭建，招聘什么样的人，需要考虑如何提高业务团队管理者的面试能力，保证招聘的质量；在短期，需要明确适合业务团队的人在哪里，公司和职位的卖点在哪里，以及如何提高面试流程的有效性。

再比如传统的培训，HR 安排一堆的课程，最后考核一下人均授课时间。一方面这些课程可能并不适用当前的业务发展，明明是出于好心的帮助却造成了对双方时间的浪费；另一方面，传统的培训是面向整个公司的，针对性不强。而处在这一阶段的 HRBP 在做培训时，需要把培训和长短期的业务结果结合在一起。比如，长期看来，如果业务战略是扩张战略，那么培训的重点应该放在加强管理者培训上，以扩张储备人才梯队；中期看来，如果业务要打造核心职能，提高企业的市场竞争力，那么培训的重点应该要涉及业务的梳理、需求分析、课程设计等；短期看来，如果业务要有大的变革，那么培训的重点内容应该放在变革的领导力培训上；或者为了降低年底离职率，进行年底的强化性培训，提高组织满意度等。

在以前，业务部门在制定战略时，HR 部门甚至是不被邀请的，从 HR 到业务部门都没有要把人力资源战略和业务战略相匹配的意识。但高级 HRBP 需要有战略格局和思维，这样才能培养业务部门的这种意识。业务战略部分讨论清楚后，高级 HRBP 就要考虑到组织、人才、文化氛围、激励如何支撑业务战略的实施。人力资源管理和业务管理不应该是"割裂的两张皮"，在战略执行环节，HRBP 应当是引导员，是主力军。

第四节　HRBP 在实际中的任职要求

一、阿里巴巴集团

阿里的政委体系有两个重要时间点：2006 年和 2015 年。

2006 年是阿里政委体系化的节点，因为在此之前，阿里的业务比较单一，以 B2B 为主；在此之后，C2C 业务的开展使得阿里的业务开始多元化。2006 年，集团对政委的要求是关于人的问题的业务伙伴、人力资源的开发者、公司沟通的桥梁，是文化的倡导者、贯彻者和阐释者(阿里的政委体系 2005 年底启动，2006 年推出并体系化)。

而 2015 年的时候，阿里的业务多样化、生态化，对政委的要求做了大的升级。此时政委体系开始升级，升级后的要求为：懂业务、促人才、推文化、提效能。

我们可以看到不同之处在于 2015 年对业务理解、战略落地、提升效能方面有了更高的要求。而不变之处在于，政委始终要承担文化传承、人才发展的责任。

阿里的政委跟其他公司的 BP 的不同之处在于：一是结果导向，像运营业务一样去运营人力资源，政委会去问业务主管的痛点，自己能够做什么，非常主动地想要给团队带来改变；二是阿里特别强调服务于战略目标和战略落地，政委的存在是为了整体公司的利益；三是阿里的政委对于组织文化的重视度特别高。

阿里对政委的要求具体的落地场景和方式如图5.4所示。

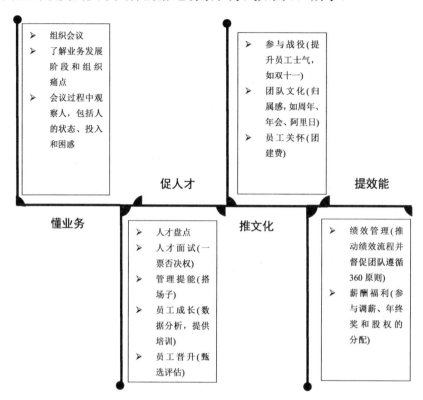

图5.4 阿里巴巴政委政策落地场景与方式

阿里巴巴HRBP一年的重点项目及时间节点如图5.5所示。

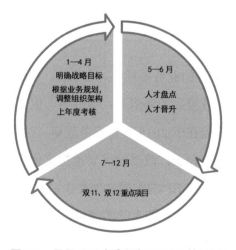

图5.5 阿里巴巴政委重点项目与时间节点

虽然一年下来政委要做的事情很多，但是线路清晰：一是业务循环，陪伴落地；二是组织循环，盘点人才，发展人才，激励员工。总的看来，虽然阿里的政委听上去是个高大上的称号，但是日常工作都建立在具体、细微的场景上，只有把一件一件小事儿做好了，才能成为一个好的政委。

Job Description

岗位职责

（1）参与业务团队战略生成，为战略落地提供组织诊断和智力支持，并参与战略落地实施。

（2）根据业务节奏及时匹配和调整人力资源解决方案，保证业务团队的架构设置、决策方式、团队能力、考核晋升方式能匹配业务发展需求，对未来的组织需求有预判的能力。

（3）通过有效的人力资源实践，在业务团队推动组织变革和机制优化，为业务的稳定、创新和高速发展提供有力的人力资源支撑，通过体系化的方式，促进内外部协同效率和组织效率提升。

（4）传承公司文化，通过有效方式，搭建多样化的文化场景，保证决策透明，信息通畅，有效预警，保证组织机体健康和持续稳定发展。

（5）主动与业务团队保持多种形式的接触和有效沟通，感知员工需求和冷暖。

任职要求

（1）性别不限，英文流利，大学本科或以上学历。

（2）8年以上人力资源工作经验，有互联网公司或To B端服务公司HRBP/HRM经验优先考虑。

（3）熟悉人力资源的流程体系；在招聘、绩效管理、员工关系、组织发展等某一模块有一技之长。

对人的特质要求

（1）正直诚信，视人为人。

（2）有灵性，爱思考，能透过现象看本质。

（3）有态度，有情感，坚守HR的本分的同时，也是个有情有义的人。

(4) 爱学习，敢创新，适应高节奏多变化的环境，走出惯性和打破束缚，影响组织和决策。

(5) 善沟通，勇担当，良好的协调能力，责任心强。

二、华为

2008年，华为首先在研发体系中建立HRBP运作模式，将HRBP人员放到一线，目的是了解业务需求，提供有针对性的解决方案，更好地支撑业务的发展。华为HRBP的标准配置一般是150～200个员工配一个HRBP，具体配置还会考虑项目复杂度和HR资源支撑度。HRBP都是在业务部门办公的，和业务部门员工一起工作的。

在华为，HRBP应该具备以下三项核心能力，即业务能力：吃透业务，基于战略做业务支撑；管理能力：懂项目管理和团队管理；HR专业能力：作为咨询顾问，体现专业价值。

Job Description

岗位职责

(1) 作为业务单元的HR合作伙伴，通过人力资源领域各模块的运作，促进业务战略目标达成。

(2) 人员招聘：基于全年人力预算规划，独立负责开展社会招聘、校园招聘，以匹配业务实际人员需求，含候选人简历筛选、面试官管理、招聘会组织、候选人面试、面试材料审批跟进、候选人入职跟进等具体职责。

(3) 人员培养与发展：负责新员工培训培养体系搭建、在职员工的任职能力提升、课程框架管理、讲师管理、新员工培养制度落地、公司文化价值观传承培训、案例学习组织等，协助专家委员会运作，助力专家发挥人才培养价值。

(4) 领导力发展：协助业务单元搭建人才梯队，识别潜力干部，组织并执行领导力培训培养项目。

任职要求

(1) 工作经验要求：4 年以上 HR 领域工作经验，具有通信或 IT 行业工作背景、有外资企业或咨询公司工作经验者优先考虑。

(2) 技能和素质要求：

① 系统的人力资源管理理论知识体系，并能结合业务现状进行思考和应用。

② 良好的团队合作、沟通协调和学习能力。

(3) 教育背景要求：管理类、心理学等相关专业本科及以上学历。

三、腾讯

2008 年腾讯开始由传统的 HR 模式转变为三支柱模式，到现在，腾讯的员工近 3 万人，其中 HR 人数 400 多，接近 75∶1 的比例。

在腾讯，HRBP 是由传统的 HR 主管转变而来的，主要是贴近业务去提供一站式解决方案，需要顾问思维，即基于问题去工作；需要用户思维，即关注员工，帮助并影响；需要产品思维，即像产品经理一样去理解变化。任职于腾讯的 HRBP 是这样解释顾问思维和产品思维的。

1. 顾问思维

所谓顾问思维，就是在工作的时候需要建立一套衡量的标准。

比如说招聘，根据组织的状态，HRBP 需要了解配备什么样的人，这是可以建立标准的。很多公司分三级、二级、一级的人员，有的可能用 M1、M2 或 T1、T2 来称呼，其实这个称呼背后是人的资历和经验，如果实在没有标准也可直接找标杆。举个例子，一个手游项目，最开始上来六个人，找一个交互的，找两三个编程序的，搞来两个策划就可以了，这就是标杆，程序、美术和策划可能就是 2∶1∶1 的比例、人员规模在研发鼎盛的时候，可能 30 个人就够了，要是搞五六十个人，人效比就太低了。

除了一个团队的规模和人员配置数，还要考虑收入和利润，这些也是可以建立模型的。因此，BP 一定是站在业务角度去思考，对这个团队员工说清楚依据什么样的标准去配置人员，同时，搞好招聘、培训、薪酬、绩效以及员工关系，涉及员工满意度、敬业度，这些都是可以建立标准的。例如，在对基础干部的360°评估中，如果300个人里面有十个项目，有一个项目的基础干部领导力的评估的分数远远超过其他人，而且超过的很多，那么BP就要去研究，为什么他做得这么好？或者，十个部门里面有一个部门是最差的，BP就要研究，为什么它最差？为什么它低于整个300人团队平均分那么多？

总的来说，顾问思维就是要求HRBP基于问题去工作，首先要建立一个标杆，然后去分析这个结果，尤其是分析优秀的和差的。优秀的，为什么优秀？这个BP就要去推广，做标杆分享；差的，为什么差？差在哪个地方？出现了什么问题？如何改进？

2. 产品思维

腾讯的业务体系内流传着一句话："真正的用户需求是说不出来的"。产品经理要有将需求具体化的能力，人力资源部门也如此。

人力资源管理，说到底是人的管理，更具体地说是对人心、人性的管理。所以人力工作者必须去把握那些"说不出的需求"，并及时响应。所谓产品思维就是，若响应不及时，将失去先机；若核心功能体验差，就会伤害用户，而伤害之后再找回是很困难的。

Job Description

岗位职责

(1) 负责部门HR政策、制度、体系与重点项目在所属业务领域内部的落地与推动执行。

(2) 深入了解所负责领域业务与人员发展状况，评估并明确组织与人才发展对HR的需求。

(3) 根据业务需求提供HR解决方案，并整合内部资源推动执行。

(4) 提升管理干部的人力资源管理能力，关注关键人才融入与培养，确保持续的沟通与反馈。

(5) 协助管理层进行人才管理、团队发展、组织氛围建设等，确保公司文化在所属业务领域的落地。

岗位要求

(1) 本科以上学历。

(2) 五年以上人力资源专业经验；IT、互联网、通信行业领先企业工作背景优先；至少有一至两个 HR 模块的实践经验，具备扎实的专业功底。

(3) 人际理解力、沟通协调能力强，善于整合资源驱动目标达成，出色的多任务、多角色平衡能力。

四、IBM

早在 20 世纪 90 年代早期，IBM 就开始着手人力资源转型。2007 年，IBM 的 HR 转型达到了一个崭新的高度，它在组织运营层面实现了共享服务中心、专家中心和 HR 合作伙伴架构，成功地保持了企业和员工的竞争性并为客户提供"思想领导力"。在 IBM，HRBP 的价值体现在以下两个方面。

(1) 通过制定和实行人力资源政策、优化人力结构、建设组织文化和企业价值观、提高员工的效能和生产力，达到赋能员工和提高员工效能而提高创新能力与实现收入的增长的目的。

(2) 通过共享服务中心的实现、互联网的使用和灵活、开放和可扩展的基础架构建设，达到人力资源运营模式的创新，以实现灵活的架构和成本的削减。

整体而言，在 IBM，HRBP 引领着整个 HR 团队的运作，主要是因为 HR 的所有工作都围绕着业务，根据业务的需求开展 HR 的工作，以支持业务的发展，而 HRBP 是与业务的直接对接人。但与此同时，IBM 的 SSC 也非常成熟。在 IBM，HRBP 主要服务管理者，员工的一些个人的问题全部转移至 SSC。当然，有些时候界限没有如此清晰，如果员工的问题非常具有业务特性，HRBP 则需要给出意见或建议。同时，基本的操作性和事务性工作，如数据的录入和计算等，也全部由 SSC 交付。

第六章　HRBP 职业发展路径与未来之路

在前面的内容里，我们已经探讨了 HRBP 从何而来，是什么以及如何成为合格的 HRBP。在本章，我们将会从微观(职业路径)和宏观(未来趋势)两个视角对 HRBP 的未来进行探究。需要注意的是，本书并不追求对未来完美而全面的预测和展现，而是希望能够为读者提供一个更加立体和全面的视角，以更好地理解 HRBP 这个角色。

第一节　职业发展路径

一、职业发展路径图

为了更形象和直观地展示 HRBP 的职业发展路径，我们采用了流程图的形式，如图 6.1 所示。

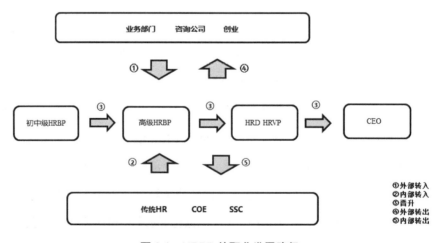

图 6.1　HRBP 的职业发展路径

我们将 HRBP 的入口分为两类：内部转入和外部转入。内部转入包括从传统 HR 职能转入，和从 COE、SSC 等其他支柱转入；外部转入包括从咨询公司和业务部门转入。需注意，本书立足于 HRBP 从业者的视角，因此图中的内外部并非指企业的内外部，而是指 HR 这一职业的内外部。

由于不同公司 HR 团队的规模和结构有所差别，因此不同公司的 HRBP 的具体层级差距较大。本图综合多家受访公司情况，将 HRBP 的层级分为初或中级 HRBP、高级 HRBP(如带团队 BP Head)HRD 及 HRVP。需注意，本分类是为了寻找共同点及简化模型，在实际的公司中可能会略有差别。

在路径的末端，我们将 HRBP 的出口分为了三类：晋升、内部转出和外部转出。晋升指的是在 HRBP 体系内的职业晋升；内部转出包括向其他人力资源模块的转移，如 COE，SSC；外部转出则包含转向业务部门，进入咨询行业和独立创业等。

二、职业发展分类图

为了让读者更好地理解不同的职业发展路径，我们根据入口、过程、出口三个维度对路径进行了分类，得到如图 6.2 所示的职业路径对角分类图。

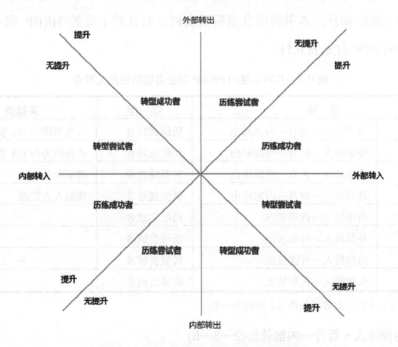

图 6.2　HRBP 职业发展路径对角分类图

其中，入口包括内部转入和外部转入，同流程图一致，内外部也是针对 HR 职业而言，并非公司内外部；过程主要考虑从业者是否在 HRBP 这段经历获得了提升，需注意的是，提升不仅仅包括职位的晋升，也包括其他方面的重要无形提升(如为创业积累了必备的人力资源经验，业务经验等)；出口包括内部转出和外部转出，前文的晋升被归为了内部转出。

我们可以将前一部分的职业路径发展流程图视为一种动态的展示，而分类图则是对于 HRBP 职业发展的一种静态展示。本书希望通过此图为读者提供一个对 BP 从业者的新的分类视角，即通过目的和成果来审视别人或自己的职业道路。

例如，如果你是一个业务部门出身的 HRBP，则在审视自己职业路径的时候，首先要思考的就是这段 HRBP 职业经历对你来说究竟意味着什么，是一种转型的尝试，还是为了向更高层次管理者的一种过渡和历练。明确了目的，才能更好地集中精力来获得你想要的成果。

三、主要职业发展路径分析

在接下来的部分，本书将结合调研的实例，对几种主要的 HRBP 职业发展路径进行分析和阐释(见表 6.1)。

表6.1　几种主要的 HRBP 职业发展路径及关键点

路　径		类　型	关键点
2—3—5	内部转入—晋升—内部转出	历练成功者	业务思维与 HR 能力结合
1—3—4	外部转入—提升—外部转出	历练成功者	业务能力与 HR 思维结合
2—3—4	内部转入—晋升—外部转出	转型成功者	理解业务
1—3—5	外部转入—晋升—内部转出	转型成功者	理解人力资源
2—5	内部转入—内部转出	历练尝试者	—
1—4	外部转入—外部转出	历练尝试者	—
2—4	内部转入—外部转出	转型尝试者	—
1—5	外部转入—内部转出	转型尝试者	—

注：表 6.1 路径中的数字与图 6.1 的内涵一致。

1. 内部转入—晋升—内部转出(2—3—5)

伴随着 HRBP 这一概念在外资和互联网企业引起的热潮，HR 从业者对 BP 这个角色越来越感兴趣。很多 HR 认为 BP 相对于传统的 HR 角色更有挑战性和成长性，能够获得更好的回报和成长。于是，大批 HR 从业者立志或已经跻身于 HRBP 的行列。阿里巴巴的张力就是其中的典型代表。

Connect to Reality

访谈案例——阿里巴巴

张力的事业还算是顺风顺水。在江苏某高校毕业后，他凭借出色的面试成为乐饮的管培生，在乐饮一做就是八年。八年中，他在乐饮的不同岗位进行轮岗，辗转去了四个城市：南京两年，香港一年，兰州三年，最后在天津又工作了一年。他曾说，印象最深的莫过于兰州这个城市了，毕竟待的时间最长。在那个由黄河劈成南北两岸、现代文化与古朴风韵交织的地方，苍茫却不失情怀，张力在那里培养了坚毅而又豁达的性格。

大学里他学的是心理学，刚到乐饮公司时主要从事的是招聘、问卷分析、量表设计之类的工作，多多少少与心理学有关。多年管培生经历，让张力全面系统地了解了乐饮公司的运作模式，积累了不少运营管理的经验技能，同时也在乐饮做到了高管的职位。总部在第九年的时候给了他提升的机会，但他没有接，因为他要结婚了。

张力的恋人是他的大学同学，叫萧然。俩人是在大四要毕业时好上的，毕业旅行时学校不同专业的人组了个团，到长江以北玩儿了一个月，张力和萧然很幸运地走到了一起。张力喜欢萧然的睿智和宠辱不惊，萧然爱上了张力的果敢和坚毅。对，坚毅。张力为了向萧然表白，写了加起来得有好几万字的信，当时舍友大个儿还嘲笑他，怎么搞得这么文绉绉的酸，他回了一句，我们这叫比蜜甜。

等张力工作后开始了四处出差，他们俩也逐渐开始了狗血的异地恋过程，总体来说苦不堪言，但坚固的爱情终于让俩人步入了婚姻的殿堂。

张力觉得不能再让萧然等了，他一定要回家和他心爱的人结婚。就这样他回到了杭州，加入了泉品。两年之后被猎头猎到了阿里巴巴公司，开始了他的"政委"生活。而我们的故事也正式开始了。

......

月饼事件后发生了不到一个月,张力又被猎走了,优秀的人总逃不过猎头的火眼金睛。这次他成为嘉品购旗下某视频集团总经理,不得不说在阿里巴巴公司工作的经历给了张力很大的影响,使他入职嘉品购后显得很"别具一格"……

可以说,张力的职业发展路径是 HRBP 的一条主干道。从 HR 的其他领域进入 HRBP,通过与业务的碰撞不断提升自己的战略能力,逐步在 HRBP 体系内向上攀升,最终成为 HRD、HRVP 乃至 CEO。此外,我们在调研中发现,从 HRBP 到 HRD/HRVP 的跨越,除了通过跳槽和直接的晋升实现以外,还可以通过"分裂"的方式实现。即高级的 HRBP 负责一个事业部,事业部通过不断地发展最终独立为一家分公司,HRBP 随之提升为 HRD 或 HRVP。

在这一路径上,最大的障碍和飞跃点在于能否向自身的 HR 专业能力中加入业务思维,真正实现 HR 的业务导向。

由于 HRBP 这一角色要求较为丰富的经验和职业能力,公司往往会从具有 4～5 年以上工作经验的 HR 中挑选候选人。他们拥有丰富的实践经验和专业能力,在 HR 的多个领域都有涉猎。就这部分人而言,成为真正意义上的 HRBP 并不存在技术上的难度,角色和思维上的转换才是难题。

只有学会理解业务的逻辑和模式,打入业务团队的内部,真正参与到业务部门的战略里,同时又能够保持自身的独立性,实现业务导向而不是业务部门导向,他们才能实现自己的历练和成长,打通这条主干道。

2. 外部转入—提升—外部转出(1—3—4)

由于 HRBP 跟业务的紧密关系,很多公司喜欢在业务部门内部发展 HRBP。通过这样的方式,公司一方面可以得到一批理解业务的 BP,另一方面也会让这些人更加具备成为高层管理者的潜质。

华为就是其中的杰出代表。

华为公司的 BP 分为两类,一类是 BP 管理者,一类是 BP 专业人员。BP 管理者分为成中高层 HRBP 和基层 HRBP 两个层面。

中高层的 HRBP 管理者主要从"优秀的业务主管"中选拔,一些理解业务同时具备管理能力的优秀专业 HR,也有机会选拔或晋升;基层 HRBP 管理者一部分来自业务部门，一部分来自 HR 专业人员。而 BP 专业人员大部分从 HR 中进行选拔。

为了鼓励业务部门的管理者担任 HRBP，实现外部转入，华为创造了灵活的交叉任职制度。

Connect to Reality

实际案例——华为

想要把"指导员建到连队"，势必需要更多的 HR 人员，我们当时从干部部抽调了一批 HR 到一线做 HRBP，又从业务部门转出了一些管理者来做 HRBP，但这样就会导致业务人员减少。现在回头看，这在当时算得上是比较艰难、但是非常有远见的决策。此外我们也"妥协"了一下，转过来的干部，继续支撑本产品线，只在本产品线内交叉到另外一个部门做 HRBP，也就是说网络产品线 A 部门的管理者，继续在网络产品线，但是到网络产品线 B 部门做 HRBP，这样业务部门就有动力输出优秀的管理者做 HRBP。

而在出口方面，华为也为这些业务转入的 HRBP 设置了灵活的退出机制。

Connect to Reality

实际案例——华为

我们达成了一种机制，即优先选拔有人员管理经验的优秀管理者做 HRBP，同时承诺在 HRBP 岗位工作两年左右的时间，可以选择回业务部门，这样先吸引优秀的人加入，他们没有后顾之忧，慢慢有了示范效应，一年之内就把全部 HRBP 配齐了。华为的主管在业务管理上做得不错，虽然当上主管，但要走得远，还要看人员与组织管理能力怎么样。业务主管成为 HRBP，锻炼提升了人员管理的能力，后面会做得更好。事实上，在 HRBP 工作了两年的业务主管，做得比较好的回到业务部门后，大部分都得到了提升。

可以说，华为公司为员工设立了一条清晰的"外部转入—提升—外部转出"的路径。

在这条路径上，最大的障碍和飞跃点在于能否向自身的业务专业能力中加入

HR 思维，正视和提高自身的人力资源管理能力，实现真正的提升和历练。

对于这部分 HRBP 而言，他们的优势在于自身的业务属性让他们能够更轻易地打入业务部门，从业务部门的角度思考问题。但由于缺乏 HR 技能的训练和思维，他们往往只能就事论事，凭借模糊的经验解决问题，不擅长把现象抽象、概括成人力资源的问题，也不擅长与关联的其他 HR 工作者交流(COE/SSC)。

华为公司为这些业务转入的 HRBP 设计了很多培训项目，帮助他们学习人力资源知识和思维，实现自我的提升。

Connect to Reality

实际案例——华为

业务主管转做 HRBP 会担心"做不好"的问题，毕竟以前做业务，对 HR 不了解，转做 HR，大家担心万一干不好反而"阵亡"。

为了解决这个问题，我们首先确保业务主管来了之后能力能提高，无论是人力资源战略(BLM 项目)、教练式辅导，还是 TSP(干部继任计划)、MFP(经理人反馈项目)、PLDP/PMDP、关键岗位的角色认知等项目，通过很多专业工作来提升 HRBP 的人员管理、团队建设、组织发展等水平，提倡每打一仗就总结一次，在实战中提升能力(第一次跟着别人做，第二次在别人的辅导下做，第三次自己独立做)，尽快提升 HRBP 的能力。

此外，华为公司在确定关于企业内部干部晋升制度时明确规定，业务部门内副经理级别的员工要想晋升到更高级，必须担任过部门的 HRBP。这为这条路径的实现提供了制度上的保障。

HRBP 自己也需要努力实现身份和心理的转变。知识并不是难以跨越的鸿沟，思想才是。HRBP 要时刻牢记自己的目标和公司的期望，不是换个地方做业务，而是发挥自身业务的优势，从人力资源的角度解决问题。时刻牢记自己 HRBP 的身份和标签，就是成功转变的开始。

3. 外部转入—晋升—内部转出(1—3—5)

除了业务部门以外，咨询公司也是外部转入的一大来源。由于 HRBP 这一角色具有高度的战略特征,且需求较强的诊断能力和全面的技能,咨询公司从业人员往往具有较好的契合度。

Connect to Reality

访谈案例——百度

我毕业于复旦大学的经济学专业,而后又到中国人民大学攻读国际经济的硕士学位,毕业后先是在一家本土的咨询公司做一些行业扫描、宏观经济分析、商业地产调研、销售变迁梳理等工作,4年后前往麦肯锡主要负责能源企业的项目。在麦肯锡的3年中,我带领团队梳理产品线流程、战略落地以及进行绩效体系的评估与改良。在对宏观经济、行业现状以及战略、人力管理技能有一定积累后,在2014年我转入中国互联网巨头中的百度公司担任HRBP的职务。

百度在中国的地位自不必多说,我所任职的子公司——搜索公司,负责的则是百度最为核心业务,光是员工就有30000人,主要负责百度"发家"的搜索业务的设计、运营、销售、研发等各个环节,如此庞大的公司规模自然需要大规模的人力资源管理人员,我只是200多个HRBP中的一员,不过可以在这样的公司如此优秀的部门做BP我很骄傲。

来到百度的第一年,我结识了这几年来与我协作的好搭档,新宇。新宇毕业于清华经管院,与我的工作经历相似的是,他也在毕业后先从事了咨询。而他作为清华的高才生在10年的咨询工作后已经成为公司的合伙人,却毅然转入百度,从事BP的工作。

虽然我和新宇都是在咨询行业摸爬滚打近十年后进入百度当BP的,但是百度中BP咨询背景的人并不算是主流。还有很大一部分的BP同事是以知名企业HRD、高层BP、HRGM或是VP的背景进入百度做BP的,由此可见,百度对于BP的职业素养、行业视野、工作经验都有极高的要求。而百度的HR系统用我和新宇侃出来的话来总结是:以能力为核心的HR体系。

对于"外部转入—提升—内部转出"这条路径上的人来说,他们往往拥有较强的战略眼光,也更加善于寻找和识别问题。但他们可能会相对缺乏甲方的工作经验,并不擅长如何与业务部门的人进行沟通。因此,他们成功的关键点就在于如何利用自身的战略能力优势，获得同事的信任，快速融入公司和业务部门。

4. 内部转入—提升—外部转出(2—3—4)

从某种意义上来说，HRBP 就像是 HR 与业务的结合点。这一点不仅对外部转入的 BP 成立，对来自 HR 内部的 BP 也成立。HRBP 这一角色不仅"要求"HR 承担更多的战略角色，融入业务；也"给予"了 HR 这样一个发挥战略作用，接触业务的平台。因此，一部分来自 HR 部门的 HRBP 在担任这一角色，后会选择向外部发展，转向咨询公司或者业务。

Connect to Reality

访谈案例——张璐

张璐在一家经营主打网络游戏和在线教育业务的互联网公司工作，公司业绩斐然，在江苏算是企业的领头羊。张璐是该 HRBP 总监，刚刚跳槽到现在的职位。以优异的成绩从中国人民大学人力资源管理硕士毕业的张璐，对 HR 专业知识非常精通。在做 HRBP 之前，张璐在一家公司做传统的 HR 总监，工作内容主要围绕着人力资源管理六大模块展开，但她发现以前的职业不具挑战性，工作了五年后她便跳槽了。当初她下定决心跳槽时，家人和朋友都很反对，认为她这样不值得，丢了铁饭碗，但张璐坚决离开了。用她现在的话说就是"HRBP 玩儿得了刺激，拿得下业绩"，不安于现状的基因使得 30 岁的她依然有着满腔热血的激情。

张璐来到这个公司，恰逢公司新任大老板刘东上任。老板三十出头，喜欢尝试新的事物，同时很有才华和个人魅力，曾经在英国留学和工作，在国外有着良好的人脉。起初公司未成立 HRBP，只是有传统的 HR 部门。但随着公司业务的扩大，业务部门的需求缤纷多样，HRBP 部门应运而生。

……

夜空的星星闪烁，好似不断闪烁的眼睛。张璐望望星空，想起自己这几年的四处奔波，从东北转战到北京，再到杭州，最后来到江苏。她曾多次渴望求学结束回到故乡工作，但好像都没成功。不过，张璐是不会提早回去的，她是个闲不住的人，挑战与刺激早已深深融进骨头里，成了她工作生活中不可或缺的一部分。选择了 HRBP 就代表不求安逸以及要不断地挑战自我。

未来几年，张璐准备在 HRBP 继续做下去，无疑她享受这份工作，之后可能转向做业务或者做人力咨询，或者从 HRBP 升到 VP，她不知道，毕竟路还长着呢。

对于"内部进入—提升—外部转出"这条路径来说，HRBP 成为一个积累业务和战略经验的中转站。他们往往不缺乏接近业务的动力和热情，对业务和战略本身也充满着兴趣。因此，他们的成功关键点是如何在 HRBP 中获取能够支撑自己未来发展的提升。换句话说，他们需要明确自己的目标，在完成自己本职工作的同时，为自己以后转创业、转咨询积累相关经验，而不仅仅是局限于如何做好目前的工作。

第二节　HRBP 的未来

一、HRBP 带来了什么

HRBP 作为人力资源领域的舶来品，自登陆中国以来便受到了广泛的追捧。HR 从业者将其视为潮流和方向，企业家将其视为包治百病的良方，大大小小、各行各业的公司都开始引入 HRBP 体系。但多家调查结果显示，许多企业在引进 HRBP 这一行动上并没有收获令人满意的效果。而在尝试失败之后，一部分人转而对 HRBP 制度产生了怀疑，认为这一体系和概念并不会带来想象中的效果。

因此，本书接下来将对 HRBP 的本质进行探讨。需要注意的是，这并不是一个严谨的学术论证，而是希望能够为大家提供一些关于"HRBP 究竟带来了什么的"观点，从而更好地理解这个概念，思考我们究竟该如何面对 HRBP。

1. 客户导向和业务导向

在思考 HRBP 的本质之前，我们还是要简单回顾一下它出现的背景。

在 20 世纪 50 年代以来，随着第三产业和营销观念的发展，我们愈发接近和需要客户，客户导向的观念逐渐受到人们的重视。一方面，这一概念更加广泛地被营销领域的工作者和学者们使用；另一方面，它也逐渐地蔓延到其他领域。

对于组织而言，客户导向的概念为业务部门带来了更高的关注和地位。作为最接近客户的一线部门，业务部门逐渐掌握了更多的话语权。换句话说，客户导向在组织中更多体现为一种"业务部导向"。需要注意的是，业务部导向与业务导向并不是同一个概念，就如同业务伙伴不是业务部伙伴一样。在业务部导向的概念下，与业务不直接相关的部门开始被质疑和忽视，而人力资源部就是其中的最大受害者。

在这种情况下，学界和业界对人力资源进行了重新划分，开创了 HR 三支柱体系。自此，HR 开始以自己的方式接近战略，接近客户，用更加明显的方式展现自己的价值。因此，HRBP 在其出现伊始，就具备了要更加接近业务和接近客户的属性。

在我们可以将其 HRBP 实践归为成功的那些公司里，可以看到，业务导向正是他们成功的重要因素。腾讯的业务体系内流传着一句话："真正的用户需求是说不出来的。"产品经理要有将需求具体化的能力，人力资源部门也要有这样的产品思维。所谓产品思维就是，响应不及时，将失去先机，争夺流量就会增加成本；核心功能体验差，就会伤害用户，伤害用户之后就很难再找回他们。因此，HRBP 要学会把握那些"说不出的需求"，及时响应，增加员工的体验。

2. 更高的期望与战略属性

在讨论 HRBP 的时候，我们应当意识到，这是一个新的人力资源概念。不仅仅对 HRBP 来说是这样，对业务部门和企业的高管也是如此。当 HR 在面对新的角色摩拳擦掌、跃跃欲试的时候，其他人也在想，HRBP 给他们带来了什么，他们为什么要接受这样一个新的概念和模式。

假设你是一家企业的总经理，此时你正坐在办公桌前，桌上摆着的是公司人力资源总监刚刚提交过来的人力资源部结构改革方案。方案中提到要用 HRBP、COE 和 SSC 这三支柱来重新构建人力资源部。也许你之前对这些概念有所了解，也许你是从方案中第一次看到这些概念，但不管怎样，你都会关注一个问题：这一变革会给你带来什么，会给公司带来什么。当你被这一变革方案中所描绘的前景所打动，决定在公司里设立 HRBP 这些角色时，就意味着你对 HR 这个部门有了更高的期望，愿意花费时间和成本来完成这一改革。而 HR 们，则需要拿出更实际的成果来达到你的期望。

Martin Mccracken 等学者提出，可以用生命周期的观点来看待 HRBP 与业务经理的关系。他们建立了 HRBP 生命周期模型，将 HRBP 分为探索、发展高效伙伴关系和进一步分化(上升、维持或适应不良)三个阶段。在探索阶段，组织需要评估他们引进 HRBP 体系的意愿，来决定是否真正要进行这一变革。在这一过程中，催化剂发挥着至关重要的作用。而根据他们的研究，战略的需要和期望往往承担着催化剂的角色。企业往往看重 HRBP 在战略方面的前景而进行这一变革，业务经理的观点也是如此。

因此，HRBP 这一角色不仅为 HR 带来了更广阔的平台和新的思维，也带来外部更高的期望，而这一期望往往会更多体现在战略方面。所以，战略属性将会是 HRBP 不会消失的一个标签。

3. 一种方案与选择

前面我们分别从 HR 和非 HR 两个角度探讨了 HRBP 带来了什么，接下来的部分我们将用三句话，进一步探讨 HRBP 的本质。

第一句，HRBP 只是一种方案，方案是需要落地的。

在我们的调研中，见到了很多对 HRBP 的抱怨。无论是 HRBP 自己，还是相关的业务人员，亦或是企业高管，都有人表达了对 HRBP 未能发挥预期作用的失望。

Connect to Reality

访谈案例——张璐

有的时候一些 HRBP 会跟我反映，觉得 HRBP 并没有自己当初想的那么有价值。在实际的工作中要花费很大的功夫来融入业务部门，日常的事务性工作也占据了太多的时间，发挥战略作用更像是一个愿景。

……

我也听到过业务部门的人抱怨，HRBP 并没有给我们的企业带来什么巨大的收益。反而 HR 的各个部分之间权责不清，降低了对我们的支持力度。

在抱怨中可以发现，人们往往认为实施了 HRBP 就代表了 HR 的成功转型，却忽略了 HRBP 仅仅是一个改革的方案，方案的落地和实现还需要配套的支持。但这恰恰成为 HRBP 无法发挥应有作用的罪魁祸首。

尤里奇先生指出："HR 部门往往将自己的架构调整视为第一要务，而忽视了转型本身对业务的实际贡献。偶尔也会有这种情况，HR 部门认为，重建 HR 部门的组织架构就是 HR 转型的精髓，他们可能花费了大量的时间建立共享服务中心、成立 HR 专家团队或者雇佣一批 HRBP，然后对外宣称他们已经完成了 HR 转型。但我们认为，只有当 HR 转型的成果切实有助于企业的战略实施落地，真正能驱动业务目标达成之时，转型才算完成。"

因此，我们应当认识到，HRBP 体系的搭建仅仅是一个开始，如果不付出努力让业务部门接纳这一变化，它就会沦为 HR 部门的一场"自嗨"。

第二句，方案不是万能的，是用来选择的。

无论有多么的热门，无论受到多少追捧，实施 HRBP 体系在本质上也不过是一种决策，一种方案。决策是用来解决问题的，方案是用来选择的。不针对任何问题的决策可能只是在单纯地赶时髦，能打开一切大门的万能钥匙也只能在科幻小说里存在。

因此，本书强调，实施 HRBP 的第一步就是认真评估企业所在的商业环境，分析利益相关者的诉求，评估企业是否真正需要 HRBP，以及为什么需要 HRBP。只有把 HRBP 当作一种方案来选择时，你才会真正了解它的作用、它的问题，才能真正学会如何利用它。

第三句，HRBP 不是结果和目标，只是一个通道。

环境的变化是永远不会停止的，HR 的变革也会不断继续。即使你所在的企业已经成功建立了一套有效的 HRBP 体系，也不要自满和松懈，也许下一场 HR 变革正在路上。

想要成为一个不被时代抛弃的人力资源从业者，我们必须明确一点：一切制度和体系都只是变革的手段和实现目标的通道，HRBP 也是如此。HR 真正要不停追逐的是价值，为企业创造价值，为自己创造价值。只要能创造价值，你就永远不会落伍。

二、HRBP 未来会活在哪里

HRBP 作为一种方案与选择，究竟适用于哪些情况？哪些行业和企业更适合推行 HRBP？哪些企业的 HRBP 生存环境更好？这些问题将是这一部分要讨论的话题。如果你所在企业还没实行 HRBP 的制度，接下来的内容可以帮助你判断你的企业是否适合实行 HRBP 的制度；如果你的企业处于 HRBP 浪潮之中，本节的分析将会让你对 HRBP 在你的企业中的生存环境形成更加全面直观的感受，从而找到改善生存环境的方向和路径。

本书将影响 HRBP 生存环境的因素划分为商业环境、利益相关者、企业文化、组织结构和人才基础五种类别，如图 6.3 所示。其中，商业环境和利益相关者属于外部因素，文化、结构和人才属于内部因素。接下来，将对内外因素分别进行具体的分析，并通过提问的方式帮助读者思考其与 HRBP 的关系。

图 6.3　HRBP 生存条件分析

1. 外部条件

在思考 HRBP 的适用范围和生存条件时，应当首先明确我们期望 HRBP 所能够发挥的作用。正如前文所说，HRBP 是一种由外而内的 HR 变革，它能够为 HR 带来客户导向的意识和更高的战略属性，从而帮助企业更好地适应变化，应对竞争。而企业所面临的外部条件(环境)就决定了企业在多大程度上需要这种由 HRBP 带来的价值。

本书建议读者从宏观和微观两个视角来看待企业所处的环境。

1）商业环境

在宏观层面，我们应当对企业所处的一般商业环境有比较清晰的认识。企业商业环境包括企业的非市场环境和市场环境。对于非市场环境，我们可以用 G-PEST

的框架进行梳理,即地理环境(Geography)、政治环境(Politics)、经济环境(Economy)、社会环境(Social)和技术环境(Technology);对于市场环境,我们建议用波特五力模型和产业生命周期理论来分析。

上述分析模型和工具可以在大多数战略管理相关的书籍中找到,本书不会对此做进一步的展开。但我们可以通过几个问题来更好地思考企业的商业环境:这家企业所在的商业环境有什么明显的特点;哪个或哪几个方面的环境对企业影响最大;哪一个环境因素已经或正在发生的明显变化;这种变化会给企业带来什么;让企业更加灵敏、更加善于变化能够多大程度上帮助企业应对这种环境;这家企业处于什么行业;这个行业的竞争状况如何;行业中顾客能够多大程度上决定企业的成败;企业在行业中处于什么地位;更突出的客户导向和应对变化的能力能够多大程度上帮助自己击败竞争者。

本书特别指出,关于行业的分析尤为重要。不同的行业特性和企业在行业竞争中的地位影响了企业对客户导向和应变能力的需求程度,在竞争激烈、顾客的影响大、变化快的行业,例如互联网公司,以及部分贸易、服务类公司等,HRBP 能够发挥更大的价值和作用。据相关资料,在中国实行 HRBP 的公司中,互联网公司的比例达到了七成以上,贸易类公司占据了一成半,这一实际数据与本书的观点是一致的。

2) 利益相关者

在微观层面,我们应当对企业的利益相关者有全面的了解。请问自己这样一个问题:HR 的客户是谁?大部分的 HR 都会回答:员工。如果你对这一答案已经产生了些许的犹豫,那么证明你已经走在 HR 转型的道路上了。

员工确实是 HR 最重要的客户之一,但绝不是唯一的客户。在这里,本书用利益相关者来重新界定 HR 的客户,即与企业有直接或间接利益关系的相关者都应成为 HR 的客户。新时代的 HR 应当勇于承担为利益相关者创造价值的使命,这也会为你的工作带来更为广阔的视野。

那么你的企业有哪些利益相关者呢?员工、管理者、供应商、顾客、投资者、债权人、监管者乃至竞争者都是企业的利益相关者。为了帮助读者更好地理解利益相关者以及他们与企业的关系，我们提出这样几个问题：公司目前最重要的三个利益相关者是谁；他们对公司的业绩分别有多大的影响力；他们对公司的需求反映到人力资源层面上是什么；HRBP 会为他们带来什么改变；HRBP 的变革会为他们带来多大的额外成本；他们是否愿意接受 HRBP 制度；如果不愿意，是否以及如何能够改变他们的想法。

2. 内部条件

内部条件反映了在企业的内部，影响 HRBP 生存环境的因素。本书将从企业文化、组织结构和人才基础三个角度来对此进行分析。

1) 企业文化

企业文化反映了企业的理念、价值观等精神属性，是企业的灵魂。它并不直接可视，却始终对企业中的方方面面发挥着重要的作用，就仿佛是企业中的一只看不见的手。在推行 HRBP 制度的时候，我们应当考虑企业文化会对 HRBP 制度产生什么样的化学反应，会成为润滑剂还是摩擦力。

请思考下面几个问题：你所在的企业的文化有什么特征；它是否是鼓励变化的；如果不是，HRBP 带来的变化会面临怎样的挑战；它对错误和失败有多大的容忍度；它是更偏向长期的还是短期的；这种倾向会对 HRBP 带来什么样的挑战；企业内的权利距离是大还是小；这是否有利于 HRBP 与其他部门的沟通；企业是鼓励竞争的还是鼓励合作的；这会给 HRBP 带来更大的挑战还是更好的支持；企业是强文化还是弱文化；员工在多大程度上认同和接受了企业文化；企业的文化是否适合实施 HRBP 制度；如果不是，是否能够被改变，是否应该被改变；改变的难度有多大。

2) 组织结构

HRBP 作为 HR 三支柱的一部分，它的成功离不开 COE 和 SSC 的支持。BP 作为一个"前哨官"，它的主要作用在于发现问题、反馈问题，而不是独立地解决所有问题。如果没有三支柱的结构支撑，就不能通过 COE 和 SSC 为 BP 提供专业化方案和基础事务支持，BP 只会成为"HR 孤岛"。

因此，在考察一家企业中 HRBP 的生存状况时，我们应当把三支柱作为一个整体纳入考虑范畴，考虑三支柱对于 HRBP 的结构支撑力度。我们可以问这样几个问题：这家企业是否已经建立了人力资源专家中心和人力资源共享服务中心；如果已经建立了三支柱体系，它们是否真正发挥了作用；BP 与 COE 和 SSC 之间是否存在着分工模糊和矛盾的情况；企业内 HR 人员对于三支柱体系有多少了解；如果企业没有三支柱体系，那么现有的 HR 是否能够接受这一分工变化；企业内是否有足够数量的合格 HR 来支撑三支柱体系；如果不够，企业是否有能力吸引到相应的人才；这种规模的 HR 团队对于企业来说是否是一种负担。

3) 人才基础

在探讨 HRBP 的制度能够为企业和人力资源带来了哪些新变化的同时，我们应该认识到，HRBP 始终是一个制度和模式，而制度和模式需要由人来实现它。一方面，HRBP 代表了人力资源领域的前沿成果和革新，能够为企业和企业的人力资源带来新的变化；另一方面，HRBP 也增加了对 HR 的要求，它的落地需要企业具备相应的人才基础。没有足够的人才储备，推行新的制度只会成为空谈。

因此，在思考一个企业是否适合推行 HRBP 的时候，我们要问这样几个问题：这家企业的人力资源处于什么阶段(人事管理、人力资源管理、人力资本管理、战略人力资源管理、由外而内的人力资源管理)；它的人力资源在同行业中属于什么样的水平；它是否拥有足够多的能够理解战略和适应变化的 HR；如果不，它对企业外部拥有这种能力的 HR 是否具有吸引力；如果实行了 HRBP，会给企业本身的人力资源管理带来多大冲击。

在思考 HRBP 适用范围的过程中，我们不仅要思考 HRBP 所能发挥的作用，同时也应当考虑企业中是否存在会阻碍 HRBP 发挥作用的因素，这些因素对 HRBP 的实施有多大的阻碍以及是否容易解决。

我们可以通过这样几个问题来思考制约条件：如果实施了 HRBP，企业会在哪些环节产生不适；哪些人最难以适应这一变化；这些人对企业是否不可替代；企业的文化是否鼓励变化，是否是自由灵活而非死板严肃的；如果不是，这一文化是否值得为此而改变。

在实际操作中，制约 HRBP 发挥作用的条件是很多的。例如，业务部门对 HR

工作的不理解，公司管理层缺乏相应的支持，COE、SSC 与 HRBP 的沟通不畅，HR 员工的不适应，等等。

3. 总结

HRBP 并非活在真空之中，它需要一个属于自己的生存环境。而这个环境中的各个因素会为它输送营养或者阻碍它的成长。总结来看，如果一家企业处于一个富于变化和挑战的外部环境中，客户和其他外部的利益相关者对它的影响力很大，且企业拥有鼓励变革、合作的文化，足以支持三支柱结构的规模、资源和能够支撑 HRBP 制度的 HR 人才，那它可能是推行 HRBP 制度的完美选择。

需注意的是，本书对于 HRBP 生存环境的分析仅仅是一般情景下的分析，并不能涵盖所有企业的情况。在实践中，评估一家企业中 HRBP 的生存条件还应当结合企业的具体和特殊情况。此外，生存环境的好坏只是一种相对的概念，并不意味在生存条件差的企业中，HRBP 就无法发展。随着技术、经济情况、人员观念的不断变化，这些条件会不断变化。换种角度来看，适用的条件差意味着难度大，也许对于一个有野心的你来说，这正是一个检验自己价值的机会。

三、HRBP 未来怎么活

在本书的最后部分，我们将与读者一起思考 HRBP 的未来。"一千个人的眼里有一千个哈姆雷特"，一千个人的眼里也会有一千种 HRBP 的未来。我们不奢求为读者描绘一个全面而准确的未来图景，而是希望为读者提供一些思考未来的视角，一起拨开时间的迷雾，思考和塑造未来。

1. 不变的主线：创造价值

1996 年，托马斯·斯图沃特在《财富》上撰文《炸掉你的人力资源部》，引发一场大辩论。

2005 年，基思·哈蒙兹撰长文阐述"我们为何憎恨 HR"，赢得广泛共鸣。

2014 年，管理学大师拉姆·查兰在《哈佛商业评论》中撰文，建议"是时候分拆人力资源部了"，再次引发争论。

HR 从不缺少反对者。而反对者的观点往往离不开一点：HR 不能够真正创造价值。因此，纵观以解决问题为导向的 HR 变革历程，我们可以发现，HR 变革始终围绕着一条主线：如何更好地创造价值，以及如何让人感知到 HR 创造了价值。

参考管理学大师尤里奇先生的观点，本书认为 HR 变革的浪潮可以分为四个阶段。

(1) HR 变革 1.0：从关注活动，到关注成果。为了回应"炸掉人力资源部"的观点，HR 领域迎来了变革 1.0 时代。在这一时期，HR 支持者们重新界定了问题，将"是否应该取消人力资源部"的思考转换为"人力资源部门如何才能真正创造价值"。尤里奇先生提出了一个让众人折服的答案：若想创造价值，人力资源部门不应该再关注做了什么，而应该关注产出和成果是什么。HR 变革进入成果导向时代，而尤里奇先生也凭借一句"你的成果是什么？"，奠定了自己的管理学大师地位。

(2) HR 变革 2.0：成果由直接服务对象(业务部门)界定。在成果导向的变革过程中，公司会面临这样几个问题：成果如何来界定？由谁决定？在这一阶段，"价值是由接受者而非提供者决定的"的观点逐渐被大家接受。尤里奇将其形容为人力资源转型的起点：HR 部门要明确谁是接受者？他们将从 HR 部门的服务中收获什么？"对于 HR 部门而言，最要紧的不是宣布一项政策、公布一项计划，而是要考虑清楚，接受者从这些活动中得到了什么。价值由接受者决定。除非他们认为 HR 部门的服务创造了价值，否则 HR 部门的工作就毫无意义。"

(3) HR 变革 3.0：客户和业务才是起点，HRBP 应当帮助业务部门一同界定价值。在由业务部门界定价值的过程中，HR 发现，这可能成为又一个陷阱。因为很多时候，业务部门本身也不知道自己和顾客真正想要及需要的是什么。因此，尤里奇提出：人力资源管理的出发点，应该是业务和业务挑战。真正有价值的人力资源活动，能够与业务之间建立起直接的联系。HRBP 应当立足于业务和客户，立足更广义上的服务对象(利益相关者)，利用自身的 HR 思维与技能，帮助业务部门和客户界定价值。如果 HR 活动不能扎根于业务需求，也只会成为 HR 孤岛。

(4) HR 变革 4.0：由外而内。在这一阶段，HR 将更加接近企业业务的起点，他们会根据企业的商业环境、利益相关者需求而调整自身的工作，将眼光投向组织之外的客户、投资者和社区，以他们的视角来定义企业的成功。

如果你所在或者想要评估的企业正处在 HR 变革的过程中，可以问自己这样几个问题：你的企业正处于或最接近上述转型的哪一个阶段？你们是否准备好了进入下一个阶段？你们进入下一阶段的最大阻碍是什么？在这一转型过程中，你能发挥什么样的作用？你的机遇在哪里？

最后，我们应当清楚地认识到，HRBP 是 HR 变革的重要内容，但不是变革的全部。在这个变化的时代，我们应该保持这样的警惕：也许有一天，会有一个新的概念和设想来取代 HRBP。但无论何时，一个能创造价值的角色是永远不会被取代的。

2. 从现在看未来

现在的一切都来自于过去，而未来的一切也都孕育于现在。

当你足够了解现在，未来就不再是一片迷茫。本书希望为读者提供的第二个视角是从现在看未来，即思考 HRBP 现在存在哪些问题，这些问题需要怎么解决，以及解决方案带来的变化是否足以影响未来。

本书前文已经对 HRBP 实践中存在的问题做了详细的阐述，这里就不再赘述。接下来我们将以 HRBP 职位本身存在的一些问题为例，谈谈对未来的看法。

1) 负啥责的问题

HRBP 往往被期许发挥战略引导、变革驱动、文化落地等作用，但在实际的工作中，却被部门日常的人力资源工作占据了大量的时间。解决这个问题的关键就是如何将这一部分工作分离出去，给予 HRBP 更多能够关注于战略、变革等更具挑战性任务的时间。

按照承担日常 HR 任务的主体分类，我们可以将解决的方法分成三类。

(1) HRBP 进一步分化。为真正发挥 HRBP 作用的人员配备经验和能力相对欠缺的"初级业务伙伴"，由他们来支撑部门日常的 HR 事务。使用成本相对较低的初级 HRBP 来解决日常 HR 事务，可以为企业节省人力成本，让 HRBP 真正发挥作用。

(2) SSC 进一步延伸。目前 SSC 提供的是共享的标准化服务，但往往不会负责业务部门具体的日常 HR 事务，这些事务需要个案处理，要求对业务部门和业务知识有针对性的了解。在未来，SSC 可以以部门顾问的形式来延伸自己的职责，即派驻专门的 SSC 顾问到一个或几个部门，有针对性地提供基础性人力资源服务。

(3) 建立 HR 运营顾问团队。这支团队被派遣到各个业务单元，帮助把 HR 战略转化为具体的行动，这支团队可以由专注 HR 新方法实施的人员组成，也可以作为高层 HR 岗位候选人岗前锻炼和测试的平台。这种团队在西方的一些公司已经得到了实现。

未来哪种解决方案会成为主流，哪种方案会落地你的公司，我们现在还不得而知。但可以确定的是，针对日常的 HR 事务，未来一定会有更明确和细致的分工及分化。

2) 三支柱冲突的问题

我们在前文已经多次提到 HRBP 与三支柱的关系，这里就不再赘述。而在这一问题中，比较突出的部分是 HRBP 与 COE 的冲突。有些公司 COE 相对强势，HRBP 变成了打下手的存在；有些公司 COE 弱势，无法提供足够的支持。

我们认为，未来解决这一问题的途径可能有两条。

(1) 制度途径。通过更加明确、详细的工作说明厘清职责，通过绩效考核的方式增加彼此的联系和合作(比如在 HRBP 的 360 度考核中加大 COE 评价的比重，反之亦然)，通过定期的 HR 交流和集体会议来增加彼此的联系，等等。

(2) 结构途径。即设立人力资源总部来负责协调三支柱的关系，以及为 HR 自身提供培训、职业规划等 HR 服务。HR 三支柱在落地企业的过程中，既为企业的人力资源带来了新的生命力和价值，也带了一些新的问题。三支柱的分类不仅带来的是角色上的分类，也带来了传统六大模块分类中不具备的功能。HR 正在不断地贴近业务，贴近价值。人力资源总部是"为 HR 服务的 HR"，一方面，它可以统筹三支柱体系的顺畅运行，协调发展，充当仲裁者、监督者的角色；另一方面，总部可以为三支柱的各个部分提供专门的 HR 服务，避免 HR 成为"补鞋匠赤着脚的小孩"。

从现在看未来，就是从问题看未来，HR 变革会在问题的不断解决中持续推进。

我们希望帮助读者形成问题思维，结合自身的实践思考 HRBP 目前的问题，透视最接近你的未来。

3. 从未来看未来

五百年前，想要飞上天的人是疯子；一百年前，最主流的通信手段是写信；在二十年前，大多数人还无法想象互联网会给我们的生活和工作带来什么样的变化。未来不仅仅有不变的主线和渐变的过程，也会有跨越式、颠覆式的发展。本书希望为读者提供的第三个视角是从未来看未来，即关注时代的潮流，思考在全新的时代下，HR 以及 HRBP 会发生怎么样的变化。

有人说，三十年前 IT 硬件是高新技术行业的代表，二十年前软件行业接过了接力棒，十年前互联网站在了高新技术的浪尖上，而从现在开始的未来十几年，人工智能将引领时代的潮流。这一预测是否正确，我们还不得而知，但这一说法确实体现了人工智能这一概念在当下的火热程度。"阿尔法狗"大战李世石、柯洁，无人汽车上路，人脸识别大火，人工智能带来的潮流仿佛一夜之间漫过了大江南北。

本书不会为大家介绍人工智能是什么，它是怎么发展起来的。事实上，相关的论述可以通过网络和书籍轻松获取到。我们希望跟大家一起分析和探讨的是人工智能会给 HR 和 HRBP 带来什么变化。

(1) HR 工作本身的变化。有人预测，未来 50%的工作将被人工智能替代，甚至在某些领域，90%的工作都将被人工智能替代。预测是否准确、这一预测在何时会被实现我们并不知晓，但无可争议的是，人工智能会给当前的工作带来巨大的变化。工作将被重新定义，一切枯燥、重复性的工作都可能会被人工智能替代，人们更聚焦于概念性、创造性的工作。根据中国人民大学发布的中国 HR 职业发展状况报告(2017)，培训、薪酬管理、招聘与选拔被认为是最容易受到人工智能冲击的三个人力资源领域，相关的基础岗位可能会面临洗牌，HR 将会集中更多精力来处理更高层次的问题。对于 HRBP 来说，也会更加易于集中精力，解决战略、变革、企业文化、人岗匹配等方面的问题。

(2) HR 工作对象的变化。一直以来，人都是人力资源最主要的工作对象，但人工智能的到来却有可能会冲击这一局面。当企业中的大部分初级工作被人工智能所承担时，人力资源也将不再仅仅关注于人的层面。如何利用人工智能，如何帮助人力资源与人工智能相结合，都将是人力资源的新课题。此外，HR 面对的员工也会出现巨大的变化。他们创造价值的方式将更趋向于创造性、差异化的行为，传统的人力资源管理思维可能会受到巨大的挑战。能否激发员工的创造力，让他们创造出独特的价值，将成为衡量优秀 HRBP 的重要标准。

(3) HR 工作思维的变化。人工智能不仅仅是一种技术的变革，更重要的是一场思维的变革。我们应该认识到，机器已经学会了学习，它们正在以不可思议的速度不断地增强着自己的能力。被人工智能取代已经不再是科幻小说里的幻想，而更像是一种可见的未来。也许，正在读这本书的你是一个"数字原住民"，面对技术的变革欢欣鼓舞，跃跃欲试；也许，你是一个卢德主义者(指对新技术和新事物的一种盲目冲动反抗的人)，对人工智能的发展充满着抗拒和忧虑。但无论如何，你都需要认识到一点：在这个跟机器竞争的时代，你需要重新定义自己的价值，而且这可能是一个动态的、永远不会停止的过程。而这也正是本书希望分享给所有 HR 工作者、HRBP 以及所有读者的最重要的一个观点：永远不要停止思考自己的价值、自己如何创造价值。

附录一 HRBP 访谈案例故事

本附录是我们现场采访的 23 家公司的访谈记录，主要以故事的形式展示给大家。由于单位要求保密的原因，对人名和公司名称我们都做相应处理。

为了更好地研究 HRBP，我们专门成立了 HRBP 研究小组，由我和 5 个对外经济贸易大学国际商学院的学生组成，简称"HRBP 六剑客"。我们每个人都起了一个武侠花名，我的花名是铁木真，其他 5 位同学的对应关系是：王继新(花木兰)，陈科宇(东皇太一)，郑清萍(黄蓉)，于渤涵(荆轲)，弭楠楠(燕南天)，括号内是他们的武侠花名。

对于每篇访谈故事，"HRBP 六剑客"中的每一个"剑客"都进行了点评，给读者们提供了 6 个观察 HRBP 的不同视角。

案例 1 数学系才女的八面玲珑

阴雨连绵的春日，我收起伞，伴着清脆的高跟鞋声走进公司大门。看看手表，离上班时间还有半个多小时，想到已经很久没和老朋友叙叙旧了，我径直走向电梯，按了 4 层按钮。

我是北大数学系毕业的，曾在 IBM 任职 HRBP，然后到现在这家公司担任 HRBP。按照业务不同，IBM 划分为研发部、销售部、运营部、咨询部、技术支持部等，不同的 HRBP 服务于不同的部门，提供专业建议。

我现在的公司是一家成立时间不长的投资公司，但老板能力极强，短短数年间投资了地产、医药等不同领域，逐渐完善为六大产业板块：地产、高尔夫、商业、文化教育、金融和健康。公司发展速度快，资金实力雄厚，拥有自己的办公楼，地段极佳，福利也很好。

公司不同部门拥有不同楼层的办公室，人力资源部在 4 层。作为 HRBP，我在 2 层业务部门的办公地点工作，虽然上下也就两层的距离，但工作之外我很少到 4

层。我一边想着,一边在茶水间泡了一杯咖啡,走向走廊尽头的人力资源部。

我与小A曾在同一个MBA课堂上学习人力资源管理理论,当时我俩虽然不在同一个单位,但我们非常投缘,对HR的看法也很相似,我们迅速互换了联系方式,成为极好的、可以互诉HR之苦的"忠实战友"。之后,我被猎头挖进这家公司当了HRBP主管,一段时间后,HR总监的职位空缺出来,我向老板推荐了小A,我认为她足够有能力胜任这个岗位,最终小A与我成了同事。

HR部门所在办公室的门轻掩着,我轻轻地敲门,往里一看,小A正在计算机前忙碌。我走过去,把咖啡放到她桌上,问:"忙什么呢?"小A对我苦笑了一下:"修改绩效评估制度呢,你知道的,最近刚引进的考评系统,还不知道用起来好不好呢。别说这个了,你最近忙吗?""忙啊,什么时候不忙!?"我点头,"我们那个销售团队最近的项目进入收尾期了,过一会儿还得看看他们工作完成得怎么样了,把最近的数据分析给他们参考参考。"

我们公司HRBP负责的主要工作包括:分析数据并支持业务部门,向业务部门宣讲公司规章制度,监督业务部门工作完成情况,参加业务部门会议并反馈他们的需求,自行组织并召开沟通会议等。我们的HR部门仍然是传统的六大模块:招聘、培训、绩效、薪酬福利、员工关系和企业文化。

我和小A聊到兴起,差点忘了上班时间。这时,HRBP团队的小X着急忙慌地跑进来,看到小A愣了一下,说:"A姐姐好。"转而面向我:"W总,找您半天了,业务部门那儿都乱套了,咱们赶紧走吧。"我一听,赶紧站起身,匆匆和小A告了别,跟着小X离开4层办公室。

小X跟在我身后,给我汇报了业务部门发生的事情。小X已经入职HRBP团队一年多了,负责对接财务部门和研发部门,参与他们的部门会议,和业务部门沟通公司政策以及业务流程,解决各项紧急突发事件并提供解决方案。我一直认为区分HRBP的维度应该是工作深度和能力大小,初级BP承担简单的工作,中级BP汇总基层向上传递的声音,而高层BP应该明白企业需要的是什么,并且把企业需要达到的目标与下层的诉求进行权衡,以此提高企业总体绩效。我心想:虽然小X细究起来仍是个初级BP,但很明显,她的能力和负责的工作已经延展到更高一层了，等这次绩效评估结束后就把小 X 提拔上来。

我和小 X 急匆匆赶到 2 层的时候，办公室气氛明显不对劲，财务部门主管和研发部门主管都冷着脸看我，我知道他们都想要我帮他们说服对方。我作为 BP 部门负责人对整个企业非常了解，在实际的工作中一直充当中间人的角色，站在企业的高度协调不同部门，实现企业利益最大化。从刚才小 X 的描述中，研发部门主管希望在新的一年加大投资，争取一鼓作气让新产品有质的飞跃，提高部门绩效。财务部门主管不满意了，去年研发部门就是这样说的，要他们给更多预算，最终也没得到什么好的结果，反而让现金流紧张，财务部门也和年度最佳部门失之交臂，因此财务部门主管坚决拒绝了研发部门的要求。最终研发部门和财务部门僵持不下，就找我看看有没有更好的解决方法。我赶紧让他们都冷静冷静，分别和他们约了晚上开个小型会议谈谈这事。把这两尊大神送走后，我划开手机，在备忘录里记上一笔，想着这事得好好想想怎么解决才能保证两个部门的利益，但更重要的是公司的利益。

我认为 HRBP 需要具备以下素质：首先是 Helpful，要帮助他人，积极帮助组织中的每一个员工，实现他们的诉求，即使他们职位高、能力强，也需要帮助；其次是 Teamwork，需要有团结协作的精神，才能共同促进、共同发展；再次，HRBP 还需要有前瞻性，能够预见到业务部门甚至整个企业可能出现的问题，提供帮助，协作共进，以解决业务部门的问题为重心。

HRBP 确实是一个对不同领域的知识都要有所涉猎的职位，对处理不同方面的人力资源问题也有较高的要求。我一直认为从事人力资源管理工作需要多看书，不求太深入，但一定要有自己的理解。现在的我不仅略通心理学，甚至连面相都有一定了解，这些都成为我在执行人力资源工作时的辅助工具。因此，其他业务部门的主管和公司的大老板都很相信我处理事务的能力，也常常听取我关于业务改进的建议。这次两个部门的主管闹出了矛盾，也来找我解决问题。可以看出，HRBP 和 HR 部门与业务部门的关系完全不同。

"叮铃铃——"电话响起，我的日常工作又开始了……

HRBP 六剑客点评

铁木真：这是个真 BP，虽然她属于人力资源部，但是办公地点在业务部门，这样才能更好地服务于业务部门。

东皇太一：案例里的 HRBP 强调了人际关系协调能力的重要性，维持部门间和谐关系是 HRBP 的价值体现之一。

花木兰：HRBP 给自己招了个老板，非同寻常，有魄力啊！他们公司的 BP 还分三个 level，也算是给 BP 提供了一个发展通道吧。

荆轲：能力决定地位。这个 BP 对公司对业务有足够的了解和认识，因此才能被业务部门看重，能够解决协调不同部门之间的关系。

燕南天：这个公司的 HRBP 与业务部门联系紧密，主要的工作内容都是围绕业务部门展开的。但是除了 HRBP 外，这个公司的 HR 部门仍然是传统的六模块，是否在 HRBP 需要帮助的时候，会像传统 HR 部门一样，有比较高的沟通成本和时间成本。

黄蓉：有问题找 BP，由此看来 HRBP 已经在该公司业务部门产生了一定的影响力，真正成为业务部门的合作伙伴。

案例 2　与 HRBP 相爱相杀

大家好，我是一名有 12 年工作经验的 HR，是集美貌与智慧于一身的新时代管理者。在我目前三段工作经历中，经历过职场的大风大雨，体验过管理的酸甜苦辣，也见证了 HRBP 模式的冉冉升起。

初生牛犊不怕虎

2004 年，作为对外经济贸易大学人力资源管理专业首批毕业生中的一员，踌躇满志的我首先在国内某顶尖大学的后勤办公室工作了短暂的两年时间，主要做一些员工入职和日常培训等相对比较轻松的工作。但该工作缺乏挑战性，不适合年轻气盛的我，壮志未酬，于是我选择了辞职。

第二段工作经历是在一家刚推出产品不久的协同管理软件开发公司，主要是为企业设计办公软件。当时我的想法是新兴公司更具挑战性，更能带来动力。作为2002年才成立的尚处起步阶段的小规模公司(100人左右)，工资核算等事务由财务、行政部门把控，在我来了之后公司才设立了人力资源部，主要负责招聘和员工关怀等工作。回想起来，当时年轻的我和年轻的同事们充满了干劲，朝气蓬勃，通过两年多的努力打拼，2008年公司终于实现了盈利。

为了保证公司未来的持续盈利，公司将工作核心从研发渐渐转移到销售上，在员工构成上销售人员开始占公司人员的主体，人力资源部也开始逐渐关注分配问题，工作的重心转向了绩效考核和薪酬管理模块。在考核方面，公司主要依据鱼骨图设计出KPI，并根据绩效考核结果进行调薪。初出茅庐的我从绩效设计和管理中学到了很多。作为一家成本导向性的民营企业，老板对我们人力资源部的主要关注点集中在成本是否升高，而员工的关注点则集中在与过去的薪酬水平相比，他们从新的考核和薪酬制度中是否获得了更多的收益。人力资源部处在老板与员工之间，在公司内部协调和机制设计方面起着重要作用。如果把公司比作一辆疾驰的赛车，人力资源部更像是公司高效率稳定前行的润滑剂。

随着业务模块的逐步扩大，人力资源部在员工培训、组织文化建设等方面的职责增多，最后主要集中在员工关系、薪酬与绩效、招聘与配置、员工培训发展、干部领导发展等五方面，公司聘请了专业咨询公司协助管理。看着自己所在的公司一天天成长壮大，心里油然而生一种自豪感，从中也看到了自己的成长。

顺应需求，应运而生

2010年左右，公司进入了快速发展阶段，原本大区制、扁平化的结构不再适应公司发展现状，并且公司逐渐发现代理商模式并不能带来可观收入。为了在快速占领市场的同时保证利润，公司开始设置直销团队。原先的五个销售大区被细分为多个小区，各地构建起直销团队，并提拔了一大批干部，希望借此快速占领市场，与大顾客建立长久的伙伴关系。于是，如何培养出适合各个地区业务部门差异化需求的管理者，如何实现由员工向管理者的转变，成为我们人力资源部面临的重要问题。除此之外，作为跨地区的大型民营企业，公司领导对公司文化和价值观特别重视，虽然员工遍布全国各地，但管理层希望把公司营造成一个大家庭的氛围。于是在这个阶段，人力资源部承担的职能包括：薪酬绩效职能(激励员工)、招聘配置职能(制定岗位任职资格)、培训职能(成立培训学院)、发展干部和文化建设职能(为干部提供发展通道、依靠干部落实企业文化)。其中，作为人力资源总监，我的两大考核指标为费用控制指标和收入完成指标。

在2013—2014年，随着公司的继续发展，公司人员中销售、研发与运营的比例逐渐稳定为5：2：1。由于销售人员占比高，我慢慢发现人力资源团队与业务部门配合力度减弱，经常有力不从心的感觉。我们团队经常累死累活与业务部门保持沟通，但业务部门却反馈称我们的支持不能满足他们的需求，这导致整个公司运行效率低、反馈慢。基于此，公司提出组建HRBP队伍的想法，HRBP入驻到业务部门，运用其专业管理知识帮助部门招聘并进行业务对接，提高沟通效率和效果，于是，HRBP团队应运而生。

需要特别说明的是，HRBP隶属于业务部门，其绩效考核权在业务部门。我作为HR总监，对HRBP团队只有名义上的业务指导权。在新的架构下，HRBP团队主要职责是帮助业务团队招聘和建设团队氛围。从招聘方面来说，HRBP团队帮助业务部门"选、育"适合组织的人才，从人力资源管理的专业角度提出意见或建议；而在文化和团队建设方面，不同于以往文化建设的传统做法(文化内刊、口号建立等)，HRBP团队采用新颖的宣传方式，十分贴合"90后"员工的管理需求。

好景不长，"变味"的BP

原本以为，从HR部门派出的"联络员"能够减轻我们的工作量，起到上传下达的作用。但是，由于HRBP完全由业务部门考核和奖励，HRBP从以前"HR部门的人"转变成了"业务部门的人"，HRBP逐渐与人力资源部走向了对立面。在平时工作中，人力资源部对各业务部门的HRBP下达要求，但实际情况往往是HRBP很难说服业务部门主管听从人力资源部的要求，并且由于这时的HRBP和业务部门站在了"一条船上"，也没有了必须说服业务主管的义务。反过来，HRBP却经常认为人力资源部不了解业务，老是提出不合适的指令。于是，当初设想美好的HRBP"变了味"，不是设立之初构想的人力政策解读者和落地者，反而成了人力资源政策的抱怨者。人力资源部希望HRBP一起参加每次的例行会议，沟通工作信息，却发现除了招聘，他们也没有其他重要的工作，他们自己还觉得自己很忙。

在我看来，BP 总是在做各种活动，比如复活节、愚人节等都过得有声有色，还办一些关于"去哪里吃饭"等鸡毛蒜皮事情的宣传小报。我们人力资源部觉得 BP 很不专业，干活总是讨巧，都是做"锦上添花"的事情，对员工发展和公司战略目标的达成意义不大。HRBP 开始变成业务部门的"业务助理"，喜欢办活动、发礼物，搞活团队氛围，为业务部门争取福利。他们用当前流行的信息技术把原本人力资源部制定的严肃的规章制度，改变为员工们喜闻乐见的微信推送，尽管我们人力资源部一再告诉他们这样并不利于总部的管理。从人力资源部的视角看，HRBP 是在做"不入流"的事情，但 HRBP 团队认为，只要使部门的团队气氛好、拥有凝聚力，能够招聘到部门合适的人才，他们就已经做好了自己的工作。种种事情，使人力资源部和 HRBP 的关系进一步恶化。

人力资源部希望 HRBP 去直接执行一些事情，例如，领导要求做一个研发体系的激励方案，希望人力资源部给出预算和原则的框架，让 HRBP 根据框架做出预算执行方案。但实际上 HRBP 不会按照人力资源部给的预算做方案，而是根据部门员工需求或业务需求，报一个预算方案，而且这两个预算往往差异很大。我希望与 HRBP 沟通解决，做一个中间方案。但是 HRBP 不想跟我们沟通，而是希望通过业务主管直接找老板要到这个费用预算。所以我们人力资源部觉得 HRBP 并没有站在公司立场，没有大局观，全都是争取自己小部门的利益。

而在另一方面，人力资源部与业务主管的关系也发生了微妙的变化。自从有了 HRBP，一些常规的会议业务主管通通缺席，转而让 HRBP 代替他们参会。但就像刚才所说，HRBP 又无法通过参会说服业务主管执行会议的决定，人力资源部的很多任务在业务部门无法落实，组织效率降低。再加上原有公司架构中对业务主管考核的指标只是销售指标，所以业务部门负责人往往并不重视管理指标，将本部门的 HRBP 当作管理工作的"挡箭牌"。人力资源部由于缺乏与主管人员及员工的互动，使得自身与公司内部其他利益相关者逐渐疏远，最终渐渐被孤立。HRBP 偏离了原先期待的状态，被业务部门利用，变成了一种"地方制衡中央"的工具。甚至出现了年终考核时 HRBP 队伍获奖、人力资源部就不能获奖，而人力资源部获奖、HRBP

队伍就不能获奖的情况。当人力资源部与业务部门产生意见冲突时，公司高层又往往为了业务稳定而更多考虑主管的面子，总是偏向业务部门一方。这导致人力资源部往往 PK 不过业务主管，真有种"在夹缝中求生存"的感觉。

终于，在 2015 年，老板做出了将 HRBP 团队收回人力资源部、HPBP 对人力资源部负责的决定。这时候，业务部门跳出来抗议，他们认为人力资源部就像是老板的"眼线"，HRBP 被收回到人力资源部，使业务部门产生了被老板监视的感受。经历这次变故后，业务部门开始对 HRBP 处处提防，很多 HRBP 难以融入业务部门。一方面业务部门的招聘活动、员工关系管理的有效运行无法落实，另一方面 HRBP 不允许再参与业务部门会议，使得业务部门与人力资源部更加难以对接。

另外，由于公司文化价值观过于空虚，只有政策、没有行为，导致 HRBP 们难以将上级的政策落实到具体部门、具体任务。再加上公司对部门的管理没有行为红线，很多事不能令行禁止，各方难以达成共识。除此之外，业务支持也存在动力不足的问题，只能做招聘支持，这些都导致了公司实施 HRBP 策略未能达到目标效果。

后来，我回望这些年发生的这些事，越发觉得：HRBP 的设立目的在于整合资源，找到双方的共同目标，让人力资源部和业务部门可以携手，驱动一切可利用的资源，创造最大的价值。

纵你虐我千万遍，我仍待你如初恋

万万没有想到，我的第三份工作恰恰就是担任之前"虐我千万遍"的 HRBP。

我在 2016 年的时候跳槽到了一家上市 IT 公司，主要提供建筑产业互联网平台服务。在这里我担任了 HRBP 部门的领导，工作具体来讲包括了四个部分：资源驱动(加速部门沟通)、员工培养(搭建平台)、干部建设(培养后备军)、团队氛围(团队管理、绩效沟通、新员工适应等)。在这里，公司 HRBP 主要负责板块是对干部能力的资格搭建和强化培训。COE 部门会进行每年的人才评估预测，之后会将各部门的人才缺口传达给 HRBP，HRBP 根据此标准进行招聘与培训。针对具体业务技能，BP 协助设计人员培养方案，并在内部寻找讲师，最终目标是结果落实。HRBP 组织评委定期评选，看每个业务部门的人员能力是否达到了人力资源部的认证资格标准。

在这家新的上市公司里,老板非常看重凝聚人心、干部储备和业务支持三大板块,因此非常需要 HRBP 的工作。在此前提下的体系搭建形式是:传统人力资源管理六大模块的规划作为脊柱支撑,同时运用 HRBP、COE、SSC 三支柱模型作为三驾马车。在这之中,SSC 主要针对员工日常服务,如一些流程性的入离职手续办理、五险一金办理等业务。举个例子,就像放在大厅中的银行柜台一样,有规定的业务办理时间。当员工有任何问题反馈给 HRBP 时,HRBP 可以根据问题类型告诉员工寻找哪一个柜台的 SSC 职员解决。而 COE 制定制度,负责招聘,起到调整分配的职能,负责 HR 部门的整体发展。HRBP 在员工遇到困难时有能力解决则直接解决,不一定能面面俱到,但至少在六大模块的基础上拥有一定的帮助解决的能力。

经历了上段工作经历后我成长了很多,对 HRBP 的理解也加深了不少。我逐渐发现,HRBP 很重要的一点是需要时刻与上层管理者目标一致,拥有灵活性、主动性,并且要懂得沟通和倾听。当出现冲突矛盾的种子时,HRBP 需要把问题矛盾利害向业务部门阐明,利用自身专长,使业务部门愿意接受并信赖 HR 的帮助。在这里要多提一句,HRBP 的角色并不是凌驾于业务主管之上,最后的决策权仍要归属于业务部门。

在公司中,我们 HRBP 的工作目标其实是自己主动去找的,业务部门主管并没有很清晰的指导和要求。所以我们要做好企业业务部门的内部需求挖掘和对接,并做好对需求的二次转化分解,工作范围很广。逐渐地,我改变了原有对 HRBP 的偏见,逐渐意识到了 HRBP 对更加灵活、更加具有战略柔性的公司发展的重要性。除此之外,HRBP 们也承担着驱动资源的功能,督促业务部门对上级政策路线进行推进和落实,当然这部分正是我所在的第二家公司所没有做好的。

总结起来,HRBP 主动性要强,需要时刻清楚领导在想什么。把握未来公司的灵活性,首先自己就需要具备灵动性。要多发现问题,多照镜子,同时保持多沟通。HRBP 的修行是毫无止境的:第一层次是"我懂你";第二层次是"你懂我";第三层次是"你知道我懂你";第四层次是"我知道你懂我懂你"……就是在这样的反复"练级"式的修行中,整个公司的巨轮才能更加灵动。

业务部门的需求往往是随机和不确定的，HRBP 需要有很强的反应、应变能力以及创新能力，这样才能高效解决问题。HRBP 的主动性亦然。很多时候业务部门的需求是模糊的，甚至部门人员都不清楚，需要 HRBP 自己捕捉。HRBP 更像是业务部门的"军师"，要站在业务部门的角度考虑问题，及时与业务经理沟通，做到前瞻性，而非被动响应。

HRBP 六剑客点评

铁木真：可见，让 HRBP 隶属于人力资源部是非常重要的，否则他们的立场会出现问题。

东皇太一：从 HR 到 HRBP 的角色转变也是管理观念的转变，由此可见公司许多其他员工对 HRBP 的工作依然存在误解与不理解。

花木兰：公司规模不同、员工特点不同，管理方式就有区别，两个公司的 BP 发挥的作用明显有差别，第二个公司是大公司，BP 更具主动性，能更深层次地响应业务部门，相比之下第三个公司是小公司，有点像下放的 HR 部门了。

黄蓉：作为 HRBP 工作人员，在坚持传统人力运作模式的基础上，也要勇于创新，紧跟时代发展的潮流。

荆轲：在她的第二段经历里，经历了一个 HRBP 从无到有的过程。这个过程是由公司面临的竞争情况和业务状况推动的。公司意识到了顾客的重要，因此从代理商转向了直销，而这一战略的变化又带来了人力资源的需求和变化。可以看到这是一个由外而内的过程。

燕南天：该软件开发公司关于 HRBP 的探索过程，可以说是 HRBP 在公司发展的一个微型反映，从传统的 HR 六模块到新兴的 HR 三支柱，确实会走很多的弯路。

案例 3　来自 COE 的对抗

张璐走出公司办公楼，看向远处的灯火通明，长长地舒了一口气，终于结束了一周的工作。强行挤出个笑容，打开手机看了下时间，又晚上十点了。自从在互联网公司当了 HRBP 之后，工作日是一天都不能清闲，有时甚至搭上周六日。不过想了想，二十多岁总是最忙的时候，至少现在忙的有目的，也算是有些安慰吧。

明天还要参加 MBA 课程，不过总算可以早睡晚起了。想到这里，张璐伸了个懒腰，神色有所缓和，嘴角向上弯起，一个美丽又自信的笑容。终于拦下了出租车，和司机说好小区的地点，张璐便头倚着玻璃窗闭目休憩了，这一周还挺忙的。

张璐在一家经营主打网络游戏和在线教育业务的互联网公司工作，公司业绩斐然，在江苏算是企业的领头羊。张璐是该 HRBP 总监，刚刚跳槽到现在的职位。作为中国人民大学人力资源管理硕士，张璐对 HR 专业知识非常精通。在做 HRBP 之前，张璐在一家公司做传统的 HR 总监，工作内容主要围绕着人力资源管理六大模块展开，但她发现以前的职业不具挑战性，工作了五年后她便跳槽了。当初她下定决心跳槽时，家人和朋友都很反对，认为她这样不值得，丢了铁饭碗，但张璐坚决离开了。用她现在的话说就是"HRBP 玩儿得了刺激，拿得下业绩"，不安于现状的基因使得 30 岁的她依然有着满腔热血的激情。

张璐离开了阿里巴巴云计算，便来到这个公司，恰逢公司新任大老板刘东上任。老板三十出头，喜欢尝试新的事物，同时很有才华和个人魅力，曾经在英国留学和工作，在国外有着良好的人脉。起初公司未成立 HRBP，只是有传统的 HR 部门。但随着公司业务的扩大，业务部门的需求缤纷多样，HRBP 部门应运而生。

张璐恰巧在这时担任了 HRBP 总监，这个职位有难度也有挑战。新官上任三把火，老板需要她赶快拿出业绩说话。在大老板的指挥下，公司拓展了在线教育单元，即 EBU(Education Business Unit)，主要负责开发幼儿线上教育平台。因为也是刚成立的部门，人手短缺，组织结构也比较松散。除此之外人员合作也常出问题，业务总监和部门员工合作默契度不够，效率低下。张璐白天和业务部门待在一起，参与他们的会议，与业务总监跑业务。而晚上则要出各种方案，帮助 EBU 有效运行。业务繁忙时，张璐的大脑整天高速运转，要不停地帮助处理突发情况。员工有问题第一个想到的就是张璐，比如对薪酬或绩效考评的不满，与总监之间的矛盾冲突。员工很信任张璐，他们都会首先和张璐说。业务总监也经常找张璐，要她帮忙设计组织结构、安排任务、处理客户关系等。HRBP 不好当，是个需要智商和情商并存的职位。

如今，公司 HR 部门的设置是典型的三支柱模式，即 HRBP、COE 和 SSC。HRBP 的主要职责就是和业务部门联系合作，根据反馈上来的需求运用 HR 的专业知识进行指导和问题的解决。这和行业对 HRBP 职业的定位差不多。公司的 HRBP 是由业务部门和 HRVP 一起考核的，这在行业中很常见。不过有一点特别的是：张璐的 KPI 指标由她自己设定，业务总监和 HRVP 过目批准，这给了她很大的自主性，也让她得以不断地挑战自我，探寻内心的声音和渴望。除此之外，张璐的公司还有一点与众不同的是：COE 的级别比 HRBP 高，HRBP 要接受 COE 的指导，这为她处理业务部门和总部需求设置了很大的障碍。就比如上周就发生了一件不愉快的事儿。

上周应客户需求，EBU 增加了工作内容，需要招聘五名计算机程序员。和客户聊完之后，业务总监王斌找到张璐，和她探讨了招聘时间和招聘标准。王斌说了很长时间，他认为兴趣很重要，专业知识、实习经验次之，而学历不是很重要，做在线业务程序设计少不了加班熬夜，没有十足的热爱很难坚持到项目结项；王斌还强调现在业务人才紧缺，公司扩张快，希望可以多给留用转正的机会。

王斌走后，张璐眉头微皱，站起来接了杯水喝，缓解一下整个人紧绷的状态。她迅速地考虑有哪些难事儿等着她，也就是王斌说的招聘学历门槛以及强调的转正机会。张璐的公司 COE 很强大，掌握着招聘的生杀大权，有着他们自己的一套标准，公司大部分的员工都是按着标准流程严格执行，她自己也是这样进的公司。王斌求贤若渴，近几年经济不景气，业绩指标是越来越难达到，理所当然他希望手下的员工越多越好。站在大厦 32 楼向窗外望去，城市的夜景总是这么的深邃迷人，像黑洞一般，是危险的，然而人们还是不顾一切地靠近。张璐慢慢地闭上眼睛，边放松边思索着如何与 COE 沟通，脑海中像过电影般假想了各种可能产生的矛盾和分歧场面。

隔天，张璐便去找 COE 聊了。COE 总监李禾否定了张璐的招聘计划，说招聘计划偏离了他们制定的总章程。而且李禾的态度也不是很好，显得很不耐烦。李禾说，他们的招聘制度严格贯彻了老板的招聘意愿，并且是联合外部咨询公司一起制定的，信度和效度都有保证。要是轻而易举地改了，未免太随便，万一出了事儿，多花钱不说，他们也担不起责任，这标准哪儿能说换就换啊！最后一句话的语调起起伏伏，深深地印在了张璐的脑海里。但张璐知道，她现在不能发火，撕破脸皮谁都不好看，而且她还是刚来公司，对公司还没摸透，切记不要犯规。抑制住心头的怒气，张璐只好想着事情暂时搁置，先问问老板的意见。

下午张璐便和老板说了，老板告诉她 COE 找过他谈这事儿了，张璐很是诧异，想着早上和 COE 聊的时候没见她这么积极啊，怎么突然就联系了老板？想必李禾早已做足了老板的思想工作，这回王斌的要求怕是难以全部达成了。

老板看张璐呆呆地站在那儿，想着要打破尴尬局面，便接着刚才的话题继续聊："李禾说她已经和王斌谈过这事儿了，王斌同意了李禾的提议，至少 80% 的新员工要来自知名大学，也和李禾谈好了员工转正的条件，你就不用操心了。"

张璐仔细品味老板说的话，怎么想怎么不对。她 COE 不是专家吗？应该只设计方案章程啊？怎么越过了我联系王斌？张璐感觉自己的饭碗被抢了一样，但看老板像没事人儿一样的云淡风轻，自己也不好质疑什么，只得表示自己的宽慰，离开了办公室。

刚走出办公室正好碰到李禾，李禾热情地打了个招呼，让张璐愣了一下，张璐也回了一个大大的微笑。走到了路的尽头，张璐转了个弯，突然想起了同行夏夏之前和她的唠叨："现在 COE 越来越猖狂了，我们公司业绩做得好，就是 COE 招聘做得好，业绩跌了，那肯定是 BP 没协调好，这都是什么世道？！"

张璐心里碎碎地念到："李禾会这样吗？老板会让李禾这样做吗？我该怎么办，要不要和 HRVP 说一下，不对，VP 不也是 COE 出身吗……"张璐的心情像搭着向下走的过山车，跌倒了谷底。张璐还有很多事情没做，回到业务部门便开始加班，新业务单元的组织结构还待完善。这一天是周五，也就是张璐加班到十点的那一天。

张璐在出租车上安静地睡着了，她梦见了远在北方的爸爸妈妈，梦见他们一家三口热闹地包饺子，爸爸擀皮儿，母亲和她捏馅儿，就像每年的除夕夜一样。快到春节了她渴望回家，渴望着在大雪纷飞的除夕夜，在家里的庭院挂满灯笼。灯笼越来越大，忽地越来越远，突然她便出现在经销商的会议室，还没缓过神的她看着王斌和经销商不停地谈条件，而这时她又突然想起 EBU 的另一大难题就是降成本！如何降低产品上线的价格，拉低 EBU 的"门票钱"关乎着 EBU 的生死存亡。张璐听得头开始发涨，但她需要不停思考，去听王斌和经销商哪里谈的不对，条件开得不好，或是说错话了，她之后要告诉王斌，帮助他培养沟通和协调能力，好尽快谈好条件拿下单子。

"唉，姑娘，醒醒，醒醒，到地方了！"司机大叔叫醒了张璐，张璐表示感谢，付了钱，便走进了小区。

夜空的星星闪烁，好似不断闪烁的眼睛。张璐望望星空，想起自己这几年的四处奔波，从东北转战到北京，再到杭州，最后来到江苏。她曾多次渴望求学结束回到故乡工作，但好像都没成功。不过，张璐是不会提早回去的，她是个闲不住的人，挑战与刺激早已深深融进骨头里，成了她工作生活中不可或缺的一部分。选择了 HRBP 就代表不求安逸以及要不断地挑战自我。

未来几年，张璐准备在 HRBP 继续做下去，无疑她享受这份工作，之后可能转向做业务或者做人力咨询，或者从 HRBP 升到 VP，她不知道，毕竟路还长着呢。

HRBP 六剑客点评：

铁木真：HRBP 要接受 COE 的指导！这种情况不多见，这不利于 HRBP 开展工作啊！

东皇太一：案例里的 HRBP 强调一方面要有 EBU 的整体视野，另一方面沉重繁多的任务要求 HRBP 拥有很高的抗压能力。

花木兰：COE 与 BP 的角色地位有的时候也是两大阵营的博弈，在我看来 BP 价值更大，不过有的老板也会偏心 COE。冲突在所难免，但还是重在沟通，一切以公司利益为主吧！

荆轲：我觉得这家公司应该思考这样一个问题：他们到底希望 HRBP 发挥什么样的作用，地位应当与作用相匹配。

燕南天：在主人公所在的公司，HRBP 的主要职责就是和业务部门联系合作，根据反馈上来的需求运用 HR 的专业知识进行指导和问题的解决。但是，HRBP 没有足够的精力和能力去处理业务部门方方面面的事，这就需要人力部门支持。

黄蓉：HRBP在实践过程中，遇到的很大一个问题来源于人力资源部门的支持。不管是COE、SSC，还是传统的六模块，都需要给予HRBP一定的资源和帮助，然而主人公不仅没有得到相应的支持，反而遇到了阻碍。

案例4　咱们的政委有力量

今年是张力来嘉品购集团的第二年，出任视频购物集团的总经理，张力也算是实现了自己长久以来的梦想，在这里他有足够的权利和自由开拓业务，带领嘉品购成为国内顶尖视频购物企业是他工作的核心。

张力的事业还算是顺风顺水。在江苏某高校毕业后，他凭借出色的面试成为乐饮的管培生，在乐饮一做就是八年。八年中他在乐饮的不同岗位进行轮岗，辗转去了四个城市。南京两年，香港一年，兰州三年，最后在天津又工作了一年。他曾说，印象最深的莫过于兰州这个城市了，毕竟待的时间最长。在那个由黄河劈成南北两岸、现代文化与古朴风韵交织的地方，苍茫却不失情怀，张力在那里培养了坚毅而又豁达的性格。

大学里他学的是心理学，刚到乐饮公司时主要从事的是招聘、问卷分析、量表设计之类的工作，多多少少与心理学有关。多年管培生经历让张力全面系统地了解了乐饮公司的运作模式，积累了不少运营管理的经验技能，同时也在乐饮做到了高管的职位。总部在第九年的时候给了他提升的机会，但他没有接，因为他要结婚了。

张力的恋人是他的大学同学，叫萧然。俩人是在大四要毕业时好上的，毕业旅行时学校不同专业的人组了个团，到长江以北玩儿了一个月，张力和萧然很幸运地走到了一起。张力喜欢萧然的睿智和宠辱不惊，萧然爱上了张力的果敢和坚毅。对，坚毅。张力为了向萧然表白，写了加起来得有好几万字的信，当时舍友大个儿还嘲笑他，怎么搞得这么文绉绉的酸，他回了一句，我们这叫比蜜甜。

等张力工作后开始了四处出差，他们俩也逐渐开始了狗血的异地恋过程，总体来说苦不堪言，但坚固的爱情终于让俩人步入了婚姻的殿堂。

张力觉得不能再让萧然等了，他一定要回家和他心爱的人结婚。就这样他回到了杭州，加入了泉品。两年之后被猎头猎到了互联网A公司，开始了他的"政委"

生活。而我们的故事也正式开始了。

A公司"政委"一角儿早已在业界中响彻云霄,恨不得能呼风唤雨。当然没有那么夸张,不过可以类比《亮剑》中的赵刚,他是李云龙的参谋,是军师。李云龙打仗会参考赵刚的意见,而赵刚发现军团出问题时也会及时纠偏,A公司的"政委"也是大同小异。

外界都传说A公司的政委有三类,"大政委""中政委"和"小政委",虽然外面都这么叫,但A公司内部可不这么分。在讲究开放和武侠文化的A公司,大家的目标都只有一个,那就是服务客户。公司中人人平等,不搞层级划分,除了A公司"爸爸"李琛之外,其他人不论什么职位都直呼其名,当然这个名也有讲究,是"花名"。大多数花名都来自金庸小说,而且必须都得是正面人物,不能起"田伯光"这样负能量的名字。众所周知的李琛叫逍遥子,二把手陈晴叫郭襄,张力的主管叫楚牧,张力来的时候金庸小说名字用得差不多了,只能自己起了。他便自赋姓名元修贤,大体上也是希望自己力求贤明,越做越好吧。不管叫谁都是要叫花名,而不是大家常听到的"张总""李总""王总",亲和了许多,消除了阶层感,也加速了业务的进行。叫着叫着,有时都忘了同事原本的姓名,这花名也是成了A公司独有的代号,不论你离不离职,它都跟你一辈子,后来的新人不能用前人的花名,在A公司所有人都是这么的独一无二。你就是元修贤,元修贤就是你。据说杨过离职大家还难过了好一阵子,过儿走了,只剩小龙女一人孤独着了。

A公司政委的责任很重,一个中政委对着三个小政委,一个小政委要支持100人。张力在乐饮以及泉品的出色表现使得他一上来就是"中政委",先跟着独孤万里做云计算业务。张力没有实际的办公室,直接在紧挨着独孤团队区的吧台工作,业务团队的会跟着一起开,业务团队的饭跟着一起吃。

张力最开始不了解云计算,只得开启了漫漫自学之路。上班的时候就着午饭和团队聊云计算,一有机会就逮着独孤万里大谈智能穿戴,下了班也恶补相应的书籍。张力的学习能力很强,总算是能和业务团队在一条线上,不会你指东,他说西。

不过千万不要认为张力做的是业务,他是HRBP,工作内容也得和HR有关。但他不做招聘、薪酬和绩效,那些都交给后台的HR支持团队,他要做的是发现业务团队现存的问题，并借用 HR 知识解决问题。

有一次，团队之间因为沟通没做好，和客户接洽时出了问题，团队氛围瞬间僵化凝固，好似只要有人拉一下导火线，瞬间就能爆炸成碎片。张力看着独孤万里急得如热锅上的蚂蚁，自己也有点不知所措。之后便向大政委李慕然请教："慕然你说可怎么办，独孤团队成员关系太差了，表面看没什么事，实际上谁也不想听谁的，僵得很，下周客户就要方案了，独孤催着我想办法，我没什么头绪。"李慕然说："还能怎么着，沟通呗。不说开了谁也不会打心里服谁，这心里都窝着火呢，修贤你这时就得给他们创造聊开了的机会，告诉你绝招。"张力眯起了眼睛："什么大招？"慕然吐出三个字："泡温泉。"

张力一回家便和萧然念叨这事："你说奇不奇怪，这团队沟通的方式竟然是泡温泉，而且还不分男女，你说尴不尴尬。""什么？！"萧然瞪大了眼睛惊讶道："开什么玩笑。"张力答复："骗你干嘛，慕然告诉我的，说这是传统，这叫坦诚相见，还让我后天就得放这招。"之后萧然便和张力立了十八项泡温泉法则，张力要违反了就得跪遥控器。

这天天气晴朗，万里无云，张力大老远就看见公司的停车场上黑压压地站着一群人，他们提着大包小包，看似出游放松，实则气压低沉。张力忙加快脚步，满脸笑容地冲人群跑去，一把拥过独孤万里的肩膀，"别一脸阴沉啦，好不容易出门一次，好好放松放松。"说着抖抖手里的袋子，"我背着萧然把家里最好的酒拿出来了，咱们这次有冤的报冤，有仇的报仇，非得让你们开开心心回家，上车吧。"

一票人默不作声地到了度假村，张力和独孤对视一眼，吆喝道："哎哎哎，先别走啊，咱们房间已经分好了啊，都过来领房卡。"分完一叠房卡后，剩下了俩人和一张房卡。嘿，大家面面相觑，这剩下的俩人正是独孤团队里的两个技术先锋，也是这次团队氛围僵化的两个始作俑者——孟神通、燕狂徒。孟神通是大前辈，周围跟着一群与他一同打拼到今天的老战友。而燕狂徒作为高级技术人才引入公司，因为技术过硬，吸收了一批粉丝。他们俩虽都在独孤手下，却总憋着一股劲想超过对方。一个思想传统实际，一个思想创新发散，矛盾慢慢累积，终于在几天前与大客户的会议中爆发了。燕狂徒当着客户和老板的面否了孟神通的观点。双方剑拔弩张,独孤身为他们的上司,难以直接否定其中一方,赶紧来找张力商量,才有了今天的温泉之旅。奉行"擒贼先擒王"的武侠小说准则,张力和独孤决定这次一定彻底解决孟神通和燕狂徒的矛盾,提一提团队凝聚力。

孟神通和燕狂徒谁也不过来接剩下的唯一一张卡,张力一把把卡塞进孟神通手里,提过燕狂徒手里的包,通知所有人六点在清池集合后便转身大步往他们的房间走,亲自送他俩进了房间,张力总算稍微放下心里的石头,去布置温泉场地了。

夜幕降临,时针指向六,清池边慢慢热闹起来。原本成天戴着眼镜,总以冷面示人的丁蓉妹妹摘下了眼镜,换上了泳衣,倒是显得清纯可人。技术部的一群大老爷们儿也忘了刚才压抑的气氛,纷纷就近拿起一盘小蛋糕或是一杯饮料靠近丁蓉妹妹。张力一边嘻嘻哈哈地招呼已经到场的人吃好喝好,一边看着手表,目光往门口瞟,看两个主角到场了没。说曹操曹操到,俩人不紧不慢、一前一后地走进大门。

张力和独孤把他俩拉到一边僻静的池子坐了下来,分别给他俩递了一杯酒,张力首先打破了沉默的气氛:"你们别苦大仇深的样子啦,今天咱们不谈公事,就好好聊聊天。"酒过三巡,男人们的友谊全都融进酒里。孟神通和燕狂徒终于打开了话匣子,把积在心中的郁闷都倾诉出来,倒也没过去那样相互看不顺眼了。懂了彼此的苦衷,不再随意挑对方刺。虽然只是一次简单的温泉之旅,团队氛围却更加亲密,大家更加了解对方。回到工作岗位后,原先棘手的矛盾反而自然而然化解了。

转眼中秋节来临,公司准备通过内网以成本价将余量月饼作为福利销售给员工,临时开发了一个内部预定的页面。张力也早早地等在电脑前摩拳擦掌,想给萧然捎回一盒月饼。16 点开始第二批秒杀,张力刚刷新进网页,却发现月饼已被抢购一空,张力不得不感叹公司员工们手速真快,便退出网页继续工作了。未曾想,傍晚时分,上级传出消息,安全部的 4 名员工和安全团队的 1 名员工,用编写脚本代码的方式,在公开秒杀月饼的活动里抢到了 133 盒月饼。不出半小时这几名员工被约谈,签了解约合同,18 点就离职走人。甚至没有考虑是否要交接工作,就以最快的速度被劝退。约谈中,员工表示只想买一盒月饼,但程序出了纰漏,不是故意抢一百多盒月饼,没想到会导致这么严重的后果。这件事一出,不仅公司内部员工纷纷讨论,更被有心人传到微博等公共媒体上,引发全民讨论。很多人认为 A

公司这件事处理得不人道，不符合 A 公司过去重企业文化、温情包容、爱护员工的形象。但张力却不这么认为。

众所周知，A 公司以价值观治理公司，而 HRBP 就是公司文化的捍卫者和传递者，比如易筋经和八阵图就要求所有人用同一种思维心态做事。平时 HRBP 有两个最重要的任务，一是推，即帮助催生好的事物；另一个是拉，即让违背价值观的事情不要发生。因此，A 的 HRBP 从这两个角度出发进行工作，有所约束也有所不约束。比如，A 采用弹性工作制，上班不需要打卡，没有上班时间的约束，不重视工作的过程，给员工足够的自由空间，只需要最终完成工作即可。

这在外人看来，连按时上班都不要求的公司怎么能对抢月饼这件事这么严厉呢？张力认为，公司员工的行为不是依靠管理而是依靠价值观约束。而 A 公司的价值观包括：客户第一、团队合作、拥抱变化、诚信、激情、敬业，在员工入职后 HRBP 就负责把这些观念传输给员工。看起来文化似乎是一个虚无缥缈且在大多数公司没有发挥太多作用的东西，但 A 公司把这几个词语细化成了一个行为库，并采用双轨制对员工进行考核。

除了对于绩效的 3—6—1 考核，对于价值观也进行考核并分级为 A—B—C，处在 C 级的员工无论绩效好坏都将被辞退。A 公司认为价值观正确与否优于业绩好坏，如果一个员工业绩高但不认同公司的文化，就如同公司中的一个定时炸弹，需要及时被清理。在这种治理方式下的 A 公司，看似多做了一道无用功，事实上却是事半功倍。员工可以最大限度地拥有工作自由，也遵循着客户第一、团队合作等原则，尊重并认同公司和上级，最终员工业绩高，忠诚度高，劳动纠纷少。回到这次的月饼事件，张力认为抢月饼很明显违反了公平交易的原则，与公司的价值观相背离，公司必须要严肃处理这次的事件，才能让员工们认识到价值观的重要性。这次的秒杀虽然没有涉及对 A 公司外部平台业务秩序的干扰，但造成内部福利分配的不公，违背了诚信这一基本价值观，拥有技术却成为技术"黄牛"，这显然是 A 公司眼里的沙子，自然容不下，必须开除。

月饼事件后发生了不到一个月，张力又被猎走了，优秀的人总逃不过猎头的火眼金睛。这次他到了嘉品购，不得不说在 A 公司工作的经历给了张力很大的影响，使他入职嘉品购后显得很"别具一格"。

首先他对嘉品购上班需要打卡这件事非常不习惯，其次，下级称呼他为张总也让他浑身不得劲。他想着，应该把 A 公司的那一套管理体系带来嘉品购，好好更新更新目前老旧的人力资源管理制度。因此建立 HRBP 团队刻不容缓，虽然目前仍处在建设 BP 的初级阶段，但他对 HRBP 已经做出了个基本的画像：正能量、积极、业务团队愿意亲近、带着威严、招聘时容易切入公司的各个模块。对公司全面了解之后，他将以此为标准，慢慢组建嘉品购的 HRBP 队伍。

人们常说日子像流水般过，你抓不着它，甚至有时都记不起它。转眼张力便走过乐饮、泉品、A 公司和嘉品购，这个三十多的男人辗转中国东部西部，最后又来到首都北京，张力的精彩人生依然继续，现在的张力，对未来很有信心，嘉品购的 HRBP 会是下一个"政委"吗？

让我们拭目以待。

HRBP 六剑客点评

铁木真：A 公司 BP 的特点是"不带操"，就是不做具体操作性的事情，表面上看，他们每天溜溜达达没什么事干，实际上他们是在深入了解业务部门的工作情况，否则关键时刻他们怎么能提出赞成或者否决的意见呢？

东皇太一：HRBP 要让公司有文化、有凝聚力。案例中的 HRBP 承担着价值观建设、文化传播捍卫的职能，组织有"家"的氛围才会让员工有"家"的归属感。

花木兰：A 公司的 BP 更多的是把关价值观，凝聚企业之魂。BP 该裁人就裁人，该出手就出手，毫不心慈手软。互联网行业有着高风险、高收益的特点，有了文化 BP 的存在，企业很难触及底线做错事儿。非短期逐利，而是目光长远。

荆轲：A 公司的 HRBP 和三支柱体系已经非常成熟了，BP 很偏向业务，也很有自己的特色，值得借鉴和学习。

燕南天：依靠价值观而不依靠管理，这需要 HRBP 在其中执行好"一推一拉"的任务，从而真正把文化输出为行动库。

黄蓉：是否能选择合适的沟通方式解决业务部门之间的冲突是考验一个 HRBP 专业素养的重要体现，该公司的 HRBP 通过召集大家泡温泉来解决业务之间的冲突，可谓是别出心裁。

案例 5　石油公司的顺利转签

工作，与其说是生命的一部分，不如说是一种心灵状态。大学我是学英语专业的，毕业之后第一份工作是在山西一家香港电子公司，后来来到了 KF 石油中国有限公司(以下简称 KF 公司)。连我自己都没想到，我在那里工作了整整 18 年。KF 公司与中外方合作从事石油和天然气的勘探与开采业务。在中国渤海湾，KF 公司与中国海洋石油总公司共同开发中国海上最大的油田。

KF 公司的 HRBP 概念很明显。加入 KF 之后，我先后做了行政、人力和财务工作，后来被派去美国总部做人力资源工作。2009 年回国，负责渤海项目的海上作业。有人会问，你是做人力的，为什么去做行政或者财务工作？在我看来，首先，一个组织或机构在刚刚发展的起步阶段，内部员工都有非常大的发展空间，职责分工没有成熟公司那么清晰，员工做的工作范围相对较广，但是随着组织的扩大，职责分工越来越细，每位员工的工作责任也变得越来越明确，在这个过程中，员工与公司是共同成长、共同进步的。另外，行政工作也需要管人，它可以泛指一切行政事务管理工作；而人力资源管理包括人力资源的预测与规划，工作分析与设计，人力资源的维护与成本核算，人员的甄选录用、合理配置和使用，还包括对人员的智力开发、教育培训、调动人的工作积极性、提高人的科学文化素质和思想道德觉悟等。前期的行政工作经历为我后来的人力工作奠定了基础。最后，关于财务工作，它也很重要，它为我后来做 HRBP、更好地了解业务部门工作提供了重要条件。

KF 公司 HRBP 概念的正式推行是在 2012 年左右。在当时，这个概念的提出更多的是希望 HR 在业务层面对公司有更多的贡献，更多地了解在战略决策、人员管理、面对挑战的时候，HR 应该作为一个什么样的角色去面对，它把 HR 从一个辅助性的功能提高到了战略层面。说实话，将 HRBP 在公司成功推行并没有那么简单，没有经验的 HRBP 就如同一个行政人员，将自己变成了各个职能部门的助理，而有经验非常成功的 HRBP 则可以对公司的发展起到战略影响，无论对企业或是业务，都会做出非常大的贡献。

从 2009 年回国一直到现在，我都在扮演 HRBP 的角色。KF 公司将 HRBP 按照职能部门进行划分，并不是平均分摊，每个HRBP下面支持的员工数量也不定，多则四百人，少则七八十人，通常情况下，一个HRBP支持100～200人是正常负荷。当时我主要负责渤海项目的招聘、管理和转移。回国后公司所有的设施都已经进入投产阶段，国内派去国外培训的人员以及国外派来的专家都回到了渤海区块，我们经历了包括二期投产海上设备和系统的整合、生产运营系统的整合等工作，更经历了2014年与S石油公司的人员交接项目，这段时间，HRBP做得更多的是管理和参与的工作。我的工作大部分是通过远程操控，即电话会议的方式完成的，我的业务伙伴主要是各个平台的经理、区域经理，但每两个月我就会花费一周的时间去一次现场，跑所有的平台。在现场，我们主要解决的不只局限于人力方面的问题，更涉及一些政策的讲解、流程的梳理、财务问题以及采购问题，所有跟公司相关的重要事情都需要协调沟通，与其说HRBP是一个桥梁纽带，不如说更像一个接口，将公司的大小事宜完整地连接在一起。

当时公司人力资源部门有十个人，其中，两个负责培训，两个负责薪酬福利，四个HRBP，还有两个领导。我主要负责海上作业，向我的直接上司人力经理汇报工作。在考核方面，人力部门会对我的工作做最后的打分评估，但同时也会重点参考业务部门的反馈意见。在业务方面，各部门每星期都有例会，为了更好地了解以及随时跟进业务部门的工作，我们需要参加，以此拉近与业务部的关系。当然，工作过程中，HRBP与业务部门的冲突和问题是不可避免的，相对于国企，在外资企业里，HR更多的是扮演服务的角色，HR拥有提出建议和解决方案的权利，但是最后的决定还是由人力部门和业务部门共同做出。如果业务部门所做的工作不符合公司规则章程，我们需要凭借自己的经验和能力说服业务部门服从公司层面的安排。例如，在公司，薪酬福利一直都是一个比较敏感的问题，每次调薪发工资，总会有一些员工不满意，向业务经理投诉抱怨，在这个问题上，公司采取这样的措施：先从经理层做工作，统一思想，把公司薪酬福利的架构、调薪的方案原因以及市场薪酬情况给经理解释清楚，人力部有同行业的薪酬调查数据，很清楚员工在市场中的薪酬百分位。经理层理解了人力部门的良苦用心之后，比较容易说服下属。KF公司实行同岗不同酬的薪酬福利政策，每个人的薪酬福利都与员工的经验能力以及过去的绩效表现挂钩,每个人的工资都是不同的。如果业务部门经理与员工沟通之后依然行不通,人力部门会与有问题的员工单独约时间聊。在整个过程中,前期工作量很大,但随着时间的推移,问题员工的数量逐渐减少,直至为零。很多人会疑惑,把薪酬福利信息传播给业务部,不会担心人力部门的工作会受到威胁或者挑战吗?公司并不认为公开很多人力部门的信息是不好的,相反,业务部门在理解了之后,会很好地协助公司执行工作。

在 HRBP 的整个工作过程中,沟通协调是一个合格的 HRBP 从业者必须具备的基本素质,可以说,要做好 HRBP 的工作,不仅需要人力技能,更需要业务技能,合格的 HRBP 工作者是一个通才,而不是专家,所以 HRBP 比其他人力岗位的薪资要高一些。

HRBP 的价值,从现实意义上讲,更多的是从业务和公司对人力部门的认可程度体现出来的,如果你提出的建议或者完成的项目有 80% 被公司高管接受、员工认可,那么你就是比较成功的 HRBP。在 KF 公司,让我印象最深刻的 HRBP 的价值体现无疑是完成了 400 多名员工在劳动合同未到期情况下顺利转移到 S 石油公司的项目。渤海项目作业权交接给 S 石油公司是 KF 公司与其早已约定好的工作。渤海交接的事情从 KF 公司方面来讲是不想收到员工离职投诉,原因有二:第一,在劳动合同未到期的情况下终止劳动合同是有仲裁风险的;第二,KF 的雇员全是永久性雇员,签的全部是无固定期限劳动合同。在这种情况下,如果 400 多个人同时和公司走法律流程,KF 公司的信誉将会受到极大的冲击。对于 S 石油公司来说,如果 400 多个员工无法顺利完成交接,将直接导致渤海生产中断。为了完成这项难度系数极高的任务,早在 2013 年底,我就在公司内部做了一个前期调查,统计多少人可能会签,有多少人不会签,据此设计预案。同时,我还代表 KF 公司设计出一套员工转移补偿方案,与 S 石油公司高管沟通他们接收员工的薪酬方案,以及劳动合同的签订方式,转移的时间、步骤等内容。另外,我们也在考虑,假如员工不签,我是否有能力说服他们看到转移的优点进而接受我们的转移意见;如果员工同意签转移合同,最后的签字阶段能否顺利完成。这一系列的问题都摆在了我面前。

在做了大量的前期工作之后,终于,功夫不负有心人,98% 的员工顺利转签到 S 石油公司。即便已经完成了基本的交接工作，KF公司也没有违背当初对离职员工的承诺，在离职三个月内，只要在找工作过程中遇到困难，可以随时向我寻求帮助。即使到现在，也有很多以前的同事找我询问关于简历修改，签工作等方面的问题，并不只是出于简单的同事关系，更多的是以朋友的身份在沟通，在他们心里，我始终是值得信赖的合作伙伴。所以，HRBP的价值并不是金钱和权利可以衡量的，其实是用人心在衡量。

关于HRBP未来发展的憧憬，在我看来，人力部门并不会消失，HRBP只是人力资源管理中的一个角色，无法代替人力部门的职责。HRBP的职责取决于公司的特质，同时也取决于公司领导者的领导风格和员工自身的能力。HRBP是未来人力资源发展的一个趋势，HRBP的头衔只是赋予你权利，而真正价值的体现才是赢得尊重的工具。一个成功的HRBP是能够在合适的时间点、合适的环节，帮助业务部门合理地解决问题的合作伙伴。

HRBP六剑客点评

铁木真：HRBP要想得到认可，必须要能给业务部门解决实际问题，创造价值。

东皇太一：案例里的HRBP更像一个"包工头"，公司里传统人力职能部门与HRBP没分开，而HRBP施展才华的空间有限。

花木兰：BP解决员工转签问题时，先是周全考虑，对"签"与"不签"都给出了恰当的解决办法。等实施完后又充分提供员工支持，为不签的员工提供修改简历、签工作的帮助。我们的BP站在"群众"中间为人民做事！

荆轲：本人非常认同文末的观点，HRBP的头衔只是赋予了一个权利和职责，真正价值的体现才是赢得尊重的工具。

燕南天：在KF公司，HRBP和业务部门不是从属关系，不是猫与老鼠的关系，也不是互相监督的关系，而是为了实现公司目标相互协作、互为伙伴的关系。

黄蓉：HRBP真正的价值体现在能否真正地融入业务部门，为业务部门提出及时可行的解决方案，很显然，这个HRBP很成功，即使在大家各奔东西不再是同事，遇到问题还是会第一时间请教曾经一起奋斗的HRBP。

案例6　有压力才有动力

几个月前，我来到 GZ 公司，职位是一名 HRBP。GZ 公司是中国最大的二手车直卖平台，帮助买家直接和卖家面对面交易，去除了中间商环节，将 GZ 公司原本由中间商层层加码产生的差价让渡给买卖双方，实现了"卖家多卖，买家多省"的双赢局面。

互联网行业环境波动很大，稍有不慎，即使是处于鼎盛期的公司也可能在一夕之间湮灭。因为这些公司大多没有实体，从本质上来说就是一个平台，如果没有宛如生命供给的流量，很快就能消失。

GZ 公司是典型的互联网公司。不久之前，这家公司有好几个竞争对手。经过了一番红海厮杀之后，拼出一条血路，才走到了现在。但是公司里并没有太多的人过得十分安稳，每个人都承受着巨大的业务压力。

该公司的 HRBP 属于人力部门管辖，每个 HRBP 都有相对应负责的业务部门，日常的办公就在业务部门。我的办公桌被放在了张经理管理的业务部门。作为 HRBP，我的任务就是实时了解业务部门的人力资源需求、员工工作的情况，并及时与业务部门和人力部门沟通，解决他们的困难。

张经理看向坐在不远处在电脑前聚精会神工作的小李，感到有些头疼。小李入职以来，一直是个踏实、努力的员工，但也许是她不太适合变化剧烈、业务能力要求极高的互联网行业，连续几个月来，她的绩效考核几乎都在最末尾。GZ 公司的绩效考核按高中低 2∶7∶1 分布，每个等级的人拿对应等级的工资。公司不会公开具体每个人的考核情况，但是工资的多少已经是个暗示。聪明的员工看到自己的工资与别人相比少了，会心知肚明，主动离职。

但是小李却仿佛没有那个觉悟。张经理告诉我，业务部门的绩效急需提高，人手不够，让我想办法多招几个能力强的人来，顺便把绩效低、很难提升的人尽快解雇。虽然很残忍，但这就是互联网行业生存的现实。

我不得不主动采取行动。我把小李单独叫到一个办公室里，我们单独聊了好一会儿。办公室里很静，气氛有些压抑。小李坦言，她不是不知道自己的绩效考核情况，但是她家里最近急需用钱，她离开了这个工作，可能会让这个家庭无法承受。

我对小李的情况表示理解，同时阐明了目前业务部门所面临的压力。我给小李提供了一些寻找工作的建议，并且告诉她我们会给予她一定的帮助。小李最后终于被说动了。第二天，她就主动提出了辞职。

但事情远远没有结束。张经理对我顺利将小李劝退的工作表示满意，同时她还不忘督促我赶紧招到合适的人补充业务部门的人手。

在电脑前打完招聘信息，刚好是午饭时间。我走出业务部门的办公室，刚好碰见了招聘团队里的小程。小程看我的眼神有些怪异，从前我们还会客套地打招呼，自HRBP接手部分招聘业务以来，我们已经形同陌路。GZ公司内部有负责招聘的团队，这个团队人数不超过十个人，但一直以来招聘团队的能力不高，许多部门反映招来的员工在数量上和质量上无法让人满意，导致招聘团队在公司里的权力下降，人力资源总监让一些有能力的HRBP负责一部分的招聘工作，我就是其中之一。被夺走了一些招聘工作之后，招聘团队的权力下降了。这也是互联网公司弱肉强食的内部写照，一切凭能力说话，没有能力，就没有权力。

午饭过后，人力部有一个小会，每个HRBP都需要汇报近期业务部门情况，主要是员工的工作绩效、状态，根据总体的情况，是否需要COE、OD组织一些活动调动员工的积极性，还有目前的人才需求状况，进行人才规划等。SSC会根据HRBP提出的问题给予建议。

HRBP团队坐在一起，我见到了有一段时间没见到的HRBP领导——一个大政委老陈，负责城市端业务。因为公司发展得比较快，除大政委外，还有两个小政委。

与此同时，我还注意到HRBP团队里出现了一张新面孔。旁边的人告诉我，这是之前在三四线城市里工作的HRBP小何，因为工作出色，再加上北京这里HRBP缺人手，便把她调来了北京。

我和小何打了个招呼，很快就聊了起来。

小何简要介绍了她之前的工作。在三四线城市，HRBP做的工作与一线城市的差不多，只是因为人手较少，负责的人力资源管理模块会多一些。

BP之间进行小小交流之后，会议正式开始。人力部的乔总监介绍了目前公司的发展战略，提出公司需要进行人才盘点，进行更精细化的团队建设。同时由于互联网公司发展比较迅速，大公司一般一年盘点人才一次，中小公司一年可能需要多次盘点，以此适应发展与环境变化的需求。

我被选入了这个人才规划与盘点的团队里。

自此，我的工作内容与之前发生了改变。我的工作随后会有 40%的时间用在人才规划与盘点上，30%用在团队建设和团队文化中，15%用在招聘板块上，15%用在绩效板块上。

新的挑战开始。

我与其他同事为人才盘点进行了诸多方案的思考，同时与传统公司的人才盘点进行对比。

在传统的行业或者规模比较大的公司里，人才盘点会做得比较高大上，一年盘点一次。进行一段时间的分析，对岗位所需人才的标准(能力、素质)进行确定之后，选择对应的工具，盘点出公司人才目前具体的状态。这样会造成相对较高的成本，一般是具有一定资金实力的公司才会采取的方案。

分析之后我们认为，对于我们现在这种快速发展的互联网公司，我们人才盘点的频率会大大提高。一个季度，甚至一个月都要对人才进行盘点一次。因为在这样一个快速发展、变化的环境之中，对人才所需要的素质与能力是快速变化的，组织结构也在不断变化。所以，我们不可能采用像传统行业或者规模较大的公司所采取的人才盘点的方式进行操作。

接下来的日子里，我们逐渐摸索出适合自己现阶段的人才盘点工具，抛弃了一些不必要的工具，梳理出一套适合我们的人才盘点与人才评估的系统。我们更多地关注在哪些员工是值得我们培养的，哪些员工在未来经过培养和自身发展之后会成为公司的中流砥柱。

与此同时，我还要对张经理的业务部门负责，继续进行 HRBP 的支持工作。因为工作内容与之前相比发生了变化，在工作中，偶尔会与张经理发生矛盾。这是难以避免的，没有冲突才有问题，要么是 BP 太迁就业务部门，要么就是业务部门太迁就 BP，而这两者都不利于公司发展。

我没有与张经理争执过。在坚持原则的前提下，我与张经理多次就矛盾进行了沟通，逻辑清晰地阐明了自己的想法，化解了不少矛盾。

又过了一段时日，我的工资到账提示信息传到了手机里。我的注意力集中在信息里那个代表工资数额的数字上。作为 HR 人员，我知道这个数字代表着不错的绩效。HRBP 的绩效考核采取的是打分制，由业务部门负责人、员工、人力部门主管共同打分，其中主管打分占大头，看到这个数字，我知道我上段时间的工作获得了打分人的认可。

回想我上一份工作是在一个媒体公司里，公司的发展速度远远比不上互联网公司。在这段不长的时间里，我又增添了不少经验和工作感悟：无论是 HRBP 还是其他的 HR 工作人员，专业知识是安身立命之本，只有运用我们的知识和技能，让措施落地，在人力资源方面有效地为公司发展做出贡献，才能获得地位与尊重。

HRBP 六剑客点评

铁木真：这家公司既有 HRBP 团队，又有招聘团队，但二者之间配合得不好。提醒其他公司要引以为戒，分清职责。

东皇太一：案例的 HRBP 具备较强能力，其经历诠释了"弱肉强食"，在互联网环境下，你强它就弱，你弱它就强。

花木兰：与业务部门有冲突是正常，但更重要的是选取正确的沟通方式，不卑不亢、大局为主是正解，谁迁就谁都不是好的做法。

荆轲：对于任何一个 HRBP 来说，矛盾和问题都是不可避免的挑战，也是发挥作用的机会。激烈的竞争环境带来了结果导向的文化，也带来了严重的压力，这种压力加剧了公司内的矛盾。在这种情况下，HRBP 应当采取更加积极主动的态度来面对现在和未来的矛盾及问题。

燕南天：HRBP 要面对的不止是来自于业务部门的挑战，还会面对着人力部门内部的挑战；一方面要保证业务部门的工作顺利进行，另一方面也要考虑人力部门的整体发展。

黄蓉：HRBP 由于业务突出接替一部分招聘工作而导致人力内部同事关系紧张，这在一定程度上提醒我们，第一，互联网内部竞争激烈，一切用能力说话；第二,在人力资源发展过程中,权衡好各方利益、处理好部门内部及跨部门之间的关系是至关重要和不可或缺的。

案例 7　大佬们的好帮手——常青藤下的基业长青

从企业大学走出来的孙静略显疲惫,升温的天气让她更觉困意。匆匆与好友阿飞告别后,她想先去公司旁边的星巴克买杯美式,然后回去把剩下的方案做完再回家。公司最近的团队文化建设项目声势浩大,动员面广。孙静明白,一个人要支持好 7 个职能中心的内部文化建设并不是一件容易的事,但领导把任务分配给自己就是对自己的信任,同时这也是锻炼自己的机会。取完咖啡,她在心里默默给自己打气:"年轻人一定要朝气蓬勃才行啊!"

孙静是大连人,2012 年毕业后只身一人来到北京,希望靠自己的努力闯出一片天地。幸运的是,因为自己出色的能力,没过多久就被这家民营产业新城开发企业相中。因为在大学期间有两段在人力资源部实习的经历,所以她刚进去就被分配到总部 HR 部门。在工作的前两年里,她作为管培生分别做了培训、招聘和人才发展三个模块的工作。通过接触不同的模块,孙静提升很快,在年度考核中连续两年排名小组第一。两年后的 2014 年,公司开始进行自己的 HRBP 体系建设,孙静因为之前两年在岗位上的出色表现,升入了股份公司总部 HRBP 组里。组里的人员多为之前有过人力专业模块从业经验的人,她们向一个共同的 HRD 汇报工作。孙静主要负责支持 30 个职能中心中的其中 7 个,包括董事长、质量中心、控制中心、品牌公关中心等管理部门,共计员工 150 人左右,预计年底会增长到 200 人以上。

在工作过程中,孙静认识了热情的阿飞。阿飞比孙静工作经历丰富,所以孙静总是称呼阿飞为大师兄。因为同为 HRBP,孙静每每遇到工作上的难题,总喜欢与阿飞讨论交流,一起商量解决方案。相对于阿飞,孙静的更多支持是几大管理部门,不像很多 HR 同事直接进入业务部门支持工作。在工作时,她在业务部门的楼层进行办公,她分管的 7 个中心里每个中心都有一个她的办公位置,在平时她都是与职能部门的同事们坐在一起工作。

因为出色的专业能力,孙静在工作中承担了更多的任务,她需要经常穿梭于 7

个部门之间了解各自需求，设计方案并协调沟通。在日常的工作当中，不同的管理部门会开很多会议，会前组织人员都会通知孙静。而孙静总是有选择性地参加一些重要的会议，尽可能了解每一个部门的动向需求。当然，这是孙静获取信息的一个重要渠道。

对于像孙静这样的 HRBP 来说，没有实实在在的业绩指标，而是更看重角色对于组织的健康运转和人员合理配置方面发挥的不可或缺的促进作用。在她工作的这家公司里，HRBP 有较大话语权，老板也主要关注 HRBP 的管理职能，看似简单的流程和架构中体现着整个公司人力资源架构的战略柔性。她自己的考核由 HRD 负责，HRD 会征询孙静分管职能部门主管意见，年初定量化目标，比如考察招聘完成率、离职率等是否保持在相对健康范围，并考察相关绩效。

最让孙静感觉印象深刻的是对品牌公关部的管理。以前的对外宣传手段比较单一，部门人员也比较少。但自从公司投资中超球队后，大众媒体对公司的关注度迅速提升，周边的很多人也开始认识了自己工作的公司。也是从这个时候开始，公司的品牌输出业务量大增，依托诸多大众媒体，企业形象输出方向多元化。在那段时间里，孙静与品牌公关中心的部门领导就人员编制扩充的问题讨论了多次，最终孙静帮助中心招到了很多宣传公关人才。

在汇总好各个中心的人才需求后，孙静联合其他 HRBP 一起负责招聘工作。但在招募到合适的人才后，孙静并不负责培训工作，这些工作主要是由企业的内部大学负责。公司独创了"常青藤"培养计划，让新鲜"血液"轮岗培训。

因为公司扩张成长迅速，所以在公司未来规划里，孙静所在的总部计划 HRBP 合理配置大约为 100 人左右，由 HRD 带领。在公司里，SSC 主要负责传统人事工作，在北京刚建立了一个独立中心。而 COE 与 HRBP 是平行关系，由 HRBP 提出需求，然后 COE 负责出具体制度，最后又由 HRBP 进行制度方案落地工作。与此同时，COE 也承担了绩效和薪酬管理的工作。

经过几年的工作，孙静对于自己从事的这份工作也有了更深的理解和感悟。她把自己视为业务部门的班子成员之一，有 HR 和业务部门两个家，她相信这并不矛盾。而 HRBP 的能力体现在洞察当前情况并与业务主管协商一致后与 COE 合作解决的过程当中，HRBP要有很强的判断力辨别不同方案的优劣好坏。就像在之前，股份公司发展的晋升比例有一个统一的标准，一年为20%，部门之间差别不大。但有个孙静分管的部门里老员工特别多，达到了90%以上，所以孙静发现问题后，主动与部门主管和自己的上级反映沟通，认为这样不利于调动员工的工作积极性。后来该部门的晋升比例被重新设计，更贴切了部门人员的工龄结构和经验结构。

作为一名"90后"，孙静对新事物充满了学习的热情。每接手新的业务单位，她总会很积极地去参加单位的会议，同时经常找各部门主管聊业务聊需求，通过这种方式加深对部门、对业务的了解。因为孙静相信，HRBP要想招好、培养好人才，必须通过各种方式学习业务，要有业务的洞察力，能判断是原来的人不胜任还是因为公司扩张有了新的人才需求。

回想起自己的HR经历，孙静对于自己第一次裁人印象深刻。当时她分管的一个部门员工在工作过程中出现很多越轨行为，并且业绩很差，已经不能胜任这份工作。于是孙静找到部门主管，由部门主管先去与这个人员谈。因为孙静觉得，如果在第一次就直接让HR去面谈，会让员工的心理接受度低，员工会觉得HRBP作为部门的"外人"，对自己的工作并不了解；而若部门领导去谈，则会让整个过程顺畅很多。孙静认为，每个人对自己的工作预期不一样，所以针对不同的人，谈的方式也需要不一样。

说到最让自己感觉骄傲的地方，孙静觉得是自己作为HRBP能为组织创造独特的价值。自己现在分管一个职能部门，在接手之前两年内都没有成功招入一个员工，因为要求招募的人员等级都比较高，很多时候要跟进半年以上。在自己2015年底"入驻"以来，已经帮助中心成功招入10人。每每想到这件事，孙静的脸上总是洋溢着自豪的笑容。就渠道而言，她先与业务主管谈，然后充分发挥周边资源优势，呼吁周围部门推荐简历，可以作为绩效的附加分，充分地调动了组织的内部招聘积极性。与此同时，孙静积极推动业务老板(执行总裁)去现场拜访，并针对后续入职流程等设计出了一整套方法。

HRBP六剑客点评

铁木真：孙静作为HRBP，服务于董事长、质量中心、控制中心和品牌公关中心等管理部门，这让我们脑洞大开。一般都认为 HRBP 是服务于业务部门的。

东皇太一：案例的 HRBP 看似有点"虚"，但我们也能看到主人公工作价值的显现足够"实"，脚踏实地，默默奉献。

花木兰：该 HRBP 分管的是高级管理部门(总裁办，经理办等)，比较特殊，但也因此业务会涉及得更广泛。职能部门对所有业务均有管理的权利，孙静在辅佐管理部门时也能见到更大的世界。常青藤计划很妙，这位 90 后不一般。

荆轲：该公司 HRBP 的话语权比较大，在某种程度上与该公司每个 BP 负责多个部门的结构是一致的。在对接多个部门的情况下，HRBP 更像是一种珍贵的资源和咨询师，更容易发挥自己的作用和影响力。

燕南天：在公司标准与业务部门实际情况之间寻求平衡，在不同的人和事之间寻求更好的解决方法，在业务部门实际需求与现存问题之间搭建桥梁，从而为组织创造独特的价值，是孙静觉得作为一个 HRBP 值得骄傲也应该专注的地方。

黄蓉：该公司的 HRBP 在支持 7 个部门的情况下，依然能够坚持深入了解不同业务发展需求，根据各部门特色提出切实可行的解决方案，是 HRBP 工作者很好的典范。

案例8　年轻有为，要撸起袖子加油干

2017 年 4 月 12 号的下午，阿飞像往常一样从办公室匆匆赶到公司的企业大学，他的内心充满了对公司美好前景的憧憬，也夹杂着些许劳累工作带来的疲惫。毒辣的阳光，北京就像提前宣告进入到夏季，周围的很多同事们也提前穿起了短袖，阿飞快步穿梭于同事之间。才和投资拓展部门主管确认好下一阶段的招聘计划，他又得协调眼前新上岗的员工们在企业大学里参加相应培训。

2007 年大学毕业，毕业后曾经在 FESCO 做过人力招聘咨询，也在另外两家公司做过猎头的阿飞，在 2014 年初终于决定扎根于这家快速发展的民营地产新城开发企业。作为公司的第一个 HRBP，阿飞在三年里目睹了这个他挥洒满腔热血的企业不断在做大做强，也亲眼见证了公司人力资源组织架构的变革之路。

因为处于迅速扩张阶段，公司对人力资源管理这块工作非常重视，在阿飞进入

公司的一开始，老板便推行了比较彻底 HRBP 三支柱架构。与此前所了解的许多公司的 HRBP 直接支持营销部门或者事业部的模式不同，阿飞主要是做偏职能部门的人力资源业务伙伴，作为一个 HRBP 团队的主管，阿飞负责带领团队支持 10 个职能中心，包括财务、融资、计划运营、战略、风控等。在他看来，从宏观上来说，自己的责任在于支持业务的发展，提高每个中心业务的效能；而从具体来讲，自己的职责又是跟着业务部门每年方向的转变而转变。

在每个月，阿飞都会向整个股份公司职能部门的 HRD(人力资源总监)汇报工作。因为公司规模很大，而 HR 系统又比较精细，所以很多时候组织采取间接性管理和虚线汇报的形式进行管理，但总的领导是共同的 HRD。除了自己所在的 HRBP 团队外，公司还有一个人力资源中心，其构成是将三支柱模型中的 COE 和 SSC 合在了一起。在日常的工作中，阿飞往往需要与这个人力资源中心相互配合，中心更像是一个"武器库"，在自己工作繁忙的时候可以从中抽取资源。就像不久之前，二级部门需要做一个薪酬对标，但对同行业相关情况不太了解。此时阿飞便找到了人力资源中心，从那里的薪酬组获取了支持性数据，用以辅助业务部门判断内部薪酬是否需要调整。

除了薪酬外，在招聘的时候，阿飞也需要中心的"增援"。因为 10 个职能部门的招聘全部都由阿飞带领的 HRBP 团队负责，所以协调之后组织决定，广告内容如职位说明书和笔试面试等由 HRBP 做，而招聘渠道方式的保障和落实由人力资源中心负责。说到招聘，阿飞便想起两周之前和业务部门主管吵的那一架，一个自己很欣赏的研究生，被那个部门主管一票否决不予录用，为此阿飞很是郁闷。但转念想想，也许正是因为 HRBP 和部门两方对应聘者分开面试并都有一票否决权，才保证了人才在进入公司之后能更快融入工作环境吧。

目前阿飞支持的 10 个部门人数大概有 600 人，但预计在一年后，这个数字便会猛增到 1800 人了。公司目前受益于国家政策，上升势头强劲，这也让阿飞对未来有了强烈的盼头。上年度的考核里阿飞受到了领导的大力表扬，这让他很受鼓舞。对他的考核表中，招聘占 50%，另外 50%为效能提升，主要是评价去年的人才培养项目完成情况。这种培养需要阿飞敏锐察觉业务需求的点，在痛点基础上提出方案，最后由企业大学和人力资源中心对方案完成落地。对他的考核由 HR 部门考核，并在一定程度上参考业务部门执行总裁的意见。

在与职能部门老板的关系上，阿飞总是能处理得很好，HRBP 与部门老板是合作关系。自己平时的工位就在财务部门执行总裁旁边。而他所领导的 HRBP 团队下属 5 人则与各业务部门一起办公。他定期会组织 HRBP 内部会议，分享交流管理经验，虽然这种会议更像是一种非正式会议，但对阿飞来说，这更意味着一种便利的机动性。HRBP 团队的凝聚力不是体现在工位上的聚集上，而是体现在如何齐心协力支持业务，其以凝聚力为目标导向。

每次开会，阿飞总是向他的下属强调，作为 HRBP，我们的职责在于通过人力资源工具和方法论支持业务发展，而不仅仅是支持业务部门来实现组织总体目标。阿飞相信只有保持一致的方向和明确的定位，HRBP 才会实现当初设立目标时的初衷。在自己看来，HRBP 更像是上级战略政策和业务之间的缔结者，盘点企业内部合适的资源，然后进行有条不紊的匹配。当然，阿飞也意识到当前公司 HRBP 体系依然需要提升，因为目前的职能更多的是照纲照本地支持业务部门，而还没有像一些领先成熟公司的 HRBP 那样冲到业务部门的前面。

阿飞在工作上很是尽心尽力，处处为业务部门着想，这也让他带领的 HRBP 团队与业务部门之间关系亲密，鲜有矛盾冲突。阿飞参加的会议主要是与 10 个中心负责人和执行总裁的会议，至于业务部门的内部会议则由他的 5 个下属去参加。记得在去年的一次与业务部门主管交流的过程中，业务部门向阿飞抱怨了一下部门内财务人员冗杂的情况。因为公司的财务实行垂直管理，财务总部"派出"财务人员"入驻"各业务部门，财务人员虚线汇报业务部门，直线回报总部，但部门奖金等还是要分一部分"养着"这些人员，于是业务负责人心里很是尴尬，感觉即出钱又一直受到财务总部的监控。了解到这些情况后，阿飞积极与财务部门和业务部门进行三方沟通，将部门内财务人员的选择招聘权逐步移交给了业务部手中，然后财务部门决定人员是否合适。采用这样一种制衡，保证了进入到业务部门的财务人员能同时满足两方的期望，于是巧妙地解决了难题。

在 HRBP 的成长之路上，阿飞一直很注重对业务知识的学习，因为他认为只有了解了业务,自己才能察觉到业务发展的痛点,并迅速找到解决方案。在学习的方法上,阿飞首先是向业务部门表明自己帮助者的态度,并着重询问关键人员(业务主管、信息中心人员、业务专家人员等),由此逐步培养起自己的业务知识思想体系。他认为,一个合格的 HRBP 应同时具备"硬件"和"软件"。在"硬件"方面,主要包括人力资源固定知识,即 HR 基础模块必须都做过,整体知识都了然于心;而在"软件"方面,一个合格的 HRBP 需要是服务型的,有高情商,受得了委屈,并具备帮助别人成长的奉献精神,善于平衡自己的心态。若要让业务部门相信自己是来帮助他们的,则必须有专家般的权威,并努力让业务部门员工觉得我们之间没有隔阂。总结起来,HRBP 是基于业务角度,运用人力资源知识,解决业务需求,关键的是换位思考;而 COE 为代表的人力资源中心则是基于人力资源角度,运用适用于业务的具体手段,解决业务部门面临的人力资源具体问题。

回想自己所带领的 HRBP 团队为公司带来的变化,阿飞总是充满了骄傲。去年支持 600 人规模的业务团队时,每天下班都很晚,有苦又累,还要要求自己 HRBP 团队人员积极主动地挖掘业务部门的人力资源现存问题。虽然这些额外的工作不是 KPI 所要求必须做的,但阿飞靠着自己的远见,提前对新入职人员进行了有针对性的能力培养,使公司业务部门需要人员补充时,40 多名新入职财务人员可以直接上岗,完全不用临时培训,为公司节省了一大笔时间精力成本。对此,阿飞也得到了领导的赞赏。

在给新入职员工上完课后,阿飞今天忙碌的工作也算结束了。沐浴在夕阳的余晖中,阿飞舒展了一下疲惫的身躯,这样的温度正适合晚上打打篮球。虽然每天的工作繁忙,但当每天阿飞下班走出公司,回望公司大大的 LOGO,一种幸福感和责任感油然而生。自己也三十而立了,事业还算不上飞黄腾达,但自己和公司的未来都充满了希望和机会,所以,明天还要撸起袖子加油干啊!

HRBP 六剑客点评

铁木真:该公司的一大特色是将 COE 和 SSC 合在一起组成"人力资源中心",该中心可以及时给 HRPB 提供"炮火",助力 HRBP 更好地工作。

东皇太一:这个案例告诉我们 HRBP 要有"弹药库",有"增援",打好"配合战"才能使价值显化。

花木兰：阿飞提前培训员工保证了人员及时上岗的做法点个赞，好的 BP 善于发现业务部门的需求，而不是被业务部门牵着走。BP 要有先见之明和善于发现问题的慧眼

荆轲："HRBP 支持的是业务而不是业务部门"，这句话就像是 HRBP 版本的"不忘初心，方得始终"。很多 HRBP 与总部之间产生矛盾的原因就是不理解这一观念，把业务导向错误地理解成了业务部导向。

燕南天：阿飞能与对接的职能部门合作良好，一是得益于他扎实的 HR 专业知识，二是得益于他对于业务知识的学习了解，三是得益于他的服务型人格。

黄蓉：阿飞作为一位领导者，给我印象最深刻的是他对 HRBP 工作的无限热情和随时随地可以撸起袖子加油干的斗志，同时作为一名 HRBP 工作者，阿飞的个人影响力也是促使其工作顺利开展的一大重要因素。

案例 9　雷厉风行的外企 Lady 范儿

今天我们的主人公是陈瑞琪，英文名 Rachael，今年 34 岁，多年在外企做 HR 工作的她有着丰富的从业经验。Rachael 远远望上去十分娇小，平时也喜欢带一副普通的黑框眼镜，她用手向上推眼镜的时候，像极了大学学者，那个动作与神情怎么看都像是饱读诗书、潜心研究理论学术的人才会有的，而且怎么看都应该是一个安静的人。外界都说英文名为 Rachael 的女生是温柔的姐姐，回眸一笑应该像冬日暖阳，暖化人心的，Rachael 看起来还真的挺温柔，然而只是看起来。不要被她的外表和名字所迷惑，Rachael 其实是一个雷厉风行、坚守原则、果断甚至冷酷，但又十分大气的女士。

初入职场之转行艰辛路

Rachael 于 2003 年毕业，非人力资源管理"科班"出身，而是来自英语专业。有着英语语言的优势，Rachael 毕业以后加入高端酒店管理行业，常与外国人打交道。那时她在北京、三亚来回飞，虽说辛苦，不过对于刚毕业的她来说更多的感受是新鲜、挑战与激情。

然而人生总是有各种峰回路转，Rachael 工作几年之后，便改变了对酒店管理行业的看法。二十六的她有了心爱的丈夫，酒店行业四处奔波的生活常态无法满足 Rachael 对稳定、温馨家庭生活的渴望，于是便辞了工作，于 2007 年加入上汽菲亚特，成为 HR 助理，一年后再次跳槽到 FT 中文网，英国著名的《金融时报》集团旗下唯一的中文商业财经网站。在 FT，Rachael 作为 HR 顾问管理公司的所有人力资源事务，一人支持 200 名左右的员工。FT 是开放、热情的一家外企，如一朵绽放的红百合，热烈、不遮遮掩掩，同时又激情澎湃，Rachael 深受其企业文化的影响，整个人更加干练，工作也很有"冲劲儿"。

一步步地踏入 HR 行业，英语专业的她一路走得很艰辛，所有与 HR 相关的知识都是她自学的。无疑，Rachael 有着很强的学习能力和毅力。象牙塔里的四年让她吃透了一门语言，也爱上了这门语言，同时她也想用好这门语言。在 FT 的工作，仍不能满足 Rachael 对工作的期望，于是她便在 2010 年开始准备考 GPHR 的证书，和它死磕了三年，终于在 2013 年拿到了它，当时全球通过的人数也不过万人。锲而不舍，金石可镂，Rachael 终于跳槽到金融街的 PI 公司，实现了视野全球的梦。

五年 HRBP 生涯之旅

PI 公司是美国著名的指数编制公司，是股权、固定资产、对冲基金、股票市场指数的供应商，主要业务是编制多种指数。初入 PI 公司，Rachael 的头衔是 HR 咨询员，工作类型属于半个 HR 顾问加半个 HRBP。那时候 HRBP 的概念还未兴起，整个公司也只有三个全球层面的 HRBP，两个在美国，一个在英国。整个北亚只她一人负责，亚太区也只有三个 HR，一个和她的头衔一样，负责 APEC 的人力资源，另一个是她的上司，负责南亚的任务，她的工作繁杂艰巨程度可想而知。

Rachael 工作很辛苦，她将自己形容为一个 hub，对接业务部门和总部的需求，然后制定并执行 HR 方案，主要涉及招聘和员工关系。她有一个 HR 招聘团队作为后备支持，不过该团队在马尼拉，因为时差和任务迫切性的原因 Rachael 并不会经常找他们。

金融界是冷冰冰的，任务就是任务，认数字，不认人情。员工之间没有必要多交流联系，更不会过问私生活事宜，远没有 FT 媒体那么的热情。到现在，Rachael

都还和以前在 FT 时的主管联系。

　　Rachael 永远都不能忘记她进入 PI 公司的第一天。2012 年的冬天，Rachael 来到了一个陌生的城市——北京。矗立在金融街的一栋大厦，是最有名的建筑之一。第一天 Rachael 兴奋又激动，走进电梯径直而上，叮，电梯门打开，Rachael 面带自信的笑容，走进了 PI 公司，想着和每个人打招呼。Rachael 往四处看了看，笑容渐渐僵持。办公室内每个人都在忙着自己的事情，有的盯着计算机看着股票指数，有的飞快地点着鼠标敲计算机，在完成数据报告。整个办公室听到的只有嗒嗒的键盘声，每个人都像在赶着时间完成业务，但好像永远也完成不了。Rachael 好像被泼了一盆冷水，只得悄声走进只有她一个人的人力办公室。到办公室，Rachael 就跟她的上司 Leo 进行了视频会议，与他聊了工作接洽的事儿，并和主管一起设定了自己的工作目标。PI 公司出于数据保密的原因，禁止员工使用外网，禁止应用微信等软件进行商务沟通，取而代之的是全球领先的商务办公设备。第一次用即时视频电话设备，Rachael 被摩根斯坦利的高科技技术深深震撼。

　　在 PI 公司是 Rachael 第一次接触金融行业，本科学的英语，之前也只在酒店管理、媒体行业工作过，虽说都是服务行业，但专业知识相比之下都比金融容易。Rachael 便再次开始了自学之路。北京办公室人不多，她差不多和每一个做业务的同事都聊了一下，让他们用自己的语言来描述工作任务。就这样一而再再而三地，Rachael 领会了金融的脉络。

　　不过，了解不是精通，不精通就弄不懂金融业务。由于这个行业的特点，HRBP 很难真正介入业务部门的决策中去，更多的是辅佐业务部门。相比互联网企业，HRBP 受重视的程度要小得多。

裁员风波滚滚而至

　　Rachael 碰到的第一个大"单子"是裁员。受北亚业务的影响，北京办公室打算裁掉十个人。在中国裁员不容易，外企裁员也很容易受人诟病，会被认为不贡献当地就业。为了这个裁员，Rachael 和业务总监 David 讨论了很久，决定设计两个赔偿计划，Rachael 从企业的角度，先做了个低赔偿项目，之后对此项目进行优化，以便应对员工不接受低赔偿的尴尬局面。

Rachael 让 David 先与员工聊，之后 Rachael 出面，与员工谈赔偿、手续的具体问题。万事开头难，第一个员工裁得就不顺畅。

一天，Tom 走进了 Rachael 的办公室，开口便说"嗨，Rachael，我不会同意离职的，你们这样简直不可理喻，我有我自己的规则，我的业务质量我清楚，有哪儿做得不好？你们凭什么说我不合格？"Rachael 一听傻了眼，心想这 David 怎么能这么和员工聊呢，这是裁员最忌讳的事儿。不过转念一想，来自美国的 David 受美国文化的影响，过于心直口快了。

Rachael 马上安抚了 Tom 的情绪，接了杯咖啡递给了 Tom，"别生气，别生气。David 最近在北京北美来回飞，时差还没倒过来呢，不要在意他说了什么，"Rachael 眉头微皱，叹了口气，"哎，这件事也是总部下达指令，你所做的项目被停止了，我们也很为难。"空气静默了几秒钟，Tom 抬起纸杯饮了一口咖啡，开口道："我对这里留恋度也不高，你们想辞退我无所谓，但是你们给的赔偿太低了，我无法接受。"

"你也知道，公司给的预算我也很为难。"

"你知道这不是一个好的借口。"

"平静一下，哥们儿。你别这样啊，也希望你体谅一下，"Rachael 忙回答，"我也是觉得有点儿低，再给我两天时间，我看能不能从总部那里争取下吧。"

当然 Rachael 不用向总部争取，直接把高赔偿拿给 Tom 就可以了。过了两天，Rachael 便把第二套赔偿方案拿给了 Tom，Tom 当即同意，"谢谢你 Rachael，你要知道差点我就起诉了。"Rachael 恍惚一下，心里闪现一个大问号，她还从未面临过起诉这种事儿，她暗暗舒了口气，以自信的笑容回应，"同样谢谢你，Tom。"

事业扬帆，与企业共同改变

年底裁员风波终于过去，Rachael 出色地完成了这项工作，很受鼓舞。不过她觉得这件事对自己在公司人缘的影响应该很大，谁喜欢刚上来就裁人的 HR。出乎意料的是，年中员工满意度竟然提高了，这也从侧面反映了 Rachael 出色的沟通能力。

Rachael 工作的前两年还优化了北亚地区的员工考核体系。以前是 1～5 的强制打分制，员工不能接受被安排在 1 的分数。公司整体强手如云，横打分之后说明的只是相对水平，但好像得 1 就不配来公司工作一样，显得自己水平很差。Rachael 提议取消 1~5 的打分制，转而用描述性语言评价员工，这样有利于员工了解和发现自己的问题所在，也方便主管提出员工改进办法。

Rachael 工作越来越如鱼得水，现在的她早已适应了先进的沟通设备、主管在上海而且一年才见一次的事实，以及 PI 公司的文化环境。在这个人情不重要、数据为王的公司，Rachael 也锻炼得越来越果断以及具有原则导向。PI 公司先进且完善的 HR 体系也让非科班出身的她熟悉了整套 HR 的运作流程。除此之外，这段经历也让她培养了传统 HR 及和 HRBP 的关键技能。

她总结了以下四个关键能力：①善于发现及分析问题的能力。现在的她在主管提出想招人的需求后，不会想着马上填补职位，而是先思考是否有必要优化组织结构，想要招聘的岗位必要性如何，是直接内部推荐职位还是外部招聘，以得到更有活力和新思想的组织。②学习的能力。在一所美国金融企业，发展的浪潮涌动，时刻不停息。只有不断地学习、获取新知识，才能跟得上时代的步伐，才有谈判的资格。③悟性和情商。管理外资企业，很多员工都是外国人，有时候他们不愿意服从本土 HR 制定的规则，如何顺利地推动规则，靠的绝不是强硬的手段，而是高情商。④HR 的专业知识。没有扎实的知识基础，自己的事情都忙不过来，更别说跟着业务走、回应需求了。

五年 PI 公司的生活让她意识到，这个企业是不谈感情的，事实上他们连团队文化建设都没有。倒不是没有团队交流，他们也会定期举办会议进行知识研讨，但这种方式人情味儿就少多了。这与公司的性质、员工的特点有很大的关系。PI 公司的工作单一又辛苦，人们早已习惯整日和数字打交道，性情也冷漠了些。有时员工会因工作受到打扰而感到不悦，久而久之大家也都偏向独来独往；工作与生活高度分离，员工间也从不过问个人私生活。而此时员工间、员工与雇主间的信任也就愈发重要。

挥挥衣袖，不带走一片云彩

不过，到了 2015 年，Rachael 又跳槽了。这次同样因为家庭的原因。她的小孩要上学，需要搬到另一个地方居住。Rachael 辞退了原先收入还不错、整体又稳定的工作，来到了和睦家——一家面向高端人士的医疗保健公司。临走的时候，她的主管对她的绩效考评结果给了很高的评价，也算是圆满地收尾了自己的工作。还记得最后一天踏入办公室，辞职之后收拾自己的办公用品，和主管打了招呼后就走了，悄然无息。PI 公司还是一如既往的安静，技术人员换了一波又一波，PI 公司在不断地更新换代中永生。Rachael 也不期望有人会注意到她的离开，管它呢，每个人都有自己的轨迹，开心就好。

HRBP 六剑客点评

铁木真：在人情冷漠的公司里做 BP 需要非常坚韧，需要依法依规办事，当然，如果 BP 能让公司的气氛活跃起来就更好了！

东皇太一：案例的 HRBP 受重视程度不太高，更多的是流程化的工作，文化的建设也任重道远。

花木兰：Rachael 不但通过各种方式学习了业务知识，就连她的 HR 知识也是自学的，在这个日新月异的时代，要想不被时代的浪潮湮灭，就要有着"活到老学到老"的心态，从事 HRBP 职业更是如此。

荆轲：裁员一向是 HR 最头疼的问题，但处理好裁员问题也是 HRBP 能力的体现和难得的机遇。

燕南天：虽然 Rachael 认为自己是一个 hub，但从 HRBP 的角色定位说来，其实 HRBP 更多的是承担 spoke 的责任，只是 hub 有的时候是业务部门，有的时候是公司。

黄蓉：发现及分析问题的能力、学习能力、悟性和情商、HR 专业知识是一个成熟的 HRBP 应该具备的基本素养，从 Rachael 的工作经历中我们不难看出，一个成熟的 HRBP 一定是经历过"大风大浪"之后仍能坚定地与业务部门并肩作战的强大战友。

案例 10　从咨询到大甲方的华丽转身

拨开扑面而来的柳絮，目光瞥见上地十街的那片荫郁，油绿绿的叶儿饱含着来自夏天阳光的馈赠，我心中一动，记得上次这样放松地享受午后的静谧还是初雪解封的时候吧。

我毕业于复旦大学的经济学专业，而后又到中国人民大学攻读国际经济的硕士学位，毕业后先是在一家本土的咨询公司做行业扫描、宏观经济分析、商业地产调研、销售变迁梳理等工作，4年后前往麦肯锡，主要负责能源企业的项目。在这3年中，我带领团队梳理产品线流程、战略落地以及进行绩效体系的评估与改良。在对宏观经济、行业现状以及战略、人力管理技能有一定积累后，在2014年我转入中国互联网巨头中的QS公司担任HRBP的职务。

QS在中国的地位自不必多说，我所任职的子公司——搜索公司，负责的则是QS最核心业务，光是在搜索公司的员工就有30000人，主要负责QS"发家"的搜索业务的设计、运营、销售、研发等各个环节。如此庞大的公司规模，自然需要大规模的人力资源管理人员，我只是200多个HRBP中的一员，不过可以在这样的公司如此优秀的部门做BP我很骄傲。

QS的人力框架很完备，人力资源"三驾马车"COE、SSC与HRBP样样齐全。COE与SSC都设在总部，HRBP则深入业务部门进行对接，COE与SSC主要从公司角度对业务部门的HR事务进行基础性、系统性、理论性工作的对接，而HRBP的工作要求针对性、战略性与实效性。每个BP所负责的员工数都有所不同，总体而言是按照部门人数以及部门业务性质来划分的，比如业务运营部的HR工作容易标准化，500位员工只需要一位BP，而广告创意部员工管理的个性化元素较多，50位员工就会分派一名BP。

来到QS的第一年，我结识了后来几年来与我协作的好搭档——新宇。新宇毕业于清华经管院，与我的工作经历相似的是，他也在毕业后先从事了咨询。而他作为清华的高才生，在10年的咨询工作后已经成为公司的合伙人，却毅然转入QS，从事BP的工作。

虽然我和新宇都是在咨询行业摸爬滚打近十年后再进入QS当BP的，但是QS中BP咨询背景的人并不算是主流。还有很大一部分的BP同事是以知名企业HRD、高层BP、HRGM或是VP的背景进入QS做BP的，由此可见，QS对于BP的职业素养、行业视野、工作经验都有极高的要求。而 QS 的 HR 系统用我和新宇侃出来的话来总结是：以能力为核心的 HR 体系。同为 BP，员工层级划分并不清晰，也给了 BP 之间、BP 与业务部门之间较小的权力距离，组织结构相对扁平化。我们作为公司的 BP 对接业务部门，并向分管多个部门的高级 BP 汇报工作，他们再层层上报，经过 HRBP 总负责人、HR 的 VP 汇报给公司的 CEO。

正想着，手机上收到一条消息，是新宇。快一点了，想起我和新宇约定今天下午讨论一下这一阶段的工作重点——招聘两个产品经理，我赶紧起身赶往南乡子会议室。QS 的企业文化在工作会议室的名字上可见一斑，所有的会议室都以词牌名命名，如清平乐、望江南、四和春等，很文雅。穿过每个办公桌都拥挤着的办公区，我敲开南乡子的门。

"快坐快坐，说说你那边的进展怎么样啦？"新宇见我进来说，"还在不断面试中吧，之前部门主管介绍了两个他觉得专业能力不错的候选人，但是这两个人从 HR 的角度看不太适合我们公司，虽然主管有点可惜但是这事儿也急不得的。"新宇很理解我作为 BP 的为难，分析道，"的确，主管判断的是这个人的业务能力与经验，而我们作为 BP 要做的是从 HR 的角度分析部门业务战略、判断岗位需求以及定位职位需求，考察企业文化适应性，这种多维度全方位的匹配才能从业务部门人力资源的入口就把握住。哦对了，主管的态度怎样？没有啥情绪吧……"我倒是被他逗笑了："咱们公司没有那么多官僚制度，一切都是为了部门工作做得好嘛，主管应该是最懂这个道理的人了吧！从部门业务上讲，她一定是最专业的，但是合作了这么久，HR 方面她很信赖我，我就把我的原因解释给她听，虽然有点遗憾但是还是同意了，一切以专业服人嘛。"

新宇若有所思，轻轻叹了一口气："要说我们 HRBP 这一行要能得到业务主管的认可也是不容易的。都觉得我们这一行没什么门槛，什么人都能做，其实不然呀。"说到这个话题我感同身受，"以前咨询公司的同事也问我，为什么突然做 BP，岂不是很无趣，很没有挑战性？这应该代表了所有外行人的看法吧。"我失笑道。新宇点点头表示理解，说："做我们这一行需要的能力是很综合的，没有一定的从业经验与智慧很难驾驭！我分析了 BP 的胜任力模型。你看，我把它分成四个维度，基础通用维度、专业 HR 知识维度、业务洞察力维度、战略敏感力维度。基础通用维度主要是指沟通、领导、组织等通用的能力；第二个维度是 HR 专业知识，我们经手的业务可是会覆盖 HR 所有的领域，没有过硬的素养怎么行；第三个是业务洞察力，这儿开始是我们 BP 区别于其他 HR 领域的地方了，我们必须对业务有一定的了解和洞察才能更好地为业务部门服务，和员工更好地沟通、管理；最后一项就更重要了，战略敏感，其实 BP 相当于业务部门的管理层，我们不仅仅要站在业务层面，更要站在公司战略的视野上去思考问题，才能辅助业务部门做出人力资源相关的决策。失去了战略敏感的 BP，就是失去了灵魂和引领的 BP，那不是真正的 BP！"

和新宇聊了一会儿，有些烦恼和困惑也慢慢消散，我回到部门的办公区，突然困意袭来，"索性去买杯咖啡吧"，说着便下了楼。"嗨，李芳姐，你也下来买东西呀！""嘿，小茹，好巧。"这是我们组里负责产品研发的小茹，比我小上几岁，业务能力不错，工作上生活中接触的不少，难得她不骄不矜，文静却也大方，认真踏实，是个好苗子。突然想起前两天开会期间回工位取东西，好像听见主管在批评她上次交的代码错了好多，当时还疑惑她不是那样大意的人，索性问个清楚。"小茹，你最近都忙啥呢？""我呀，和巧巧一起写咱们部门那个新程序的代码呢，最近可真是忙。"巧巧是才调过来不久的员工，我不是很熟悉，可是凭印象……我突然心中一动道，"你和巧巧一起呀，一起合作的感觉怎么样呀，有烦恼可得和姐说。""嗯，还挺好的吧……""唉，前两天你们一起交代码怎么不见巧巧，还有呀，那天怎么回事儿呀？"小丫头明显是想起了委屈，低着头，我心里的猜想怕是真的了。"那天巧巧下午不在工位上，我感觉如果再等她的话时间就来不及了，就直接自己交给主管了……结果出了好多错，其实都是巧巧负责的部分，我之前再三提醒她要检查的，可是……其实我也有问题。"小茹怕事情扩大，只好背锅了，她估计也反思了自己的问题。巧巧的问题我得抽时间提醒她一下。

这是我一贯的办法，并不正经严肃地坐下来与大家谈话，要结合部门每周一次的例行会议和非工作场景的聊天进行沟通，了解每一个人工作的内容和状态，从而让招聘、绩效、薪酬等各个方面的工作有的放矢，一切的信息都是不断积累、堆积、推翻、建构起来的。真正的HRBP不只要有过硬的HR专业知识，还应该树立战略意识、培养战略洞察力，而除此之外，还取决于公司的基因。公司如果更重视人力资源的作用，BP会有更大的发展空间，更多地参与进业务部门的决策中，为他们保驾护航。

终于回到工位上，喝口咖啡，看着电脑显示屏旁边七八个便利贴，我知道下午的工作才刚刚开始。

HRBP六剑客点评

铁木真：该案例的BP"并不正经严肃地坐下来与大家谈话"，是和业务部门员工拉近距离，获得他们认可和支持的做法。

东皇太一：案例所述HRBP要求有战略素养，更像是咨询公司的咨询师角色，懂分析，会落实。

花木兰：咨询背景虽说不常见，但却是强化HRBP的专业知识、行业把握程度的好途径，这让HRBP更懂得COE的内容，在HRBP执行政策时更好地了解利弊，执行有方。

荆轲：真正的HRBP不只要有过硬的HR专业知识，还应该树立战略意识、培养战略洞察力。有的时候，来自咨询公司的HRBP可能会对战略意识有更加独到的理解，对整个BP团队是一个很好的补充。

燕南天：在小茹的案例中，可以看到李芳对于业务部门员工的了解程度非同一般，这对于招聘、绩效、薪酬等工作的开展有着举足轻重的作用。

黄蓉：在合适的时间用适当的方式解决业务部门存在的不同的问题是一件既考验HRBP智商又考验情商的事情。

案例11 没有好BOSS，难出好BP

平平淡淡

我2006年大学毕业，目前已经工作了十个年头。毕业后我的第一份工作在一家杂志社，主要做汽车类杂志。之所以选择了这份工作，因为自己本身是党员，又是女生，事业单位人员流动性较少，家人及老师都希望我可以找一份相对稳定的工作。就像我们常说的，所有的事情只有经历过才知道。在事业单位工作了一年，由于公司大部分人的都是工科背景，作为工商管理类专业出身的我，总有一种格格不入的感觉，看不到自己未来职业发展的方向。于是，我选择离开，去了我的第二家公司——天旅。

天旅是一家国有企业，主要是做商业经营，国家出于对国有企业的保护，将所有企业在2011年进行了整合，包括一些旅行社、购物中心等，全部整合到了一起。当时我被分到了该公司旗下的一个全资子公司，主要做贸易，代理国际品牌，如耐克、阿迪等，2008年恰逢奥运会，体育用品市场潜力巨大，公司业务不断发展扩张。最初公司招我们一批大学生主要做零售管理工作，我们需要到一线去体验销售人员的工作状况，每个人几个月到半年时间不等，之后我们被派去了办公室，管理店长并做一些数据记录跟进等工作。后来随着公司的发展，一些高层渐渐意识到，销售只是出售商品还不够，必须要懂得里面的技巧，所以需要提高员工整体的组织能力和架构，于是我被调去做了培训，一做就是5年。直到2014年，也就是我在天旅工作的第7年，在不断地摸索和自我反思中，我发现了公司发展的一些短板。随着科学技术的不断发展，互联网行业对传统行业冲击很大，尽管我们公司是盈利的，效益也不错，又有国企背景，但对于当时的我来讲，仍然不满足于现状，总有一股力量推动着我不断前进，同时，也考虑到国企无论在薪资还是职位晋升上都有局限，我辞去了自己的第二份工作。说来也是机缘巧合，当时一家名叫祥云的公司在招聘有培训背景的HRBP，于是，我来到了祥云集团，这是我工作的第三家公司。

一波三折

祥云集团主要业务是做互联网广告，在业内已经做到了前三，而且公司老总计划建设商学院。初步的蓝图是这样：第一年孵化，即建立培训中心；第二年培训部从人力资源部独立出来；第三年做商学院。对于当时的我来说，这是一个比较好的就业方向。在我看来，如果做了商学院就不只是简简单单的纯职能部门了，可能还会延伸到业务部门，从而扩展我的培训道路。但是好景不长，在祥云集团工作了不到两年我选择辞职。为什么呢？情况是这样的，在祥云集团我担任的是培训经理的职务，公司在从培训中心到培训部不断发展的过程中迅速扩张，但此时业务部的状态并不好，公司面临着裁员问题。裁员从行政部门开始，之后是职能部门。由于领导比较有战略眼光，因此培训部只裁了一小部分，但却把培训部并到了业务部，为业务部门服务，更多的做产品支持工作。但对于总监来讲，这并不是他的职业规划方向，他的目标是向企业大学的方向发展，进而成为企业大学的校长，所以他选择离开，后来很多同事纷纷选择离开。而我作为公司的一分子，被调到营销中心做营销中心 VP 的助理，兼部门培训，在那里我做了几个月的时间，但对于我个人来讲，不管是年龄还是资历，我只是做一些助理性的工作，完全偏离了我的职业发展规划，很自然地，我离开了工作的第三家公司。

波涛汹涌

经历了前三份工作之后，我突然很迷茫，不知道自己该何去何从，我也意识到，做培训发展到一定程度会受限，大公司或者懂培训的 HR 部门的人可能需要培训，但对于一个小公司来说，它们并不愿意花费过多的费用在培训上。后来，出现一个机会。2016 年，快循环公司在招有培训背景的人做 HRBP，于是我来到了现在工作的公司——快循环公司。

快循环是全国最大的电子产品回收企业，主要做 3C 回收，如手机、平板电脑、笔记本电脑等。老板是浙江大学计算机系毕业，曾经在外企打工并成功做到高管职位，后来决定自己创业。老板选择在该领域进行创业的原因是：目前我国每年有 9 亿部的电子垃圾，回收只占 1 亿~2 亿部，剩下的部分无人问津，而且目前国内在该领域发展较迟缓，于是，老板打算创建这样一个市场。公司的盈利和收入渠道主要是：在公司专门的网站上对二手产品进行销售，稍微落后一点的手机拿到欠发达国家进行售卖，剩下一部分用来做公益捐赠及工业降解。公司主打的理念是环保，我们主要合作渠道是小米和京东，二者会对公司进行投资，同时也有用户流量的导入。值得一提的是，快循环公司是第一个做 C to B(用户至企业)的公司，而且被成功载入德鲁克商学院的案例。公司大区遍布华南、华北、华东、华西，到目前为止，北京有 34 家店，华北有 43 家店，上海有 37 家店。我主要负责华北大区，即北京、天津和济南，总共服务一百多人。当时加入公司的一个重要原因是因为公司采取北京和上海双总部政策，从我的角度来说，如果在一个大区，大区不够独立，那么一个人的成长发展会受到限制。但是到去年12月份，由于公司业务调整，北京总部被砍掉，VP离职，产品创新部及IT部门被裁掉。但是公司处理这个问题比较有人性化的一点在于，技术人员可以去上海工作，也可以去老板投资的另外一个公司——爱维修工作。

快循环也是传统的人力三支柱模型：COE(上海)，SSC(各个大区)，HRBP。北京两个HRBP专门服务于北京办公总部，主要工作是招聘和薪资，但是因公司裁员已经全部被裁掉。而我作为服务大区的HRBP，是服务一线员工的，而被裁掉的北京总部的两个人HRBP主要服务于市场部和技术部及office部门的薪资。我所在大区的HRBP与总部的HRBP是同事关系，但是我们管理汇报的对象却不同，总部的两个HRBP主要向负责市场的HRVP汇报，而我们的工作主要汇报给大区总监。但现在，公司在汇报上做了改动，目前我有两条汇报线，一条虚线，一条实线；实线汇报对象是上海地区的HRBP总监，由于我们是为大区服务，我同样也需要向大区总监汇报。目前上海的HRBP总监在KPI打分中所占的权重明显高于大区总监。我所在的大区有2个HRBP，其中一个是我，主要负责中层管理发展、一线员工的职业晋升和凝聚力；另外一个HRBP同事更接近于传统人力中的SSC角色，主要负责招聘、档案管理及薪资计算。作为HRBP，我支持人数在130左右，我的办公桌与业务部门很近，但我的座位在人力部门，每周我都会参加业务部及运营部例会，深入了解各个部门的工作状况，与此同时，上海总部负责人也会召集各个城市的HRBP开每周例会进行工作汇报。

在HRBP的工作中我发现，领导力是领导层级必须要学习的一门课，因为在我接触的很多领导中，都存在这样一种现象：业务能力很出众，但是却缺少作为领导的情商。就在上周五，我跟上海的HRBP总监发生了争执，起因是上周四总监在开周例会的时候，当着所有人的面说我是一个不称职的HRBP，而我却是"哑巴吃黄连，有苦说不出"。一方面，按照工作规定，每周我要写周报向领导汇报，如果他觉着我有问题可以提前和我沟通，但是总监的观点却是我应该主动找他进行沟通。事实是，每次我都给总监发了信息，都经常收不到回复，作为下级的我，只能认为领导不想积极推动这个事情，所以我选择把手头的工作做好，服务好大区。而另一方面，大区的VP觉着我能干，将没有划分清楚职责的一些工作也都交给我，比如年会及员工关系，写软文等，我经常加班到很晚，累死累活，但是却得不到我的直线主管(HRBP总监)的认可。总监认为我应该推掉大区VP安排的工作，集中精力做好分内的事。但是两个人都是领导，夹在两个人中间，我真是"痛不欲生"。

可是公司目前的现实情况就是这样，我得不到任何部门的支持。同时我也认为，HRBP总监也存在一定问题，比如：制定KPI考核标准时，将所有的计划工作完全交到大区，交给我们一群"外行人"来做。不可否定的是，我们所服务的一线人员确实会在制定KPI工作上提出他们的意见，但是他们并不专业，在我看来，上海总部应该安排COE负责人来北京进行培训，专门给大家讲解制定KPI应该注重哪些问题，有哪些维度大家可以参考。而实际的结果是，我们出了好几个版本的考核制度，经常加班到晚上十一二点，最后全都被打回来，理由是钱超出了预期成本。难道COE的主要职责不应该是将专业知识传授给我们、我们负责落地执行，最后将一线执行反馈情况收集，再返回到COE进行不断调整吗？

何去何从

目前我最困惑一个问题是我的业绩由谁来考核？在我心里，HRBP应该更多是站在一个战略的高度实现战略价值，而现在，作为HRBP的我，完全看不到这些内容的影子，对于目前的这份工作，我还处在观望状态，至于未来何去何从，那就交给以后吧。

HRBP六剑客点评

铁木真：这个BP夹在她的直线主管(HRBP总监)和大区VP之间，非常痛苦。这是每一个BP都可能遇到的棘手问题，要在二者之间做好平衡，否则结果就是"痛不欲生"。

东皇太一：案例主人公HRBP的现实工作与对理想形象的期待存在差距，久而久之这种落差感容易使员工难以坚持，公司应注意这一点。

花木兰：对于很多老板来说，往往有个误区，认为HRBP就是业务团队中的打杂小兵。这种狭隘的观点会阻碍HRBP的积极性。

荆轲：该公司对于 COE 和 HRBP 的界限设置还不是很合理，且对于汇报线和考核主体的设置也存在一定的问题。

燕南天：关于 HRBP 该向谁汇报的问题，似乎总是争议的焦点。工作职责不明确，考核指标不明确，导致 HRBP 两面受气，这会非常影响 BP 的工作积极性。

黄蓉：该公司目前尚处于上升发展阶段，HRBP 的工作职责不明确，是否是真的 HRBP？有待考究。

案例 12　在雪花的平台大绽光彩

一大早，简单用过早餐，曹总就驱车来到坐落于顺义区的工作地点——ELK 公司。公司厂区与管理的办公室设置在同一个地方。曹总工作的这家公司是中、美、巴西三方合资成立的公司。

门卫看到曹总，对她微微一笑。曹总走进公司的办公大楼，遇到的人都向她问好，她也向对方报以友好的微笑。曹总是在 1995 年公司成立初期加入的，她在公司工作了将近二十年了，为公司付出了很多，解决了诸多问题，公司上下都对她交口称赞。

曹总是公司的亚洲区人力资源总监，是一位热爱学习、喜欢思考、乐于创新的职场女性。在她的办公桌上，叠放着一些管理类的书籍和报刊。

曹总 1992 年本科毕业于化工机械专业，学习过程中曹总发现自己对机械领域并不感兴趣，随后就转而从事人力资源管理工作。虽然如此，曹总始终认为理工科学习对从事人力资源工作有好处，能提高逻辑思维能力。因为她本科专业的原因，她对制造业工厂有更深的了解，所以选择到一家制造业工厂从事人力资源管理工作。

在工作的期间，曹总曾在中国人民大学学习劳动经济学，在中科院学习心理学，并在 2000 年学习了马里兰 EMBA。

曹总刚落座，就从桌柜里拿出她那本厚厚的笔记本，上面记载着她这段日子的工作内容、遇到的问题、一些思考，等等。类似这样的笔记本还有很多。所有的笔记本连在一起看，就是曹总在 ELK 公司长达二十余年的工作日记。

从 1995 年到 2000 年，曹总在公司里经历过 HR 各个模块的工作。从招聘开始，到薪酬、培训，包括劳动关系管理，2000 年被提升为中层，2006 年离开公司，被 IT 公司挖走做 HRD。离开公司不久后，公司主动接触曹总，希望她回到公司。于是在 2007 年，她又回到了公司。回来以后，她的职位是 HRD，相比以前，职位晋升了。

曹总翻开笔记本最新的几页，上面写着近期负责项目的一些会议记录。她现在的角色除了 HR 之外，还负责公司的变革项目。所谓变革项目，指的是公司针对目前市场上竞争对手的态势所做的内部调整，涵盖运营、销售收入增长、现金流、文化建设等各方面的项目。

看了一下笔记本，曹总抬眼看办公室里的时钟，还有五分钟就到人力部门高层的例会时间了。她迅速合上笔记本，走到会议室里。脚刚踏进办公室，HR 部门的各个高层都将目光集中在她身上，向她问好。

ELK 公司的 HR 架构分为两个部分。

第一部分是 HR Operation Center，即运营中心，类似于 SSC，涵盖了 C&B、ER、招聘、培训等职能。运营中心有 8 人，都被称为专家，但做琐碎事情的人多于做研发、新工具设计和引入的人，工作内容更多在于执行，这些员工需要很强的执行力，但有些方面需要较资深专家做，比如 ER、人工成本的预测和分析、人员分流、机构精简等。

另一部分是人员规划与发展中心，BP 就属于这个中心，该中心实际上承担了 BP 和 COE 的角色，还包括了宣传、社会责任等职能。此外，BP 除了本身的任务，还做一些项目，比如公司人才库建立、职业生涯规划、忠诚度调查和相关的改进措施等。

除此之外还有一个单支，叫 WCM(世界级制造)，与精益生产相关，分不同的分支，关注于不同方面的改进，目的在于零工伤、零停顿、零等待、零损失等，其中就包括 PD(People Development)这个分支，这个分支直接向曹总汇报。

今天开例会的高层，就是来自运营中心和人员规划与发展中心的高层，由他们向曹总汇报总结近期的工作情况，同时由曹总向他们介绍目前公司的发展战略与方向。曹总和人员规划与发展中心的主管进行了比较长时间的交谈，毕竟BP模式是她提出来要引进的，她非常关心目前BP的工作情况。

目前该公司的HRBP一共4人，他们的办公桌设在人力资源管理部门，这是因为公司的工位比较紧张，在业务部门难以多出一个位置让BP办公。但他们沟通是十分顺畅的，得益于现在沟通工具的发展。BP们不直接向曹总汇报，而是有自己的主管。4名BP共负责1800名员工。其中，负责生产部的BP就要支持1100名生产部员工。但BP的工作量不能单纯看支持人员数量的多少，比如生产部虽然人很多，但他们的问题很有共性，而销售部门就不一样，虽然人少，但问题的复杂程度更高。

HRBP必须参加一些部门相关的会议，比如生产部门每天下午固定时间的会议BP一定会参加，有问题现场解决，解决不了的问题带回来。另外，BP除了本身职能外还要扮演其他角色，有很多事务需要完成。

人员规划与发展中心的主管陈小东向曹总抛出了一个问题："曹总，在招聘方面，BP好像与SSC的工作有些重复，您怎么看？"

曹总抿了一口刚沏的武夷山大红袍，说："SSC和BP的职责上是有一些重复的地方。但BP了解业务需求，会和SSC负责这件事务的人与业务部门进行沟通，同时会与SSC共同进行面试。首先是由SSC确认人员需求后，筛选简历，约面试时BP会选择性介入，把握招聘的方向。

"如果业务部门眼高手低，要找一个素质非常优秀的人才，公司能给出的薪资水平难以达到这类人才的要求，BP就要说服和引导业务部门；如果SSC没很好地理解业务需求，BP也会以HR的语言给一些建议和方法。有的部门经理要人很急，但是过程很拖沓，SSC要求24小时给反馈，如果没有反馈，需要BP出面督促进度。要注意的是，招聘不是BP最主要的工作，不同阶段BP有不同的工作重点，如在年初承担的角色是关于绩效评估，第二季度主要是个人发展计划的确定、薪酬体系的确定、招聘和日常管理的问题，第三季度主要是人才盘点。招聘是不定时的，穿插其中。低层次的操作工直接由SSC部门招聘，通过劳务派遣、外包公司、学校，业务部门不用参加，会统一定规则，随市场供给情况调整。"

陈小东迅速地记着笔记,他一边听着曹总的回答,一边点头。接着,他又抛出了一个问题:"BP 与 COE 同属于人员规划与发展中心,他们之间的角色有什么区别呢?"

曹总回答说:"COE 主要角色是分析问题,给出系统解决方案,而 BP 要利用现有的工具和方法,在了解客户需求的基础上,当即提供解决方案。公司把 BP 和 COE 放在一起,目的就是要解决问题。如果当期能解决就解决,当期不能解决就找办法解决,例如,寻求 SSC 的支持,仍然无法解决就汇报到我这里一起商量解决。与同级别的 SSC 比较,BP 的工资要高,因为对他们能力的要求高。"

之后,曹总又询问了陈小东 BP 目前的工作情况,陈小东给出的回答让曹总心里的石头放下了——BP 的工作情况非常良好。当时,曹总为了选出合适的能做 HRBP 的人,可是绞尽了脑汁。

她的前几本笔记本里就有关于挑选 HRBP 的要求的内容。

(1) 具备充足的 HR 相关专业知识。因为 BP 不是信息的传递者,应该是问题解决的引导者,所以要有全面的 HR 各个功能的经验和知识,要有解决的思路和方法。

(2) 拥有对业务的好奇心,能够很好地与业务部门进行衔接和沟通,包括取得信任的渠道和技巧。因为 BP 在刚进入的时候不是所有人都能够接纳,有人认为 BP 是 HR 放的眼线或者是使用规则来约束行为的人,所以 BP 要多沟通,用能为对方带来价值的方式渗透,让对方接纳。

(3) 解决问题的能力强。真的能解决实际问题,为对方带来价值,不能只做一个追随者,不是只做问题传递者,要尝试解决,能够进行判断,如果不可行的应该用什么方案进行解决,因此独立解决问题能力要强。

(4) 良好的沟通技巧。比如有的问题需要后部强大团队的支持保障,有时候 BP 带来的问题可以通过运营中心去提供解决方案,所以上下信息的传递和衔接非常重要。

于是,前段时间公司运用 PD 对 HRBP 人员建立胜任力模型,提出能力素质要求,涉及需要知道各个运营部门的 KPI,以及 KPI 背后代表的含义等内容,通过这个得知运营部门面对的困惑和挑战，也需要知道公司在不同时间段的战略、核心需求、关注点。

公司目前的 BP 都是由成熟的 HR 构成，其来源包括内部自己培养起来的，也涵盖了外部招聘的，还有内部调整从业务部门过来的，但是业务部门过来的还要经历一段培训，比如 2~3 年，进行各个职能的轮岗，再来做 BP。因为 BP 这个角色光懂业务或者是光懂 HR 都不行，HR 出身的要接触业务，或者业务出身的要学习一些 HR 知识。公司里业务部门的 HR，知识学习也比较严格。

按照目前的情况，当初自己绞尽脑汁、查阅资料、询问教授、联系实际之后得出的一套经验算是比较有效。曹总感到十分开心。

会议结束后，曹总回到她的办公室里。她翻开笔记本的第一页，上面写着一些重要联系人的名字，目前公司的四个 HRBP 的名字也在列。 按照目前的情况，4 个 BP 足够支撑公司。大的决策还是由曹总进行，BP 主要做日常工作的引领和指导。而且由于公司在人员配比上非常紧张，也决定了 BP 的能力要极强。

虽然 BP 的主管今天反映近期的 BP 工作情况良好，但是曹总知道，这并不是一帆风顺的。在 BP 刚引入并正式进入工作的时候，遇到的问题不断。尤其是负责销售部门的李小丽。那段日子，李小丽并不好过。销售部门根本不认可李小丽，李小丽在销售部门的工作举步维艰。她向陈小东说了这件事，曹总了解情况后，提出自己找李小丽交谈一次。

曹总记得那是一个雾霾严重的下午，外面灰蒙蒙的，与自己交谈的李小丽的脸也是一片阴霾。

曹总见李小丽心情低落，一言不发，自己先开口道："小丽，你不用着急。其实你的能力我都知道，只是现在，我需要对你的工作理一理思路。"

"你现在要做的，就是要获得销售部门的信任，让他们意识到你的价值。"

李小丽抬起低着的头，若有所思。

"比如在一些招聘的问题上，他们提出要招什么人，你可以硬气，但是也要注意沟通的技巧。你需要根据你的分析和得到的资料，告诉他们要求是否是合理的，在市面上所需要的人才的薪酬是怎样的，应该进行怎样的调整。你帮他们找到了合适的人,就帮他们创造了价值,他们肯定会对你服服帖帖的。"

李小丽眼睛一亮,一扫阴霾:"我知道了,谢谢您。"

此次交谈之后,李小丽对自己的工作状态和做法进行了调整。针对部门目前现状,她设计了一个适合他们的培训体系。她根据部门对应的职责,和总监坐下来一起讨论,进行沟通,甚至作为其中的核心人员、良师善友,直接去了解他们的困惑,并帮助他们设计解决方案。李小丽也参与到部门的招聘面试之中,帮助部门做出决策。

之后,李小丽帮销售部挑选的几位新员工都在自己的岗位上十分出色,这让李小丽获得了销售部门的信任。

曹总回忆着这些,在笔记本下写下了自己的感悟:通过价值创造,可以打消业务部门对 BP 的排斥感。不仅仅是 BP,对于所有 HR 部门的人员,这个道理都适用。HR 只有真真正正为公司创造了价值,才能得到整个公司的信任。在公司里,我所领导 HR 部门属于比较强势的类型,这与我的管理风格有关系,从来没有"这活我干不了让别人去、不是我的责任"的情况的出现。在这里,没有清晰地界定什么东西是你的,什么东西是我的,只要是 HR 能做的、能提供价值的事情都要做。只有这样要求,才能让 HR 全员为公司创造价值,推动公司的快速发展。

一晃,一天的日常工作结束了,曹总收拾好自己的东西,尤其是那本珍贵的笔记本,下班回家。当她刚走下楼梯的时候,碰巧遇到了财务部门的沈总。沈总一瞧见曹总,喜笑颜开:"曹总啊,小王给我们部门立了大功啊。"

小王是负责财务部门的 HRBP,也是曹总亲自挑选的。"怎么说?"曹总问沈总道。

沈总却是一脸神秘:"明天评估会再说吧!"

沈总口中的"评估会",是公司一年两次的其他部门对人力部门的评估,采用的是正式会谈的形式。在评估会上,业务部门同样要对 BP 的工作进行评估。这是他们的考核之一。

"好。"曹总微笑着回复,心里十分期待明天的到来。

对于 HRBP 的考核,也是曹总主导设计的。

BP 考核设计主要在于指标的界定。比如生产部的流失率，第一指标是要配合引导生产部门在人员流失率方面进行控制，对现场领导者的管理技巧与公司相关政策的调整都是 BP 需要考虑的东西；第二指标考虑的是他们的人才库，也就是人才盘点。公司出于管理的目的，对岗位的继任者的健康程度具有一定的要求。也就是会有多少比例的人、多少比例的岗位一定要有继任者，以及要有多少比例以上的岗位一定要有成熟继任者。

这就衍生出对核心人员的保留问题，BP 要对此提出建议，要对一些低绩效人员的分流进行处理。招聘的时候要把关，要招有潜力的人员。现有的人员，他们要能帮助制定落实相应的培训计划。

还有成本的指标，这不是说部门的成本，而是怎么用更少的钱，减少培训教育成本的支出。

此外，对软性实力也有要求，如 PPT 的制作水平，在董事会、战略会的时候，需要有人理解曹总的思路快速做出合适的 PPT，但人员分流离职后，这个任务放到 BP 身上，但 BP 显然在这方面有所欠缺。所以 PPT 的制作也放入他们的考核内容之中。考核方式很简单，他们定期去找一些题目，或将部门会议作为他们练手的机会，或者每人分工寻找一些 PPT 的素材，建立一个分享库。PPT 一方面是对图案技巧的应用，更重要的是更好地叙述故事。曹总对他们的评价虽然是她的主观评价，但她认为足够公正，PPT 是否好关键看是否满足要求。有逻辑没美感是一个层次，没理解展示思路也是一个层次，曹总会根据这些进行判断。这些都会在能力地图(competence map)中有体现。

BP 考核是以绩效完成结果为主，在一年两次的评估中，都会有正式的访谈，其他部门会参加人力部门的评估会，会在会议上正式提出他们认为这个 BP 有哪些做得好或不好的地方。

第二天一大早，曹总就来到了公司，PD 的分管主管早就帮曹总准备好了材料，整装待发，等着曹总一起去参与评估会。她是做培训出身的，对其他 HR 模块了解不多，曹总要求她参与几乎所有的曹总的会议。一些事情曹总会要求她旁听，征求她的意见，共同讨论结果。这样她就会渗透到 HR 的各个模块，即使没有做，也能有所了解。

昨天她没有参与曹总出席的与两大中心高层的会议，是因为正好撞上了 BP 的会议，曹总让她去参加那个会议。每周五例行会有 BP 的会议，4 个人共同学习。有时候会有对上周学习结果的总结，有时候会有公司典型案例的分享，有时是她们自己内部的一个交流。

"昨天的会议开得怎么样？"

分管主管回答说："负责生产部门的 Tom 发现近期生产部的某些中层情绪波动比较大，会针对某个问题发牢骚。他给我们介绍了他是如何沟通最后如何成功解决问题的，我觉得这对我们其他人的帮助很大。"

"我们都觉得您让我们四个参与部门和公司会议的做法十分有益。参与现场管理和参加会议都是我们了解业务方面知识的方式。参加公司级别的会议，比如每周四的供应链会议，会上有详细的本周销售预测、生产计划排产、材料供给、人员需求计划，我们参加了这个会议，就会有深刻的认识。"

"你说得非常好。"曹总面带微笑，满意地看着分管主管。两人聊着工作方面的话题，走到评估会所在会议室。

评估会上，沈总对负责自己部门的 HRBP 小王赞不绝口，说他给自己部门定的一些 KPI 考核指标非常有用，提高了财务部门的工作绩效。而且小王非常善于沟通，能把一些战略上的事情说得很清楚，能调节部门里的工作气氛，有效地进行人员尤其是核心人员的激励与培训。其他部门的负责人也都对相应的 HRBP 进行了称赞，他们都认为近期的 HRBP 表现得非常出色。

听着其他部门的赞扬，曹总心情十分高兴。当初引入 HRBP 的时候，她也十分忐忑，因为没有现成的、可以直接套用的体系，而是需要针对本公司的情况进行设计，相当于是"摸着石头过河"。现在能给其他部门创造价值，实在是令人欣慰。

曹总在笔记本上写下感想："非常高兴能看到 HRBP 真真正正为公司创造了价值，这是我的初衷！"

HRBP 六剑客点评

铁木真：制造业采取 BP 形式的不多，但 ELK 公司却能把 BP 做得有声有色，关键是能创造价值，这非常难得！

东皇太一：可以看出曹总用心良苦，案例中的 HRBP 发展历程和逐渐为公司创造价值的过程具有借鉴意义，也说明上层支持对 HRBP 的发展很重要。

花木兰：曹总说得对，好的 BP 是问题的解决者，而不是一个追随着。这一点很重要，要参与到业务中去，做业务部门贴心的小棉袄。

荆轲：表达和沟通能力对于 HRBP 来说尤为重要。要善于利用数据和量化的分析来增加自己的说服力。

燕南天：曹总对于 HRBP 的职责、要求、考核和价值十分清晰，除此之外，她对于 HRBP 与 SSC、COE 之间区别与联系的解读也十分到位。不管是何种模式，HR 只有真真正正为公司创造了价值，才能得到整个公司的信任，HRBP 也不例外。

黄蓉：ELK 公司的人力资源组织架构与大部分公司的三支柱模型不同，该公司人力主要分为 HR 操作中心和人员规划与发展中心，值得注意的是该公司将 COE 和 HRBP 同时放在人员规划与发展中心下，既切实解决了业务部门的人才招聘等方面的需求，又没有造成人员冗杂关系混乱，值得借鉴。

案例 13　我在 Top 互联网公司得心应手

轻轻吻上她的额头，掖好被角，小小的睡颜是十足十的满足与安谧，心中那些工作的琐碎烦扰也随着女儿的甜笑漾开、消散。轻声慢步地掩好门，仰在床上看着滴答的时钟，不知不觉十一点了，一早送女儿上学的十分钟可是我这个做爸爸的每天能和女儿待在一起的时光，可得早点休息……

我从哪里来

我毕业于国内知名大学的英语专业，之后又在中国人民大学修读了在职 MBA。大学毕业后，先是在一家猎头公司做客服，后来因为业务娴熟被领导提拔做了一年的猎头，积攒了一些人脉和专业知识，也对 HR 这个行业有了兴趣和更进一步的认识。2010 年是我职业上的转折点，我参加了国内互联网巨头 QS 对于校园招聘经理的面试。由于之前丰富的猎头公司基层业务经验与行业视野，我在众多的候选者中脱颖而出，成为 QS 公司校园招聘版块的负责人。QS 公司是互联网行业的大公司，唯独在校园招聘这个领域还属于空白，这给我了一个施展的空间。我搭建了融合HR、面试者、实习生、第三方猎头公司在内的完整的校园招聘框架、流程与系统，对四者的角色进行了详细科学的划分。七年过去了，QS 公司还在我构建的校园招聘框架基础上进行完善。这初次的施展拳脚虽然过程辛苦，但无论是从过程还是结果而言，都为我之后的职业道路搭建了地基，也提供了跳板。之后我就被调用为公司基础技术服务部门的 HRBP，协助部门负责人开展人力资源管理工作，经过多年兢兢业业的工作，我现在成为一名 HRBP 领导，管理手下 10 名左右 HRBP，管理基础技术服务部下 8 个部门的人力资源工作，我自己也暂时独立分管其中一个部门。这么多年过去了，不得不说 QS 的人力资源体系做的真的挺好，BP 也受到公司的重视，这在业界也是知名的。

公司 HRBP 体系初探——三驾马车模型与员工多级晋升通道

QS 是一家互联网企业，以浏览器起家，现在已经快速发展为行业巨头，所开展的业务涵盖地图、金融、云服务、娱乐等，形成了其独有的商业生态圈。我所负责的基础技术部在公司整体位置也属于服务支持部门，主要包括系统运维、测试、安全、流程信息管理等基础技术环节的部门，虽然不直接创造经济价值，但却是整个公司运营的保障和守护者。

感谢 HRVP 的刘先生，由其一手创建的人力资源管理系统十分完善，基本实现了人力资源学术界所提出的"三驾马车"模型——HRBP、COE、SSC。公司的人力资源管理框架也是围绕这三个维度建立和展开的，SSC 主要负责薪酬、社保公积金、员工关系等模块，同时建立共享服务中心，在两个办公楼设立办事窗口，为全公司几万名员工办理户口、入离职等基础业务。COE 部门分管员工培训、组织发展、招聘、绩效、薪酬等模块的业务说明书制定，并有近百名员工负责基础的人力资源服务对接，总体而言 COE 负责流程和政策的制定及专业的问题解决方案。最后一块就是 HRBP 了，在 BP 这一条业务线中，会分设 5 名事业部的政委作为BP 线最高管理者，不过政委并不全权负责 HR 工作，其实他们更偏向业务，承担事业部下 30% 的 HR 职责以及 70% 的业务职责。事业部政委下配有一名 Leading BP 管理政委旗下业务的 HR 工作。而 Leading BP 手下还有数量不定的 BP Head，BP

Head 下面便是最初级的 HRBP。HRBP 直接对接业务部门，它们向 BP Head 汇报，之后依次逐级向 Leading BP、政委、HRVP、VP 汇报工作。

虽然初级 HRBP 是 BP 领域最基础的职位，但其对 HRBP 的要求并不少，他们至少要具有 5~8 年的相关工作经验。普通的 HRBP 也有一定的职级划分，他们的晋升通过专业通道，可想而知，即使分管同一个业务部门，但由于相应的 HRBP 职级不同，薪酬福利也不相同。QS 公司的专业晋升通道按照一个"Band 序列"，分 1~6 个层级，每个层级又有 A 和 B。一般来说，职级在 4A、4B 以及 5A 的 HRBP 较多，而想要成为 5B 和 6A 的就很难了。我作为 BP Head，在逐步晋升后已经走入下一个 M 序列(Manager)，刚才我们说到的 BP Head、Leading BP、政委等都属于 M 序列，享有持公司股票的福利。

BP 做什么

先说说 HRBP 的工作内容。按工作性质来分，HRBP 的主要工作内容可以分为 4 个模块，分别是：日常性工作、流程性工作、策略性工作以及战略性工作。公司对 HRBP 的期望在于，我们能否改变现状，减少投入在日常性与流程性工作的大量时间，将之运用在策略性和战略性的工作上，真正实现一名 HRBP 在业务部门管理中的重要作用。还记得上次部门物料没了，我便做了半个物料管理员运物料。在我们公司，我更愿美其名曰：BP 上得天堂下得厨房！不过这也体现出我们公司还未完全转型到策略型、战略型 HRBP 的现状。

从服务客户的角度来讲，我们公司的 HRBP 业务有三大块。首先是"业务为先"，结合业务形态及阶段提供专业的人力资源解决方案，我们从 HR 的角度剖析业务问题，给予关于组织架构、招聘、薪酬等方面的建议，帮助业务部门看清战略。其次是"服务员工"，我们会帮助员工做个人职业规划，时不时灌输鸡汤，让制度有温度，让员工踏实做业务。最后是"面向公司"，我们主要做团队建设和信息整合，成为业务部门输入、输出的桥梁。

学习使人进步，我思故我在

在我们公司，大部分 BP 是 HR 出身的，通常是招聘或者 SSC 出身，本科也不一定是人力资源专业的，但能做 BP 的 HR 工作做得一定出色。从 HR 转型 HRBP，需要学习不少新知识，最需要恶补一定的业务知识。学习业务知识有一定的方法，但前提是你要喜欢它，这样才能学得下去；其次要在平时就关注业务，培养业务的敏锐性。从方法论上来讲，事实上，大部分的业务知识都是自学得到的，看书、查找内部沟通邮件，或者听公开课、分享会、与业务部门一对一沟通，此外还可以参加业务部门会议。不论是年度总结，还是季度会议和周会，BP 都被欢迎去听。最后需要提及的是，我们还通过人才盘点了解个人、组织的发展情况，知晓公司的人力资本优势，以助力完善内部晋升、裁员制度。总之，在 QS 自我学习真的很重要，QS 发展这么快，我们也得紧随其变。

HRBP 核心能力——爱才惜才，培养他人的胸怀

作为 BP Head，Leading BP 考核我，而我则考核下面的 BP。到 QS 后，一件比较满意的事就是我带的 Sarah 现在绩效考核已经数一数二了，一方面 Sarah 聪明勤奋，另一方面也说明我培养有方。作为 BP，需要一些核心能力，其中之一就是全局观念，要有公平公正的心态、成就他人的胸怀。这需要有很强的领导力，要知道作为管理者不能什么事情都自己干，而是要指导他人怎么做、怎么做好。

HRBP 核心能力——卓越的判断力与影响力

其他的核心能力，在我看来则是影响力和判断力。

判断力需要培养"第六感"，可以理解为预测能力。很早以前，我便预料公司的医疗业务一定会被砍掉，他们的业务模式过于落后，面对强大的竞争对手不想办法转型，迟早会被市场淘汰！最开始大家都不信，没想到上星期公司 Boss 就宣布了这件事，说来也巧，最后将由我负责后续的部门清理事务。

影响力则需要 BP 具备讲故事的能力，怎么才能讲好故事？同时，如何给不同的人讲好故事都很重要。此能力在平时的两件事上最能体现，一是灌鸡汤，二是帮助业务部门决策。

业务部门压力一直都很大，员工有时会焦虑、迷茫。年末大家赶业绩时，业务部门通宵工作我们也跟着通宵，有的员工顶不住压力我们就要做心理疏导，我们会帮他们做职业规划，顺便输送好的鸡汤，肯定他们的能力，鼓励他们不放弃，并提出改进的建议。可以想象，纵使眼前是刀山火海，BP 也一定要传播正能量，及时倾倒员工心中的"垃圾",鼓舞士气,影响他人。

此外,在业务部门决策时,我们的话语权也不小,会影响业务部门决策。当然这需要 BP 有着高战略视角,同时要取得业务部门的信任,立场独立,能从 HR 角度提供相应建议。BP 要坚信自己的建议是对的,同时事后也要被证明是对的才行。在我公司,业务部门组织架构调整一定有 BP 的参与,BP 在招聘、薪酬、晋升上也有很大的话语权。

1) BP 话语权——招聘

招聘上,我们会和业务部门沟通,了解需要多少职员,确定人力资源需求,之后则由事业部政委审批。政委都很忙,通常我们会用 3 分钟左右的时间向政委解释为什么招这么多人。说实话这件事并不容易,我们要说得有理有据,不能招多或招少,这涉及成本和效益的问题。BP 要具备良好的表达能力、影响力、感染力,这可比大学的展示、答辩难多了。

2) BP 话语权——末位淘汰、晋升

在人员的晋升、评优和奖金的分配上,虽然是业务部门发通知,但一定会通过 BP 后再决策。这里不得不提的就是 QS 的绩效考核制度。我们实施的是末位淘汰的强制分布制。1 分最好,其次是 2 分,二者占 30%;再次是 3 分,占 55%;4 分和 5 分占 15%。5 分为强制淘汰,4 分会进入逐步淘汰梯队,连续两次考核 4 分也会被淘汰。

上次裁掉的李洋让我记忆犹新。其实他在我眼中属于很勤奋的,标准的早八晚十,一年没请过病假,生病也硬撑着来上班,这一点让我很感动。但问题是他就是做不出业绩。第一次考核 4 分后,我和他具体谈了一下,发现他是方法不对,搜集业务信息时范围广泛,却忽视了及时总结,是个习惯问题。看他工作的劲头,感觉能盯着电脑一整天不休息,但业务不能这么做啊。互联网企业每天都似脚踩风火轮,时间就是生命。只可惜李洋在我们培训后业绩仍没有很大起色,再次被评为 4 分,因此遗憾地被淘汰。

最严酷的是,总监这一层也实行强制分布和末位淘汰。我支持的部门一共有 15 个总监,每年通过末位淘汰都要走 2~3 个人。能晋升到总监都是非常优秀的员工,他们也都很拼,基本上没混日子的,但制度就是这么无情。总监被淘汰后,一般是由内部招聘填补该职位。这次我接手医疗部门清理任务,医疗部门总监就是因为业绩每况愈下被迫离开。在日新月异的互联网企业,每个人都要有竞争意识,停滞不前就是落后,而且QS不看以前的功劳,而是聚焦当下,若无法创造价值,面临的命运就是淘汰!

最后,于我而言,强制分布制度也是一种督促、鞭策和激励。我的考核是40%来自业务部门,60%来自Leading BP,值得庆幸的是,这四五年以来,我一直在1分和2分梯队中。1分和2分梯队的加薪政策非常好,QS的宽带薪酬制使得员工不通过晋升也能使薪酬水平达到很高。

3) BP话语权——薪酬

QS的薪酬制度和它的人才观有关,具体表现是:①领先的薪酬水平。公司通常会请美世公司对标市场的薪酬结构,现在QS的薪酬处在70分位左右,很有竞争力。②差异化。QS针对优秀的人才有特殊激励和保留,有特殊的奖金、调薪和晋升制度。值得一提的是股票激励制度,职级在Band 5A以上,或TPU5级以上(TPU中,T代表Technology,P代表Product,U代表User,表示技术、产品和用户梯队或序列,共12级)的会免费给一些公司股票,这将员工和公司利益紧紧地捆绑在了一起,凝聚人心,大家齐心协力向同一个目标努力。③结果导向,QS的激励基于业绩结果,而不看过程或努力。

这里要强调的是,带给我们最大激励的是股票制度。公司上市这几年,股票价格早已翻了几番,谈论公司股票涨势早已变成平常的谈资,观看公司财报早已成为一种习惯。最近医疗业务关闭,对公司的影响确实不好,财报也难看了些,下跌是最近的趋势。我预计,今天公司公布年报,由于年报不太好看,股票至少要跌2%。

BP现阶段之拼杀

作为BP Leader,我的职责分为以下三部分。

(1) 完善M晋升、Band晋升流程,填补人才发展通路。给予人才晋升通道,让人才看到自己未来发展的前景无疑会给他们巨大的激励,这是HRBP必不可少的任务和职责。帮助人才发展才能促进公司发展,BP要做合格的引导者。

(2) 主导业务部门销售考核体系构建，纵向深挖人才管理。我们对业务部门的考核体系有很大的建议权，通常是 BP 和业务部门共同设置绩效考核指标和权重。事实上大部分的业务主管对绩效考核方法应用等并没有系统化的概念，此时 HRBP 要发挥自己的专业能力，辅助绩效考核体系的建设，使其更科学有效。

(3) 夯实人才管理体系，妥善运行人才培训、薪酬激励、团队建设等流程。我们会多方引入培训资源，给予部门针对性的培训，提高人才的实力水平。此外我们也会跨组织、体系地协调合作，并有效运行股权激励计划。

HRBP 胜任力模型

一名 HRBP 若是想成为一名"真 BP"，首先就要对 HRBP 的胜任力标准有清晰的认识。从我多年从事 BP 行业的经验来看，我们可以将它分成三个部分。

(1) BP 首先要做到了解业务。时刻保持对于业务的好奇心是 BP 成功的法宝，比如应该了解影响股权变化节点时间估值、数据与股价之间的关系；产品的核心价值、市场容量、产品定位；竞争对手的基本状态；产品重要经营数据，产业价值链的分布，等等。HRBP 不止要把 HR 业务做到极致，更要从市场、行业、营销、财务、战略等各个层次来了解业务部门，从而针对业务部门切实的状况来开展 HR 的工作。

(2) 了解团队也是 HRBP 工作中的重中之重。BP 要腾出足够的时间，运用丰厚的能力积淀来与团队每一个成员进行沟通，对业务部门中组织资本、人才资本、核心团队每个人履历、背景、职责有非常清晰、透彻的了解和认识。只有深入到团队当中，才能了解团队建设、组织文化的核心问题；才能对每一个员工的绩效和能力有了解，在绩效考评和加薪晋升时有据可依；才能潜移默化地融入团队，为团队服务，体现自身的价值。

(3) 除此之外，BP 的转型和价值实现还离不开决心。第一，公司层面机制要改进，为 BP 提供更高效的 HR 流程，减少 BP 用在日常性、流程性工作上的时间。现在大部分(约 60%)的企业中，BP 做的只是简简单单的招聘，其实他们不是 BP。真正的 BP 是业务团队的助手，他们为业务部门提供针对性的方案，帮助决策，而具体的 HR 事务应交予 SSC 来做。第二，公司要赋予 BP 一定的职责，体现 BP 在业务部门的重要位置，才能让 BP 有更多施展的空间。HRBP 作为最新引入的角色，容易受到业务部门的轻视，这需要公司强调 BP 的价值并进行授权，实现人力资源体系的转型和完善。

QS 互联网界霸主与对面的巨头

人们经常拿 QS 和另一家互联网巨头做对比，我认为我们公司的 BP 更接地气、更脚踏实地。对面的巨头更重视文化，BP 承担的文化建设多，他们招聘都要看是否对味儿。两者不能从表象来断定孰优孰劣。在我看来，文化是老板的文化，怎么定义要看老板。我们公司崇尚简单和责任感，"简单"是做人要简单地为人处事、做产品要为顾客提供简单好用的服务。责任感则指对自己、客户、同事、下属、公司负责。我们的员工来自五湖四海，先看的是能力，是否对味儿就退而求其次了。相较另一巨头，我公司在文化上下的功夫确实较少。做个形象的比喻，对面的巨头是来自一个教派，他们喜欢文化同一；我公司更像"移民城市"，崇尚的是多样性。

总而言之，我对 QS 的 HRBP 体系构建还是很有信心的，HRBP 发展到如此等级实属不易。

我的路在何方

这几年来在 QS 做 HRBP 一路顺利，虽然非常辛苦，工作日早已习以为常地加班到晚上九十点钟，但对我而言，确是满满的收获。从客服到销售再到猎头，最后转型 HRBP，我的综合能力得到了加强。我们公司的 HRBP 之后的职业发展大概有两条：有的 HRBP 熟悉了业务后，直接出去创业，自己打通下游做 CEO，这是一种很逍遥的做法，也是大部分 HRBP 梦寐以求的；其二则是继续在公司里晋升，普通 BP 可以走 Band 序列，即专业道路，或者走 M 管理序列。M 有六级，2 级的最多，但从 2 级走到 3 级是个坎儿，现在的我还是 2 级(6 级是公司的创始人)。我们一年有两个晋升窗口期，抓住哪次就在哪次晋升，一年只能晋升一次，但晋升太快也不好。之前也有员工晋升职级过快，导致能力和责任不匹配，业绩反而下滑严重，最后以小失大，反而掉入末尾 15%中，不幸被淘汰了。

之前我也思考了几番，我更希望能独立门户自己闯荡。理想和现实总差了点儿距离，然而咫尺天涯，HRBP 就算是从 2 到 3，也很难到 4，再到 5。另外一点，在 QS 从事了多年 HRBP，确实很累。业务情况早已了熟于心，做的事情也差不多了，该学习新东西了。工作太忙，没时间和机会充电，这会让我心生惶恐。这是个很实际的问题，而我还未曾想过停滞于此，不再向前迈步。

其实还有另一个原因。前几年因为忙着工作，对女儿的照顾的确少了很多。每次回到家看到的总是她的睡颜；而到了周六日，我大部分时间也是在睡觉，只有夫人会带女儿出去上课外班或者看话剧。其实这也是没有办法的事，不睡真的缓不过来。唉，我这个不称职的爸爸！有时我也在想工作的意义是什么。以前就是拼命地挣钱，获得财富的自由。三十而立了之后，有了自己的家庭，我的人生也迎来了一个转折点。我的女儿上小学了，这是教育的黄金期，我缺失了她的童年，不能再缺失她的青春。

路边拦了个出租车，乘着月色回家了。今天格外地晚，11 点才从公司离开。明天还要继续清理医疗部门，还有一些员工关系需要处理，我得帮着和员工谈话，感觉每一天都要马不停蹄地工作。公司既照顾又激励我们加班，9 点半后离开公司给报销车费，这确实也方便了我们工作，不过我们也因此都成了工作狂。

下了车后赶快回了家。推开门，夫人在伏案写文章，神情专注，不忍打扰她。我轻声走向女儿卧室，灯还亮着，女儿趴在床上睡着了。我小心地走了过去，轻轻帮她翻了个身，盖好了被子，亲吻了她的脸颊。BP 转型 CEO 不容易，路还很长，但我相信总有一天我会改变现状！

HRBP 六剑客点评

铁木真：QS 公司的三支柱比较健全，BP 做得也非常扎实，紧密联系业务，不愧是大公司"范"！

东皇太一：案例里的 HRBP 对自己定位明确，责任清晰，而公司也有很多规章引导 HRBP 的发展。

花木兰：HRBP 要有影响力，会打鸡血，做业务人员吐苦水的垃圾桶，树立团队士气。同时要有海纳百川、成就他人的胸怀！

荆轲：可以看到，QS 公司的 BP 制度已经进入了一个稳定成熟的阶段。关于 BP 的工作内容、能力素质要求和话语权都形成了自己的体系。但事务性的工作还是很多，不知道未来是否会采取措施解决这一问题。

燕南天：QS 的三支柱模型已运用得驾轻就熟，在 HRBP 的晋升问题上也提供了较为明确的方向。作为一个资深的 HRBP，已经对这个角色理解透彻。

黄蓉：在更新迭代速度飞快的互联网行业，只有不断地学习，专业知识和业务知识两手都要抓，两手都要强，才是 HRBP 的立足之本。

案例 14 深入业务，才能做得响亮

点下"发送"键，肖芳长舒了一口气，今天集团老总来数字业务事业部视察工作，而自己终于赶在 DDL(Deadline，最后截止日期)之前做完了自己负责的 HRBP 季度报告。她关好电脑伸了个懒腰，这几天高强度的工作让她疲惫不堪，现在终于有机会暂时放松放松了。夏天的阳光格外耀眼，肖芳独自来到公司旁边她最喜欢的咖啡厅，点了份金枪鱼三明治和一杯卡布奇诺，准备享受一个惬意而没有任务的午后时光。

肖芳目前在一家以图书出版为主的知名互联网公司工作，她所在的数字业务事业部是总部非常看重的一个事业部，下设技术、市场、采购、运营、产品、人事行政等部门，事业部的财务由集团派驻下来的财务人员负责，独立核算。肖芳在大学时的专业是劳动与社会保障，毕业后在一家外资公司做了四年的 HR 工作，之后跳槽到了一家金融企业，两年后的 2016 年 3 月，她来到了现在的公司。

事业部的 HRBP 团队共有 5 人，肖芳是这个"短小精悍"团队的负责人，相当于经理职务。公司的汇报关系是：专员→主管→经理→总监→总经理，所谓总监就是各个业务部门的负责人，而肖芳直接向事业部总经理汇报工作，相当于总监的汇报等级。在考核方面，肖芳作为 HRBP 的负责人，主要由总经理考核，晋升等决策也主要由总经理确定，集团的 HRD 并不影响肖芳。

肖芳觉得，在这家公司里接触的招聘生态很多，像互联网技术人员、出版社人员、采购人员等都有招募，可以在很大程度上开阔眼界，故选择在这家公司开启新的生涯。由于公司"精简精进"的企业文化，肖芳所在事业部里没有应届毕业生，一般招入的都是成熟的有工作经验的员工。

公司在很早之前就设立 HRBP 岗位，各大事业部都会有相应的人力资源业务合作伙伴团队。在人力资源管理"三支柱"下，这家互联网公司的 HRBP 偏重绩效与薪酬设计加薪调薪、市场薪酬对标等，公司一般在 3 月和 10 月进行两次调薪，HRBP 也需要收集部门情况建议，而日常事务性工作如调薪的执行等由 SSC 执行。在平常办公时，SSC 与 HRBP 坐在一起，两个"支柱"之间每周都有数据往来。相比之下，COE 更像是一个虚拟组织，并没有明确的工位。

在肖芳看来，HRBP 的日常工作主要是组织结构优化、人员盘点、提供人力方面的建议等。除了业务部门会议每次都会去参加外，肖芳也会经常参加事业部的战略会议，目的是让战略能够及时落实到工作中，同时为未来战略提前储备人才。但肖芳心里觉得自己作为 HRBP 仍然缺乏宏观视野，所以发挥作用的地方主要还是提出建议，没有修炼到 HRBP 的高级阶段"走在业务前面"。总监与经理在日常工作时会经常与 HRBP 商量，主要交流的点还是落在某项决策或行动会对员工有怎样的影响，让 HRBP 能"有的放矢"，提前筹划相关人事安排。肖芳一直觉得自己很适合做人力资源管理工作，因为自身外向亲和的特点，她从未有过与业务部门闹不愉快的经历。部门肖芳都十分熟悉，她相信沟通的短频快有助于帮助业务解决难题。除此之外，业务部门中的晋升问题等建议也由 HRBP 给出。当然，对于肖芳来说，这也是一个学习业务知识、提升自我的过程。

肖芳平常也十分关注业务部门的招聘，在工作了一段时间后她发现，互联网企业的人员流动率很高，企业理想的人员流动率是 5%，但现实中很难达到这个标准，就她们公司而言流失率大约在 14%。日常招聘流程上，首先各个业务部门总监会给 HRBP 一个明确的工作描述，然后由 HRBP 决定招聘渠道并发布通知，再让招聘专员关注日常应聘者申请情况。由于事业部招募的一般是有几年工作经验的职员，故一般通过社交招聘，使用猎头的频率相对较低。

在面试阶段，公司采取的是双重面试制度，先由业务部门进行面试，然后由 HRBP 来考察应聘者的软素质。肖芳通常使用的面试工具是面试小组，这个小组由 HR、部门经理、领导还有联系紧密的小组负责人组成，同一个部门不同组之间交叉面试，有一个人的意见没通过就拒绝。经常会有业务部门觉得很不错的人，但

HRBP 这关认为应聘者不通过，于是"一票否决"。肖芳至今记得前不久面试的一个曾经在 IBM 工作过的软件开发师，有很强的业务能力，业务部门也希望录取这位应聘者，但肖芳发现这位应聘者在面试的过程中表现得非常不屑，回答问题时"不过脑子"，态度和沟通方面都十分有问题，这些从面试过程中表现在非常着急、不愿意。于是肖芳分析后认为，这位应聘者并不利于团队和谐，在情绪智力和人际交往方面并不符合公司要求，于是淘汰了这名应聘者。对于这种"一票否决权"，业务部门主管也许会有不满，但肖芳作为 HRBP 会站在专业人力资源管理角度向业务部门分析解释，陈述利弊。也正是这样的专业性，让 HRBP 能够在业务部门之中树立威信，使两者之间能保持友好关系。

而在薪酬方面，肖芳也有"一票否决权"。去年，有个部门总监希望将部门里一个工作业绩出色的入职一年的产品专员工资直接提升三四倍，但作为 HRBP 肖芳否决了这个申请。因为肖芳觉得一个新入职的专员工资翻倍就已经很难得了，若直接翻几倍是不合理的，不利于公司的正常发展，原因只可能是这个人的贡献被这个领导给夸大了。

由于互联网行业竞争的激烈性，肖芳所在的公司采取了强制分布的绩效考核工具，从 K1 到 K5 代表绩效结果从好到坏的排序，最后一档员工大概占 10%。这些考核由肖芳所在的 HRBP 组织开展，每个季度都予以严格执行。每个季度，肖芳所在事业部的 120 人里大概有 12 个人会被划为 K5 档，若同一个员工连续三个季度都是 K5 水平且 HRBP 和业务部门主管都认为其不能适应公司工作的话，肖芳则会与这名员工面谈让其考虑是否离职。肖芳从她的 HR 朋友那里了解到，现在很多互联网巨头里的员工若要连续两年排在末位水平，不用人力部门提醒，自己就会主动离开，足以体现竞争的残酷性。当然，公司的强制分布并不意味着强制末位淘汰，因为肖芳会主动与拿到 K5 的员工进行沟通，若评估认为该员工未来可以提升绩效、有发展前途，只是各种原因导致暂时绩效较差，则员工并不会被淘汰。从这一点上也可以体现出肖芳所在公司的 HRBP 在绩效考核等方面其实充当着很重要的角色，是企业良好发展的诊断者和助力者。

肖芳十分喜欢现在的这份 HRBP 的工作，因为她觉得人力资源业务合作伙伴更能体现自己对公司的价值。其中最让她印象深刻的是一年前她帮助一名新招的运营总监一步步成长的经历。当时事业部里的运营部门员工状态不佳，专业度和敬业度都不是很高。当那名运营总监被肖芳招进来后压力很大，总感觉自己所管理的员工没有积极性，不好用。而在这个适应过程中，肖芳作为 HRBP，积极帮他分析并提出建议，然后运营部门逐步实现了人员的更替，在一年的时间里实现了整个运营团队的"大换血"，也帮助这名总监树立起了威信。总监很感激肖芳的帮助，他告诉肖芳自己曾想过离开公司，但最后还是坚持下来了。在年终考核的时候，领导给运营部门的考核成绩是最好的。每每想到这里，肖芳就充满了自豪感，HRBP 需要这样的热心，去帮助业务部门管理者渡过最困难的阶段，在帮助的过程中，HRBP 自身的价值得到了升华。

喝完咖啡，肖芳感觉神清气爽，偶尔这样一次放松，能帮助她一扫繁重工作的阴霾，自己也仿佛得到了新生。下一个阶段的工作下周又要开始了，新的挑战正等着肖芳去面对，路还很长，肖芳心里给自己打气，生活不就是因为攻克一个又一个难关才有意义吗？总之，加油吧。

HRBP 六剑客点评

铁木真：肖芳很强势，但其前提条件是她了解业务、有扎实的专业基础。

东皇太一：案例的 HRBP 在招聘中话语权大，有"一票否决权"，有考核实权，这样有利于发挥角色作用，树立威信。

花木兰：公司的双重面试制度既保证了对人员的业务能力要求，同时保证价值观筛选，招到适合自己的英才。企业 HRBP 尤其要注意。

荆轲：可以看到，招聘对于 BP 的话语权有很重要的影响，而经过 BP 招聘进来的员工也会与 BP 有一种天然的亲近感。

燕南天：肖芳的主要工作主要涉及招聘、薪酬以及绩效考核，与传统 HR 不同的是，肖芳工作的出发点是如何满足业务部门的需求。

黄蓉：HRBP 在部门招聘及薪酬方面都有一票否决权，足以体现 HRBP 在公司的地位,从肖芳帮助新进的运营总监顺利成长的经历中我们也能体会到,所有人都是将心比心,HRBP 的工作不是纸上谈兵,而是真真切切地作为业务合作伙伴,为业务部门创造价值。

案例 15　产品思维做 BP

今天上午的会议到此结束,合上笔记本,李丽抬头看了一下窗外,雨还在下,突然想起跟朋友约了中午一起吃饭,赶忙把笔记本放回工位,伸了伸懒腰,穿上外衣拿上雨伞匆匆去赴约了。

李丽目前在一家知名的互联网公司工作,她所在公司的总部在深圳,下设若干业务组,业务组下设若干业务线,包括内容线、视频线、公共线。李丽的工作与内容线和视频线两个业务线相关。业务线由若干业务部门组成,业务部门下面依次是中心→组→员工。李丽大学学的是广告专业,毕业后一直在从事与 HR 领域相关的工作,于 2015 年底来到了现在的公司。

公司的人力资源管理采用"三支柱"模式:COE、COD、SSC,这些部门主要在深圳总部,李丽在公司的北京办公室工作。刚来现在的公司时,她比较忐忑,因为之前没有做过 HRBP。还好自己有很强的学习能力和比较强的沟通能力。她现在所在的 HRBP 北京团队共有 15 人,汇报关系是:员工→组长(小组的第一负责人)→HRD(中心的负责人)→中干(部门的负责人)→CVP(业务线的负责人)→SEVP(BG 负责人),有时也会根据职务重要程度做一些职位名称的调整。她的职位现在是组长,相当于一般公司的经理级别,直接向 HRD 汇报。在考核方面,李丽作为组长主要由 HRD 直线考核,HRD 会听取相关业务部门给出的意见,但业务部门的意见不占权重。另外,公司的每个干部都有 360 考核,会配置相关的上下级相关评估人。李丽考核的相关评估人是她支持的直接或间接相关的业务部门的中干,但她不知道具体是谁。公司的 HR 团队都要谨记一条:用产品经理的思维做 HR,一定要用心服务好内部的每一个"客户"。

李丽提到,在这家公司里接触的工作内容比较多,在做好自己本身工作以后,有能力的情况下还可以兼其他岗位学习,比如她自己除了 HRBP 的这个职位以外,还在公司的培训学院里兼做一个岗位。

公司在2010年就开始设立HRBP岗位，各大业务部都有相应的人力资源业务合作伙伴团队。在人力资源管理"三支柱"下，这家互联网公司的HRBP偏重人才盘点和绩效考核，公司一般在4月和10月进行两次调薪，HRBP也需要收集部门情况建议。SSC与HRBP两个"支柱"之间紧密配合。相比之下，COE更像是一个上层组织，主要负责一些公司层面的政策系统性工作。

李丽总结说，公司的HRBP工作主要包括组织架构优化、人员盘点、人员编制优化、核心人才发展等，但工作有周期性。①第一个周期，年底重点工作周期。每年11月—次年1月，公司会组织人才盘点，包括年终目标考核，以及新一年的架构计划等。②第二个周期，年中工作周期。每年4月和10月两次调薪，调薪或者晋升都是要参照盘点的结果来判定，4月份为公司普调，每个员工都会享受到，10月份为重点员工或岗位调整，属于特殊调薪。公司的职位分职级和职等，从1到5级，3级以上为核心骨干人员，4级以上为专家。在绩效考核方面，公司把考核结果区分为五个星级，星级决定员工的晋升或者淘汰。每个星级还都被赋予了很有趣的口号：一星级：5%的比例，表现不是很好，公司赋予称号"逆袭吧"，希望他们在下次考核中表现好一些；二星级：15%的比例，公司鼓励他们"加把劲儿"；三星级：60%的比例，这部员工全部完成了工作目标，被称作"好样的"；四星级：15%的比例，被称作"非常棒"；五星级：5%的比例，称号为"了不起"。一次被评为一星，部门会对员工做绩效辅导，如果连续两次被评为一星，就会被强制末位淘汰。星级考核结果还会决定员工的绩效奖金系数。③第三个周期，年中盘点。主要是复核一下年底考核的结果，基于此结果来安排员工的晋升或其他调整。除此之外，HRBP还有一些日常工作，例如协助3级以上员工招聘面试。

关于公司的特色招聘和人员配置，李丽谈到了"活水平台""伯乐奖金"。公司会定期在活水平台上发布一些空缺岗位，内部的人员可以去竞聘自己感兴趣的岗位，这样一些岗位可以在公司内部盘活起来。员工也可以为公司推荐合适的员工，推荐成功后会有伯乐奖金。员工离职制度做得也很人性化，SSC部门会给离职员工准备礼物，平时员工在职期间发生的大事都有系统数据记录，在该伙伴离开时，会导出来为其发一个友好的 H5 毕业证书，并且为离职的伙伴做一个特殊的离职工卡。另外公司还有一个很开放的人员制度，欢迎没有违反高压线的离职员工随时回流。

公司目前的福利制度和员工关怀做得也很好，最被员工称颂的是买房的福利。员工服务公司满三年以上，家庭首套购房的可以向公司申请 30~50 万的无息贷款，还款计划可以灵活商量。如果是毕业生到公司，可以申请薪酬之外的住房补贴。公司非常注重培养应届毕业生，自己培养起来的人才忠诚度相对会很高，所以每年公司校园招聘的数量非常大。这两点在房租和房价很高的大城市而言，是很好的吸引人才的措施。另外，公司也有一些其他的亮点福利，任职期间结婚会有结婚礼金，如果宝宝出生，向公司报备后，宝宝会得到一个 QQ 靓号，号码里包含宝宝的生日数字。

总之，李丽对目前自己的工作还比较满意，她认为要做好 HRBP，必须具有以下素质：①要有较强的业务影响力，要能影响到业务部门的老板；②沟通和协调能力，要有较高的情商去跟不同性格的个人沟通；③要有驱动变革的能力，鉴于公司创新价值观地指导，每一个职位都需要不断地创新；④HR 工作强调工具推动和落地运用，每一个新制度新工具的推行都要能落地。

她每天都在不断地学习，除了参加业务部门的月会、双周会等会议之外，李丽也会经常跟业务部门的负责人沟通，争取让自己更多地了解业务，这样才能更好地发挥人力资源伙伴的作用。她会主动帮助业务部门管理者解决工作中的问题，在帮助的过程中，HRBP 自身的价值得到了升华，李丽自身也得到了很好的提升。

午饭过后，李丽也暗暗地给自己打气，加油吧，同学，明天会更好！

HRBP 六剑客点评

铁木真：这个公司的 BP 把工作做得生动活泼，员工容易接受。

东皇太一：看得出来，案例中人力资源三支柱体系与层级制度比较成熟，HRBP 有更多制度保障，工作过程中阻力比较小。

花木兰：活水平台，把想要的都招进来，把不该走的都留下来。

荆轲：用产品经理的思维做 HR，体现了一种产品、顾客导向的思维，也体现了对于极致的追求。

燕南天：公司的三支柱模型较为成熟，而且在招聘和人员配置上有自己的特色，十分注重员工福利和人文关怀，在这样的公司做 HRBP，想必压力与动力是并存的。

黄蓉：从李丽的工作描述中我们可以总结出，一个成功的 HRBP 应该是一个主动了解业务需求、积极提出解决方案的业务合作伙伴，而不是被动完成组织安排的任务。

案例 16 大事小事，事事关心

周岚是湖南妹子，在外企工作近 20 年的她举止优雅，是标准的外企范。周岚 1997 年从某著名大学毕业后进入央企工作，两年后进入 ABB，从 HR 助理做起，2005 年成为 HRBP，到 2014 年离开 ABB 到 X 公司时，已经是 ABB 北美区招聘负责人。

X 公司是全球最大、涉及领域最广的专门从事过滤、分离和纯化的公司，总部设于美国纽约，全球员工逾万人，子公司及生产设施遍及全球 30 多个国家和地区。

周岚到 X 公司中国区任人力资源总监，她的团队有 9 名成员，服务 X 公司中国区 750 余名员工，3 名 HRBP 分别负责商务、运营和产品部门，同时设置 COE 和 SSC，招聘执行工作由第三方服务机构任仕达派驻的 2 名工作人员负责，由此可以充分利用外部专业机构的人才储备优势应对外企人数的快速扩大与收缩。X 公司对 HRBP 的要求很高，既要懂战略，也要能撸起袖子解决实际问题，关心每一位员工。

在 X 公司中国区，HRBP 就相当于服务部门的 HR 经理，在常规的 HR 六大模块工作之外，要了解公司和部门的战略、面临的困难和存在的问题；在业务部门提出需求以后，能够分析出部门的真实需求并给予帮助。所以，HRBP 的工作非常繁重。以负责商务的 HRBP 为例，2 个人的小团队要服务 7 个商务单位近 300 名员工。HRBP 的办公地点都设在业务部门，同时向人力资源总监和业务部门经理汇报工作，需要参加业务部门的重要会议，参与重要决策。在完善的工作设计基础上，业务部门经理对于 HRBP 比较尊重，但也经常会产生分歧和矛盾。前几天，工业产品销售部门经理 Dean 与 Coco(HRBP)沟通，准备为部门内的 Nancy 加薪 2000 元，认为 Nancy 工作表现突出，并且工资水平偏低。Coco 在详细了解 Nancy 的工作情况并查阅薪酬调查报告后认为 Nancy 的薪酬水平处于行业中位值，符合公司的薪酬政策，建议暂时不加薪，到明年 3 月份公司统一调整员工薪酬时再做调整。但是 Dean 坚持认为如果不为 Nancy 调薪，可能会被竞争对手挖角，从而影响销售业绩。二人争执不下便将该问题汇报各自上级。经过周岚与负责商务的 VP 沟通，决定给 Nancy 加薪 1000 元。

2015 年，X 公司被 Danaher(丹纳赫)以 138 亿美元全资收购。Danaher 在全球成员企业中推行"丹纳赫业务系统"，核心思想是通过精益管理提升企业盈利能力，聘请资深日本专家负责推行 5S 管理，结果是：X 公司中国公司办公场所，窗明几净，整齐划一，井井有条。2016 年，在完成初步并购整合后，Danaher 聘请第三方机构对 X 公司进行了员工敬业度调查，结果 X 公司得分很低，严重低于 Danaher 集团内成员企业平均值。因此，以提升敬业度为目标，HRBP 制定了年度活动计划，每个月都有活动安排。刚刚结束的家庭日活动，前期筹备近 2 个月，邀请员工家属参观工厂并参加多项趣味运动，非常成功。经过近一年的努力，得到了积极的反馈。马上就要开展第二次敬业度调查，周岚希望能够比去年增加 10 分。

最近，周岚需要处理一件紧急的事情。负责运营部门的 HRBP 离职了，这令她非常惋惜，她深知培养一名合格的 HRBP 所花费的成本以及招聘一名 HRBP 的困难程度。HRBP 对综合素质要求很高，既需要以很高的情商来获取业务部门的信任，也需要以极高的悟性来迅速地了解部门业务，同时需要有很强的 HR 专业素养。周岚当然希望能够招聘到一名来之能战的 HRBP，但她非常清楚这简直就是奢望，这位理想的 HRBP 从哪里来都还是一个问题。周岚的优先方案是招聘一名有资深 HR 背景的人，然后发展成为 HRBP，这也是她的 HRBP 团队成员的主要来源。同时周岚也在公司内部发布招聘信息，毕竟内部员工更加熟悉业务，经过 HR 专业技能培训后，也可以发展成为合格的 HRBP，再说了还有 COE 的支持。在招聘过程中，不可避免地要回答应聘者关于待遇和职业生涯规划的问题。对于待遇问题，周岚回答起来比较轻松，X 公司将 HRBP 确定为高级管理职位，比部门经理略低一点，薪酬在 HR 部门处于最高水平，应聘者大部分会感到满意。但是有关于职业生涯规划特别是长远规划，周岚认为这要看每个人的兴趣与报负，一切皆有可能，但能够肯定一点，HRBP 对于素质要求很全面，发展路径也是最宽的。

周岚个人对目前的工作非常满意，身为 HRD 的她位列 X 公司全球高管序列，每年公司都会授予期权和限制性股票单位(Restricted stock Unit)。在谈到未来的发展时，周岚说她热爱 HR 工作，会把工作做得更精、更细，同时她相信 HRBP 是 HR 发展的方向，将来可能会开一家 HR 咨询公司，或者做一名资深顾问，也可能会提前退休。

"人事无小事，每位员工背后都是一个家庭，任何人事决策都要慎重。"这是周岚在从事 HR 之初的主管告诉她的。近 20 年的 HR 职业生涯，周岚始终保持着这份初心，在 HR 的舞台上，将 HR 战略与公司战略深度融合，关注人的发展，助力企业成长。

HRBP 六剑客点评

铁木真：从周岚的经历可以看出，要做好 BP 需要有较高的综合素质。

东皇太一：HRBP 需要高素质，培养优秀的 HRBP 需要高成本，所以留住 HRBP 也需要好方法。

花木兰：HRBP 的能力需要长时间的经验积累，大事小事都要做，事事关心。

荆轲：招聘和培养一个优秀 HRBP 的难度和成本确实很高。因此，HR 部门在人才盘点的过程中切忌忽视对自己部门的盘点，应当密切关注优秀 HRBP 的思想动态，做好规划。

燕南天："HRBP 从哪来"的问题是困扰周岚的问题，也是很多公司目前面临的问题。一个好的 HRBP 不仅需要有扎实的专业知识，还需要懂业务，更重要的是认可 HRBP 的价值。

黄蓉：当 HRBP 与业务部门存在意见分歧时，有理有据不偏不倚地说服对方才是解决问题的根本。

案例17 谈钱不伤感情,为了荣耀

李易是 W 公司的 BP 部长。W 公司从 2011 年开始使用 BP。BP 不用考虑公司的政策,只要考虑部门的政策就可以了;SSC 也剥离出来,可以节省成本,提高效率。李易认为,三支柱模型是人力资源管理的进一步分工。

李易刚来 W 公司时做 COE,后来转型负责整个 BG 的人力运营和质量运营部。李易是 BP 部长,支持 800 人,他下面有 6 个 BP(BP 总裁→BP 部长→BP),还有间接管理的 6~7 人。总裁是最大的 BP,李易是部门的 BP,BP 分管各个领域。

李易和业务部门坐在一起。他的考核者是 BG 的 COO。W 公司的人力资源部很硬气,很强势,BP 要有平衡感,既要支持业务,也要落实公司的战略。

李易的主要工作有:①搞组织,包括组织的职责、整合或者拆分,他要分清界面。②管干部,决定谁上谁下。③激励,导向要对,把钱分好,战斗力要起来。

李易需要参与高端人才的招聘,18 级以上的他都要把关,级别低的就让 BP 去做。李易说,管理的实质在于管例外,例行的可以用 SOP 去做。

2015 年初李易来到 W 公司,他的工作在消费者集团(消费者 BG)(共有 2 万多人,全球和全国都有分布)的人力资源部,一共有三个 BP 部长,上面是 BG 人力总裁。

李易是 BP 部长(外面叫人力总监),他负责的工作为:人力资源的转型、质量运营部(COO 部)、数据、质量等,他还是隐私安全部门的人力一把手。

W 公司 SSC 的工作包括:工资证明、离职证明以及考勤等。W 公司有 AT 团队(Administration Team),通过评议进行管理,由 4~5 人组成。基本上一月开一次会。

员工调薪并没有固定的时间,每月都可能调整。与很多公司的年度调薪不一样,主要看绩效和薪酬的水平,绩效好、薪酬低的,调整薪酬。不是固定时间调整,李易说,如果是固定调整就成了一种福利。不同月份调整,让高薪有了激励作用。李易认为,调薪引发的工作积极性提高等效果一般不会超过一个星期。

在员工的薪酬定位方面，W 公司薪酬策略是：至少 50 分位以上。W 公司通过购买《薪酬调查报告》来了外界薪酬情况。人力资源部门(公司或者 BG 部长)负责买。

理论上，BP 可以求助于 COE，BP 知道业务的需求，但 COE 不接地气，不了解业务需求。实际上，反而是 COE 向 BP 了解情况(国家代表的发展，高潜人才的发展)，BP 告诉他情况，他出政策，然后让 BP 去落实。BP 既是**输出端**，也是**落实端**。二者携手共同服务于业务部门。

在 W 公司，BP 用的人往往更优秀一些(和实际业务部门对接，不用优秀的人，搞不定)，BP 更有可能接管人力资源部长，而不是 COE。

在 W 公司，一个 BP 支持的人数大约 100 人左右。

BP 需要什么素质？李易认为应该包括业务敏感性、懂业务、高情商，以及高的协调能力，BP 担当的是政委的角色。

小 BP 的工作，包括：招聘，培训，薪酬，绩效推动等。李易考核他们，而不是业务部门考核。

李易经常和这些小 BP 坐在一起，天天见他们，在一个办公区域，非常了解他们。

对于 HRBP 如何学习业务知识？李易说可以通过业务会议进行学习，因此要积极参加业务部门的会议。一般小的会议可以不用参与，但是至少月度会议要参加。

当李易和 COO 意见不一致时，AT(Administration Team)团队投票解决。

公司老总认为，W 公司的胜利是人力资源管理的胜利！

李易认为，冲劲和动能是人力资源打造出来的。分好钱是人力资源管理的一个重要职能。W 公司实行高工资政策，薪酬很高，如果别人给 50 万，W 公司就会给 80 万。在激励员工方面，钱要给足，这是基础，同时要有机制，要"能上能下"。调薪不能"齐步走"，干得好就拼命给提薪晋升，于是大家就拼命朝前跑。这样一来，有水平有绩效的，职务迅速上去了，钱也迅速跟上。谁冲在第一个，谁的钱就多；最后一个，不但没钱，还得被开掉。

W 公司是功利文化，不谈感情，不谈情怀。李易认为谈功利不一定是坏事，大家都把事情放到桌面上。即使谈家庭，也是在钱的基础上。

W 公司有比较规范的绩效考核(半年考一次，末位淘汰 5%)，还有评议。实际上，很少有人得 D，有时也会让得 B 的人走。"

W 公司实行虚拟受限股，但每个级别都有饱和值，公司下发一些虚拟股票，大家根据级别和绩效来分。但是，必须买，不买就没有了。给了你多少股就是多少股，股票没有什么解禁之说。股票按照公司算的价格计算。每年有分红和增值。股票的价格原来 5 元多，现在 7 元多，每年分红一次，去年(2016 年)分红 1.5 元。李易说，他的收入中，工资、奖金和股票各占三分之一，但是，15 级以上才有可能有虚拟受限股。

文化如何落地？李易认为，需要自我批判，学习老板讲话，以客户为中心的讨论。

HRBP 六剑客点评

铁木真：分好钱才能调动员工的积极性，BP 就要负责协助业务经理分好钱。

东皇太一：案例的公司 HRBP 多，层级明确，讲求效率，让人印象深刻。

花木兰：分好钱是 HRBP 的重要职责，爱才就不要吝啬！

荆轲：这家公司的 HRBP 制度很专业，分工也很细致。但考虑到偏向"功利"的文化，该公司应当警惕过于"专业"和"细致"。"功利"的结果主义很容易使员工更关注短期的利益，可能会导致部门和公司整体利益的冲突，即 HRBP 过于考虑部门的利益而忽视公司的利益。

燕南天：在 W 公司，BP 要有平衡感，既要支持业务，也要落实公司的战略。在招聘、激励方面，BP 需要根据业务部门的具体情况具体分析；而在调薪、文化等方面，BP 又需要落实公司的战略。

黄蓉：当 HRBP 与 COO 意见不一致时，由 AT(Administration Team)团队投票解决，这一做法有些欠妥，此外，W 公司是功利文化，少了一点儿人情味，可能会影响到文化价值观在公司内部的贯彻。

案例 18 打造强文化军团

NY 网，2014 年 6 月 6 日成立。走进 NY 网的办公区，首先看到的是两幅海报，分别是"发现最美 NY 人(第二季)"和"阳光 NY——2017 年诚信主题月"的活动宣传。参观完 NY 网办公区，能够强烈地感受到互联网公司的独特气质，整个公司只有 CEO 有一间很普通甚至都没有阳光直射的办公室，而楼层位置最好的房间是会谈室和员工休息区，休息区像幼儿园，办公区像大学图书馆，员工在长条桌上办公，连格子间都没有。每个部门没有独立的办公区域，只是在部门集中区上方挂一个牌子以示区分。NY 的所有会议室都有自己的名字，有像"藏经阁""光明顶""侠客岛""桃花岛"这样的武侠名称，也有"井冈山""西柏坡""台儿庄""太行山"这样的红色代号，体现出了很强的文化特征。

接受我们访谈的是负责采仓(采购和仓储的简称)的唐大政委和负责后台的柴大政委。

唐政委拥有 17 年的 HR 工作经历，最早在国企从事职称、劳资等传统人事工作，后来经历了包含六大模块的人力资源管理，2015 年加入 NY，与当时一名来自阿里的同事一起搭建起了 NY 网的 HRBP 体系。

后台柴政委是一位美女总监，担任财务共享中心总监，兼任后台政委，财务工作向财务 VP 汇报；但作为后台大政委，她同时又是财务 VP 的搭档，向 HRVP 汇报工作。

NY 网 HR 体系分为 COE、SSC、HRBP、招聘和 NY 大学五大块，招聘对于人员快速扩张的 NY 而言，战略意义重大，所以设计为独立的一块。各版块总监直接向分管副总裁汇报，HRBP 体系的四个大政委(总监级)也直接向分管副总裁汇报。

NY 网的 HRBP 体系分为销配、采仓、技术和后台四大块，每一板块都由一名大政委负责，共有 60 余名 HRBP 服务全国约 12000 名员工，组织架构如图 1 所示。

NY 网的 HRBP 体系有非常浓郁的"阿里味"，HRBP 的岗位名称就叫政委，与阿里一致，NY 网的很多政委是从阿里跳槽过来的业务主管。唐政委介绍说，阿里的业务主管既懂业务，又深受阿里互联网文化的熏陶，同时还了解阿里的 HRBP 体系，与当前 NY 的需求非常匹配。

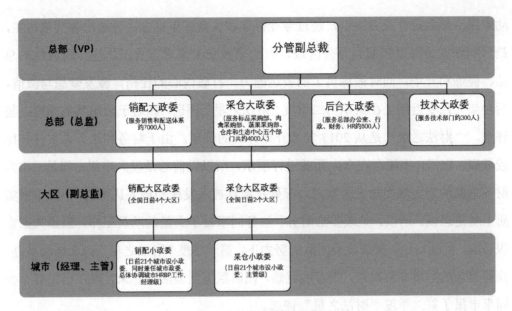

图 1 NY 网 HRBP 架构

NY 的政委有五大工作任务。

(1) 文化建设是首要任务。NY 网不是平台型的互联网公司，类似京东的自营模式，属于重模式(相对于轻资产的轻模式)的互联网公司，由于业务和员工规模急速扩张，所以团队的归属感、向心力尤为重要。HRBP 要宣传 NY 的愿景、使命、价值观，营造简单平等、纯洁诚信的文化氛围。

(2) 文化建设落地是关键。前面提到的"发现最美 NY 人(第二季)"和"阳光 NY——2017 年诚信主题月"活动就是 HRBP 组织的宣传活动。NY 高度重视员工队伍的纯洁性，前不久，一名仓库收货人因为喝了送菜人员的一瓶可乐被开除，这一点与阿里巴巴的"月饼事件"非常相似。对于员工拆单、虚假数据、收受贿赂、吃拿卡要等现象，HRBP 有否决权，业务经理无权干涉，两年来，已有 300 多名员工因此类问题被解聘。

(3) 互联网行业是快速变化的行业，尤其是像 NY 网这样高速扩张的公司，业务模式、组织架构都在快速迭代，如何激活组织和个人，让团队保持旺盛的战斗力，让员工热爱自己的工作，是 NY 政委的工作重心。榜样的力量是无穷的。在 NY，每个季度都会上演"选秀大战"，四大政委线会组织各业务部门的季度之星评选，有"纵横家季度奖""研发季度之星""文曲星季度奖"等多个评选奖项。员工主动申报，然后进行业务展示，经过专业评审和大众评审打分，评选出各奖项得主，最后制作宣传海报张贴到办公区域，以此来激励大家对自身工作进行阶段性的总结、提炼和升华，同时锻炼员工的表达能力，打破内心的桎梏，激发梦想与激情。后台柴大政委近期正在组织第二季度"财法之星"评选，相对于公司其他季度之星评选，"财法之星"是从 2017 年才开始评选的奖项。由于财务和法务人员往往比较低调、沉闷，不愿意在众人面前进行展示，所以以前总是没人申报。但是，作为财务总监的柴大政委知道大家内心深处是愿意被人发现和被人认可的，不敢申报实质上就是恐惧。所以，柴政委给财务、法务同事做了大量的动员工作，鼓励大家克服恐惧，挑战自己。在柴政委团队的努力下，第一季度"财法之星"评选顺利举办，获得奖项的同事非常兴奋，很有成就感，团队氛围明显活跃起来，现在已经有不少同事申报了第二季度"财法之星"评选。

(4) 辅助业务是 NY 政委的第二位工作任务。NY 对于政委的要求是辅助业务但不决策业务，协助业务经理做决策，提示业务风险点。伴随着 NY 业务规模的快速扩张，很多工作时间不长但业务能力突出的员工被迅速提拔成业务经理，所以就需要配备政委来辅助。

(5) 组织发展和人才培养也是 NY 政委的第三、四位工作任务，政委站在公司战略、业务发展的角度，优化组织架构，做到组织结构与业务的匹配，人员和岗位要求的匹配。同时着眼长远，站在未来发展的角度进行人才梯队建设。而这些工作，业务经理可能没有精力考虑，政委就肩负着这重要的责任。业务经理负责业务快速前行，而政委负责团队快乐前行。在 NY，政委在组织发展和人才培养中的作用是通过流程制度来保障的，比如主管以上人员招聘，必须经过 HRBP 签字，否则招聘流程走不下去。政委既要考察应聘者的业务能力，也要进行价值观考察，同时还要防止招聘中的不合规现象。

与很多公司不同，传统 HR 工作是 NY 政委的第五位工作任务。唐政委介绍说，在 NY 网，SSC 像陆军，负责解决具体问题；COE 像炮兵，为 HRBP 提供炮火支援；HRBP 像侦察兵，深入业务部门，发现问题，呼唤炮火。所以，NY 对于 HRBP 的专业 HR 能力要求并不是很高。NY 更重视 HRBP 的业务思维和管理思维，用唐政委总结的话就是"有爱、有心、有温度",对人、对业务、对组织的把握要有感觉,专业的 HR 往往会盯专业细节,缺乏业务思维。所以,在 NY 网,HRBP 更多来自于业务部门,有的就像柴政委这样由业务人员兼任政委。正因为 NY 政委有很高的业务和管理素质,已经有部分城市政委转型成为业务经理。

NY 政委的考核是直线考核,虽然同级政委的级别会略低于业务经理,但政委是与业务经理沟通工作却没有汇报关系,所以就保证了政委工作的相对独立性。在 NY,政委是敢跟业务经理拍桌子的。政委考核的重要依据是服务部门的业绩表现,所以就决定了政委要全心全意辅助业务经理提高绩效,发展组织,因此在 NY,政委会受到业务经理的尊重和信任。

在 NY,员工薪酬按照级别有相应的范围,所以同级别的 HRBP、COE、SSE,薪酬不会有太大差异。在期权分配方面,NY 也是按照员工的入职年限、级别以及工作表现分配。普通员工入职满 2 年,主管满 1 年,经理以上满半年都有分配期权的资格,每年公司会将期权包分配到部门,由部门经理根据员工考核成绩分配。NY 的期权仅仅是股数,没有行权价,也没有分红,只有在公司上市以后才有价值,这也就是在激励大家与公司风雨同舟,向着胜利前进。

两个小时的访谈,我们深切感受到了 NY 网 HRBP 的独特气质。NY 政委肩负着文化宣贯、业务辅助、组织建设、人才发展的重任,同时,通过实实在在、寓教于乐的文化活动,营造公平纯洁的氛围,关爱员工,着力提升员工幸福感,让业务经理能够全身心地关注业务发展,不由得让我们想起了《亮剑》中的赵刚政委。

"赵刚政委"是对 NY 政委的最形象解读。

HRBP 六剑客点评

铁木真:NY 公司的 BP 明显带有阿里巴巴的色彩,非常注重企业文化建设!

东皇太一:案例的 HRBP 有角色代入感,文化的建设让 HRBP 有魅力,让职位有"生命力",也让企业有了生机。

花木兰:NY 网的选秀大战、人气之星等十分有趣,互联网公司的朝气很重要,怎样持续保持员工的高士气是保持自身竞争力的重要方式。

荆轲:NY 网为了应对公司扩张的需求,把招聘作为与 HRBP、COE 等并列的部分。但在公司业务和市场趋于平稳的时候,人力资源的重点将会有从招聘向绩效、薪酬等其他部分的转变,这应当是一个可以预见并应早做准备的问题。

燕南天:NY 公司的 HRBP 有着非常明确的战略导向和角色定位,除此之外,从业务中来,又回到业务中去的发展路径也是 HRBP 的来源和去向之一。

黄蓉:为了让所有员工特别是一些比较低调沉闷的同学都能参与公司活动,切实感受到公司对人才的重视,HRBP 积极沟通妥善处理,带领员工真正融入公司这个大家庭,很有人情味儿。

案例 19　百转千回还是你

TI 是中国领先的互联网媒体、搜索、在线游戏集团,拥有两家美国纳斯达克上市公司,是中文世界最强劲的互联网品牌之一。凭借强大的竞争实力,TI 已经发展成为拥有四大业务平台的超级互联网品牌,包括媒体、视频、搜索和游戏。

2010 年,孙勇进入 TI 的时候,TI 集团共有员工 3000 人,我们熟知的 TI 网、TI 视频、TI 输入法当时还是 TI 的事业部和技术中心。之后三年,TI 集团规模迅速扩大,员工由 3000 人激增至 10000 人,各主要事业部都拆分为 TI 集团的子公司。由于规模的迅速扩张,加之互联网日新月异的发展,传统职能式的人力资源管理体系逐渐不能适应集团业务发展的要求,在招聘、培训、人员储备等各方面,管理与效率矛盾凸显。

从 2013 年开始,TI 集团开始引入 HRBP 架构,集团层面设置 Corporate HR,涵盖了 SSC、COE、EHR 功能,主要负责集团层面的 HR 政策、流程、管理工具制定和开发;负责集团人才盘点,为集团人才运营提供信息支撑;负责集团统一的校园招聘、高管培训、司庆以及 CEO 交办的重点事项,以项目制方式运行。其中 EHR 是人力资源管理信息化团队,能够体现 TI 作为互联网高技术企业的特点,同时,TI 人力资源管理中的常规人事档案、入转调离手续、绩效考核等许多流程性工作都可以在人力资源管理信息系统中完成,极大提高了管理效率,节省了人工成本。集团员工的社保、公积金、保险等事务性工作外包给 FESCO。

在 TI 网、TI 视频、焦点房地产等子公司分别设置 HR 部门,根据子公司业务规模配备HRBP、招聘、培训和薪酬团队，HRBP会派驻到子公司相关部门，协助业务部门经理开展工作，向HRD汇报，并由HRD直线考核。子公司HRD作为BP Head会深度参与子公司业务决策，参与子公司年度业务规划，对标同行业发展状况，结合子公司人力资源潜力，向子公司总经理提出专业意见。比如CC网提出年度日活量要达到100万，HRD参考同行业数据，认为100万日活量偏高或者偏低。子公司年度计划确定以后，HRD会将年度计划分解到HR体系中，做到人岗匹配，在员工素质、数量、敬业度、团队士气等多方面保证年度计划落地，做到人岗匹配，并对业绩完成情况进行跟踪。同时，HRD会结合公司长远发展战略进行人才培训和人才储备，为公司长远发展提供人才保障。负责各业务部门的HRBP会结合业务部门情况做相应的工作。目前，TI集团内共有HRBP 100余人，平均服务人数为80~100人。

作为智力和资金密集型的互联网公司，人才队伍建设至关重要，TI集团的HR体系由传统职能型转变为类似三支柱结构以来，HR与公司战略的匹配度明显加强，HRBP团队向业务部门输入专业化建议，全力辅助业务经理开展工作，赢得了业务部门的认可与信任。随着人工智能、大数据的快速发展，TI新闻客户端大量新闻编辑、推荐的功能逐渐被计算机所替代，因此，在人力资源布局上就需要减少编辑数量而引进精通算法和数据处理的IT人才。HRBP懂业务、懂团队的优势就得到了体现，裁员平稳有序，招聘专业高效，做到既有人才团队人岗匹配，能够适应快速变化的行业形势。

近年来，TI集团推行"新文化运动"，倡导绩效文化、聪明人文化和工程师文化，以适应日新月异的行业变化。在新文化落地过程中，COE团队负责将新文化转化为可衡量的测评体系标准。比如如何招聘聪明人，COE团队将之细化为好奇心和学习能力、跨领域思考能力、人际关系能力和情感成熟度等4个维度，开发出相应的测评工具和结构化面试题目，并由EHR将测评体系搬到线上运行。HRBP则能够很好地利用COE开发的测评工具，在招聘过程中严格把关，并在公司内部利用公众号等新媒体手段开展大量的文化价值观宣传，保障文化落地。

TI不要求HRBP有很高的HR专业背景，但是必须要熟悉HR六大模块，要求较高的综合素质，对组织内的各种信息要有很高的敏感度，要求很强的学习和沟通合作能力。在 TI，HRD 作为 BP Head，基本都由在 TI 工作 10 年以上的具有丰富业务经验的骨干担任，HRD 人员比较稳定，如果有空缺，基本由内部人员担任。

TI 在 1995 年创立并成功对接美国资本市场，有外企的基因，文化相对比较包容、平等。孙勇曾经一段时间跳槽到 DD 公司担任出租车事业部 HRBP，由于不适应 DD 快速且复杂的文化，又回到 TI 原岗位继续工作。在 TI，离职员工只要没有进入"黑名单"都可以随时回来继续工作。宽松包容的文化同样体现在绩效考核上，TI 的绩效考核等级分为：AA、A、B、C、D 五个等级，AA、A 级占 10%，B 级占 70%，C、D 级共占 20%，C 级和 D 级内不做强制分配，在激励措施上相对同行业比较平均化。TI 内部有股票激励方案，公司早期员工大部分都有股票分配，公司上市以后，每年会对业绩突出的员工授予股票。HRBP 的薪酬也是按照职级匹配，同职级不会有太大差异。

对于 HRBP 的发展方向以及 HRBP 人员的职业生涯规划，孙勇认为没有固定的方式，HRBP 只要能够适合业务发展就好，最终是要与公司战略相匹配。至于 HRBP 本身的职业生涯规划，更多的要看个人的能力，此前从 TI 离职的李善有，曾经是一位 HRD，后来转做总编辑，离开 TI 创办酷 6 网，现在在长江商学院任教。集团现在的 HRVP，承担了很多运营工作，可能会转型为 COO。

在孙勇看来，TI 目前的总部 COE 和子公司 HRBP 的工作配合有不顺畅的地方，工作职责有一定交叉，工作界面划分不清晰，没有隶属关系，有时候协调工作会遇到障碍。对于这种问题，孙勇也抱着乐观的心态，毕竟发现问题、解决问题，使人力资源管理更好地匹配业务才是最好的实践。

HRBP 六剑客点评

铁木真：HRBP 要助力企业文化的落地，TI 的 BP 在这方面做得很出色！

东皇太一：该公司的 HRBP 工作内容比较"杂"，也要求对人才队伍建设的价值输出多，但依然存在很多定位制度方面不完善的问题有待解决。

花木兰：创业不失为 HRBP 转型的一大方向，懂得如何选人用人，是企业家重要的必备能力。

荆轲：TI 公司 HR 总部设立的 EHR 团队很有意思，这其实与尤里奇的观点是一致的。尤里奇在 2012 的研究中，将信息技术支持者列为 HRBP 的六大胜任力之一，认为 HR 承担这一角色可以帮助企业取得更大的成功。

燕南天：TI 集团在三支柱模型之上加以改良，形成了适合自身业务发展的人力资源模式。在 TI，HRBP 更多的是注重业务，而人力资源相关的专业知识和能力，基本上都是由 SSC、COE 和 EHR 来实现的。

黄蓉：一方面，该公司 COE 能够在招聘等事项上与 HRBP 通力合作，共同完成公司人才队伍建设；另一方面，公司 COE 和子公司 HRBP 的工作界面划分不清晰，协调工作遇到障碍。这提醒我们，在三支柱模型下，正确处理好三者之间的关系(尤其是 COE 和 HRBP 之间的关系)显得尤为重要。

案例 20　年轻就有"希望"

很多人可能不知道 XXW，但提起猪饲料，大家应该就会想到 XXW。

XXW 集团创建于 1982 年，跟随着国家经济改革开放的步伐走过了 36 年的发展路，被称为中国民营企业里的"常青树"。XXW 从饲料生产起家，目前已发展成农业、食品、乳业、地产、金融、化工、健康等诸多板块的综合性企业集团。如今，36 岁的 XXW，正在努力成为一家"年轻化"的公司。公司立足农牧产业，拥有饲料、种禽、养殖、食品加工、终端五大板块，业务遍布全球 20 多个国家。2016 年，公司实现销售收入 608 亿元，控股的分、子公司 500 余家，员工达 6 万人。

名校毕业的郑响，2015 年加盟 XXW，担任养猪事业部人力资源经理，负责薪酬和绩效，向事业部人力资源部总经理汇报工作，部门共有 5 名同事，服务事业部 1500 名员工。郑响介绍，在他入职的时候，XXW 就有三支柱的人力资源体系建设构想，但目前还没有实质性进展，HRBP 业务线也没有成形。在郑响入职的时候，郑响的师傅(人力资源部总经理)为郑响规划的发展方向就是 HRBP，在郑响眼中，他的师傅已经是一名准 HRBP，但是公司目前还没有 HRBP 的岗位设计。在郑响看来，设置 HRBP 已成当务之急。事业部招聘实施总部招聘，下属分支机构的招聘需求源源不断发送到总部，而总部却不能准确理解业务单位的人才需求，往往会造成招聘来的员工人岗匹配度较差，人力资源部也尝试着到基层业务单位了解情况，但短期出差也达不到预期效果。更令人力资源部苦恼的是员工离职率居高不下，辛辛苦苦招聘来的员工，没多久又需要重新招聘，在一个基层养猪场，新招聘的员工，半年离职率达到 50%，三个季度离职率竟达到 80%。此外，基层业务经理的人力资源管理意识也亟待提高，由于是总部招聘，业务经理往往愿意要人却不愿意培养人，人才使用方式粗放，认为走了再招就是了。从 2016 年开始，事业部在业务单位总经理的 KPI 指标中增加了人才建设方面的考核内容。郑响负责的绩效板块去年发生了一个大事件，一个业务单位的 20 余名中高层管理团队集体离职，震动公司。2016 年，这个业务单位超预期完成绩效任务，按照公司确定的奖励方案，该团队将拿到令人羡慕的奖金，但公司经过平衡以后认为，该业务单位超预期的业绩得益于行业的快速发展，所以没有按奖励方案全部兑现奖金，因此造成了离职事件。此后，公司取消了部分业务单位的销售业绩提成奖励制度，而采用目标考核方式。

  郑响之所以加入 XXW 是受到了学长的鼓舞，郑响大学时的学生会主席是 XXW 的管理培训生，不到两年时间已经成为 XXW 的中层管理干部，这让郑响感受到了 XXW 的活力与希望。管理培训生计划(MT)是 XXW 走向"年轻化"的生动诠释。宋青 2010 年大学毕业后留学德国，先后拿到三个硕士学位，熟练掌握英、德、法三国语言，2014 年留学回国加入 XXW 集团管理培训生计划。宋青回国时希望从事互联网金融，但当时的 XXW 没有这块业务。被分配到创新事业部后，宋青与几名小伙伴开发了一个针对养殖户的 P2P 贷款项目，随后迅速做大，目前已经做到了 50 多亿的规模。"XXW 敢于相信年轻人，给年轻人创新的舞台，让我感到很兴奋。"宋青这样说道。入职仅三年的宋青，已经是 XXW 集团区域发展中心总经理，向集团副总裁汇报，是 XXW 最年轻的总经理，负责协调集团海外业务，是 XXW 高级管理团队的一员。XXW 集团已连续多年面向全球招募管理培训生，每年十名，在国内主要面向重点高校，偏爱学生会主席，目标是培养未来商界领袖。与宋青同一批的 MT，目前大部分已"身居高位"，有二级版块的财务总监，有核心业务单元的人力资源副总经理，有区域发展中心副总经理，也有集团高管的助理。XXW 集团 2017 年新任命 2 名集团副总裁，一位是 1977 年生人，另一位是 80 后。

1982 年出生的张总裁就是一名 MT。张总裁 2008 年加入 XXW 集团管理培训生计划，2012 年任集团办公室主任、团委书记兼董事长秘书，2014 年升任集团地产板块总裁，成为国内最年轻的地产总裁。

XXW 集团也有管理培训生计划，每年招聘 20 名，并制订了相当有竞争力的薪酬和完善的职业发展路径。新入职的 MT，会有一名核心高管和一名人力资源总监做导师，MT 会有一段时间的轮岗，一般是半年到一年调换一次，两到三年后会根据 MT 的工作表现和个人意愿确定一个管理岗位，轮岗过程中掉队的 MT 会自动转入常规员工系列。郑响介绍，XXW 的 MT 计划实施两年来，MT 的整体表现非常优异，特别得到了老员工的认可。MT 担任管理岗位后，往往能够给自己准确定位，尊重老员工，注重协调，发挥独特优势。有一位营养学博士 MT，在销售岗位轮岗，第一年就拿到了省销售冠军，第二年就做到了全国销售冠军，两年升任所在业务单位总经理。

在 XXW 集团，管理培训生是一个有凝聚力和使命感的特殊团体，"星星之火，可以燎原"是他们的口号，年轻的 MT 志愿在"千亿 XXW"的战斗号角中、在集团转型变革的历史进程中、在成为百年企业的漫漫征途中燃情奋斗，激昂青春。

年轻就有新希望，年轻才会基业长青。

HRBP 六剑客点评

铁木真：XXW 正在构建三支柱，我认为三支柱体系的构建会对公司人力资源管理起到非常大的推动作用。

东皇太一：案例的公司 HRBP 体系还在建立过程中，建立的过程会遇到众多阻碍挫折，所以需要管理者激励员工，引领大家鼓足干劲，保持活力。

花木兰：对企业和员工个人来说，培训培养都是很重要的。业务老大有意培养，人力部门要辅助，业务老大没有意识，人力部门要提醒。

荆轲：HRBP 制度确实能够为改变 XXW 目前的问题带来一个新的契机，但 BP 制度能否真正在这一行业和企业发挥作用，能够发挥多大的作用，还需要人才、文化等多方面的配合。

燕南天：MT 计划使公司向着"年轻化"的方向发展，为 XXW 公司培养了一批卓越的管理者。相信面对着传统HR模式与业务发展的矛盾，XXW会找寻一种"年轻化"的方式来解决这种冲突。

黄蓉：只招人而不培养人就如同只看眼前利益而忽视长远利益，为了企业的长远发展，一方面，企业需要不断引入年轻力量，重视管理培训生的培养；另一方面，公司也要加强对常规员工的培养，只有这样才能凝聚所有人的力量，齐心协力推动公司不断向前发展。

案例21　外企互联网巨头的员工关怀典范

上午十点的WS亚洲研究院，安静舒适，楼内没有蜂拥而进的上班人群，有的只是三三两两的访客和耐心提供服务的前台门卫。今天的访谈对象是WS亚洲研究院的Line HR——William（在WS公司，HRBP被称为Line HR），由于时间有限，简单打过招呼之后，William就带我们来到会议室，开始了今天的访谈。

作为Line HR，工作内容是什么？

从William口中我们得知，WS亚洲研究院并没有所谓的人力资源部，在WS，人力资源部的概念实际上是相对于公司全球范围而言的，每个部门/院只有一个Line HR，支持人数为300~400人，William是支持WS亚洲研究院工作的唯一Line HR，工作内容主要包括以下几个方面：①Talent Management即人员管理，如人员培训、人员挽留等；②Leadership Coaching，如组织高层领导的培训等；③组织发展(OD)；④文化建设。WS与其他公司的不同之处在于，WS的Line HR不负责招聘，公司有专门招聘团队进行招聘工作，Line HR主要工作目标是辅助业务经理更有效率地完成工作，更多是做战略性工作。

向谁汇报工作？由谁考核？

目前William的直接汇报对象是人力资源总监，人力资源总监直接向美国汇报。人力资源总监对Line HR的工作进行考核，同时参考院长、副院长、业务经理等人的建议，所支持部门的工作业绩也会考虑在内。看到这里，大多数人会认为，WS采用的是360度考核法，但实质上，WS并没有360度考核的概念，公司只是在一定范围内，选择一些人进行工作反馈，考核周期是一年一次，每个季度都会有

connect talk，同时，one on one 交流也在员工之间不定期进行。3 年前 WS 取消 rating，因此，WS 绩效考核并不存在强制分布，之所以取消强制分布是因为该制度引发了员工互相攀比和打压的不良后果，而现在没有了分数，考核结果直接通过员工收到的工资表现出来，进而公司的竞争文化转变成学习文化。目前 WS 强调结果导向、影响力导向，以前员工写 self-assessment 内容冗杂，而现在，员工 self-assessment 变得简单、清晰、明了，大家考虑更多的是所做的事情对业务、客户以及未来工作的影响，而不只是简单地着眼于短期利益。当然，取消 rating 并不代表 WS 没有员工淘汰的机制，如果员工长期表现不佳，不能为公司创造价值，同样会被淘汰。

如何为业务部门创造价值？

平时工作，William 与业务部门坐在一起，业务部门会议都会参加，甚至很多业务部门的会议都是由 Line HR 负责安排，在他看来，工作的大部分内容聚焦在员工层面，即帮助组织领导解决人的问题，在为业务部门创造价值的过程中，Line HR 首先要了解所支持部门的业务及人员情况；其次，Line HR 需要有自己想法和主见，在必要的时候为业务部门提供及时可靠的支持或建议；最后，帮助业务部门完成目标，推动公司持续发展。

任何事情都不是完美的，Line HR 在支持业务部门工作过程中，也会出现意见不合的情况，如果问题需要现场决定，大家会根据每个解决方案的有效性来进行评价、最终拍板；如果小团队出现一些突发情况碰到解决不了的问题，可以放到大的组织进行讨论，最终得出解决方案。总的来说，Line HR 应该更偏业务，更多关注长远利益，而不是短期利益，从业务角度看问题，在为业务部门提供支持时，一定要想清楚应该怎么做？这样做要达到什么结果？如何才能让员工感受到以上行为带来的价值，帮助组织成功完成转型而且在不断变化中成长，同时，在变化中欣喜地看到足够多的人才诞生，业务突飞猛进，这或许是每个 Line HR 最快乐的事情吧。

WS 是一个什么样的公司？

WS 是一个致力于发展多样化、包容性文化并且非常关注员工的公司，刚刚颁布实施的休假制度(妻子生孩子，男同事有 6 周陪产假，可以分 2 次调休，同时，员工每年有一个月的带薪休假陪家人时间，被称为 Family Care)很好地诠释了 WS

这一特色。同时，WS 也是一个非常注重以结果为导向的公司，提倡用发展的思维看问题。

工作过程中最棘手的问题是什么？在互联网公司(如 BAT)迅速发展的今天，人才保留方面是否存在压力？

当被问及工作中最棘手的问题是什么时，William 说，每个公司内部随时会出现组织结构的调整及人员变化，Line HR 工作的特点就是不确定性，在他看来，这种不确定性如果可以提前预知，所有的问题都不是难事，就像他说的这句话一样：Changes always good，because sometimes it means opportunities。一个问题是否棘手决定于你用什么心态去看待它，举个很简单的例子，从 William 入职以来，WS 亚洲研究院先后有 3～4 个副院长离职，即便这样，公司的根基依然不变，WS 并没有因为优秀人才的离开而没落，相反，甚至比以前更好，这依赖于 WS 不断完善的人才培养体系以及源源不断的优秀血液的融入。另外，由于 WS 亚洲研究院是纯粹做研究的机构，对人才质量要求非常高，短时间内迅速找到与岗位匹配的人才压力很大，公司更多选择对内部人才进行培养，既接受外部人才，又不忘培养内部人才，双管齐下，使得 WS 人才队伍不断壮大。

在人才保留方面，William 坦言，面对 BAT 等互联网公司的迅速发展，这方面工作确实存在很大压力，在人才保留的过程中，WS 并不与市场进行对标，对标没有太大的意义，人才保留重要的是按照每个人的期望值来谈，对于个人来说，最重要的是做什么事情，处在哪个项目，是否是自己喜欢的东西以及自己的工作对未来是否产生影响。在惋惜人才流失的同时，公司也很开心地看到，离开 WS 的员工在各行各业继续发挥着自己的价值，无论是 CTO 还是 CEO 亦或是创业者，对 WS 来说，在未来的某个时刻，都可能成为为公司带来巨大价值的合作对象。

不知不觉一个小时过去了，由于 William 下面还有一个会议需要参加，我们的访谈到这里也接近尾声，简单道别之后 William 又奔向了下一个会议室，而我们似乎也对 WS 有了一个全新的认识。

HRBP 六剑客点评

铁木真：虽然是个知名公司，但其 BP 并未突出特色！

东皇太一：案例 HRBP 重视辅助，要有好的心态去面对不确定性，拥抱变化。

花木兰：人才保留很有心，保留条件不与外部市场比，让员工自己定。

荆轲：可以看到，该公司的 Line HR 结构是非常精简的。一个人覆盖几百人，职责也比较偏向战略层面。不应该忽视的是，包容、注重长期结果的文化对 HRBP 作用的发挥是有一定促进作用的。

燕南天：WS 公司对 Line HR 的定位更像是 HRBP 的高级阶段，Line HR 主要从事的是战略性工作，面对的主要是如何推动业务发展甚至走到业务前面，引领业务发展的问题，这样一来，他们可以专注于人才管理、组织建设和文化方面。但或许可以考虑，让他们在招聘环节拥有部分话语权。

黄蓉：Line HR 每个阶段的重点工作随着公司需求而发生变化，其中不乏一些棘手情况出现，Line HR 在随时拥抱变化的同时，更要精准地提出问题的解决方案，帮助业务部门渡过难关，这对 Line HR 工作者来说是一个不小的挑战。

案例 22　云端的 HRBP

云计算雄狮在江东崛起

2017 年 9 月，某著名电商集团 MN 宣布原世界著名互联网企业集团的科技董事长陈总即日正式加盟集团，出任 MN 云事业部总裁，向 MN 集团董事局主席兼首席执行官汇报，全面负责云计算等相关业务。

作为中国领先的电商平台，集团 2004 年上云，2012 年成立了云计算部门，2013 年开始决定进军云计算，2016 年 4 月正式宣布对外提供服务，这块业务始终处于低调潜行、不为人知的状态。MN 云在公有云领域是个迟到者，不过陈总对 MN 云的增长前景持有乐观看法，认为 MN 云作为后来者会保持高速增长，并最终实现弯道超车。据陈总透露，MN 云 2017 年预期将增长 8 倍之多，在他履新后给团队定的下一年度目标，同样是希望能够达到 8 倍增长。如此高速的增长，MN 云是依仗着何种资本？当然，云技术本身的爆发式增长和 MN 集团十几年来积淀的技术、数据、场景等核心技术能力是必不可少的，但是站在 HR 视角，任何战争中，人都是第一位的要素，实现高速增长的背后，必然有一套强大的 HR 体系支撑。

2017年的一个冬日，带着这份好奇，我们访问了 MN 云事业部 HRBP 团队，BP Head 周辰为我们分享了 MN HRBP 搭建的背景、历程以及工作模式和工作业绩。周辰是 HR 科班出身，毕业后在餐饮、广告、制造业、互联网企业从事 HR 工作，工作经历十分丰富，凭借着扎实的人力资源阅历，于 2012 年加盟 MN 做 COE 的 OD(组织发展)模块，2015 年转做 HRBP。聆听完周辰的分享，我们感觉到 MN 的 HRBP 就像是 B2B 公司的大客户销售团队，二者在构建背景、工作关键点、与支持后台的关系等方面有很多相似之处。

HRBP 团队悄然形成

搭建大客户销售团队的充分条件是客户销售规模大，同时竞争激烈，客户关系多变。组织规模大、HR 服务人数众多也是建立 HRBP 的前提条件，同时组织还必须具备变化快的特征。互联网时代，最重要的特征就是变化，充满各种不确定性，HRBP 需要有快速应对变化的能力。在这个过程中，会产生大量的信息不对称、人员和组织快速调整的问题。对 HR 而言，尤其是 HRBP，很多工作就是发现组织中存在的问题矛盾，去处理去解决，才能应对复杂的组织和业务的变化。

2011 年，MN 开始在物流体系成立 HRBP。MN 最大的特点在于自建物流，这种模式在 2012 年前后饱受质疑。物流体系人员指数级扩张带来了巨大的管理压力，需要 HR 管理贴近业务、应对变化、防范风险。同时，MN 的区域化拓展战略，需要属地化的 HR 管理，同时要加强总部 HR 对区域 HR 的管理和连接，构建与业务需求相符合的 HR 管理架构。面对巨量和多变的 HR 需求，传统的人力资源管理方式的胜任力就会大大减弱，由此，HRBP 首先在物流体系内形成并隶属于物流体系，随后 MN 的研发、采销等体系陆续搭建，到 2014 年 MN 集团 HRBP 体系逐渐形成。

如今，MN 集团的人力资源三支柱服务模式已完善，运作模式可类比现代战争组织方式，划小作战单位，深入战区掌握战场信息，遇到小股敌人自行解决，解决不了就呼唤炮火，解决战斗。HRBP 相当于前线作战单位，发现需求；COE 相当于作战参谋部，根据 HRBP 需求，设计方案；SSC 相当于后方炮火，负责交付。

MN 云事业部属于 MN 集团的战略性业务部门，在集团内部地位高，发展速度很快。周辰的 7 人 BP 团队，目前服务 MN 云事业部 1500 名员工，预计明年 MN

云事业部人员将扩充至 3000 人。编制的巨大膨胀与 MN 的飞速发展息息相关,坐上互联网的快车,MN 集团在电商、金融等领域业务迅猛。

周辰作为 BP Head,同时向事业部总裁和集团 HRVP 汇报,周辰的业绩也由二人考核,其中每人各占 50%的考核权。集团每个事业部均设置 HRBP 团队,每周由 HRVP 召集 BP Head 例会,通报工作进度。例会在通州本部召开,虽然对周辰来说路程有点远,但事实上,周辰是兴奋的,每周汇报完进度后,各 BP 会提出困惑,然后变头脑风暴互相支招,是个思维碰撞和快速解决问题的过程。

极具专业性、业务性、战略性的大客户经理

传统人力资源管理往往要搭建完整的招聘、培训、绩效、薪酬等专业模块,各专业模块直接服务业务部门,对业务部门的 HR 需求没有精准把握,而是站在 HR 专业视角解决问题,往往是九龙治水、盲人摸象,无法适应业务的快速发展;而业务部门在面临 HR 问题时,也无法准确判断该找哪个 HR 模块解决问题。

而 HRBP 就像一名大客户经理,由综合型 HR 人员构成,具备 HR 各模块的知识和能力,深入业务层面,站在业务视角,结合业务需求,从整体上审视组织人才和流程资源,做到业务需求、人才与流程资源的精准对接,为业务提供一站式 HR 解决方案。

大客户销售的核心是需求管理,通过与客户深度融合,及时发现客户需求,提供解决方案,在激烈的竞争中获取主动权,助力客户成功。HRBP 相对于传统人力资源管理部,最大的不同在于以大客户经理的身份出现,与业务人员充分沟通、深度融合,站在业务视角提供一站式 HR 解决方案,做业务管理人员的助手和顾问,提高组织绩效。

专业性要求

在这里不得不提的是 HRBP 的专业性。事实上,HRBP 的专业性要求不低,周辰告诉我们,想做 HRBP,你至少要有一技之长。不论是招聘、员工关系还是组织发展,你需要有比别人优秀的地方,这样你才有相应的权威,能让业务部门信服你,认为你可以帮助到他们。在众多 HRBP 专业技能中,招聘和组织发展在 MN 集团中更受重视。招聘不容易,需要一个人的长期经验。招错一个人的成本极大,为了部门的整体利益，懂招聘的 BP 自然是十分需要的。组织发展则与集团战略、人才培养有很深的联系，懂战略可以更好地把握业务发展的方向，而懂人才也是顺应集团的变革趋势，MN 集团有 10 个左右的人才培养项目，可见 MN 对人才的重视。周辰说，集团对 BP 的专业能力十分看重，大多从事 BP 的都是人力部门出身(多为互联网行业 HR 人员)，有着 5 年以上经验，而他自己的 BP 组成员在人力资源模块各有优势，很好地互补，更好地服务云事业部。

业务部门的会议

云业务部门是十分鼓励 BP 参加的，周辰的团队常常参与到业务会议中，思考业务痛点，了解业务部门管理者、员工的真正需求，并提出一站式解决方案，最终达到帮助业务部门管理者更好决策的目标。

比如部门人员晋升，哪些能够晋升，哪些不能晋升，哪些需要培训后晋升，HRBP 会拿出整体性方案提交部门总裁，当 HRBP 的方案与部门总裁发生冲突时，除非原则性问题，HRBP 会尊重部门总裁的意见，但同时会做预备方案，在决策出现问题时能够及时补救，MN 的 HRBP 需要切切实实做好总裁的助手和顾问。

HRBP 重度参与业务

在 MN，虽然没有规定 HRBP 必须参加业务会议，但作为了解业务的重要方式，HRBP 可以参加各种业务会议，甚至是例会。MN 所有重大业务的会议都需要有 HRBP 参加，这已经是 MN 管理者的习惯。一方面是 HRBP 争取参加业务会议的机会，另一方面是 HRBP 参加会议会给业务部门提出专业建议，能够体现价值，获取信任。周辰的 BP 团队在办公楼的 10 层办公，而业务部门则在 5 层办公，作为 MN 云事业部 BP Head，周辰并不认为不在一处办公会阻碍他对业务的了解，相对，他更重视 HRBP 对业务的掌握程度以及 HR 服务的针对性和有效性。在业务部门需要的时候及时出现，比整天在业务部门待着要高效有用得多。

MN 云事业部是技术部门，HRBP 未必需要去了解那些深入的专业知识，但一定要了解商业模式和业务目标，帮业务目标落地。HRBP 会经常参加一些业务部门的会议，会从人才和组织角度提出一些专业意见，比如：

- 如果你们业务有这些变化，那么现在人员的能力结构能不能适应这个变化？

- 原来的绩效考核指标或方案，大家希不希望做一些改变和疏导？
- 现在我们公司要做这些变化，整个团队的氛围、人员能力的结构能否胜任？

HRBP 的目标一定是要协助业务落地，因为任何业务的落地是一定落在人、团队和组织资源上。HRBP 会站在业务的角度去想所需要的资源，并且会快速地拿出解决方案，这样就会逐渐获得业务的认同和信任。

HRBP 的战略承接

谈到战略，人力部门涉及最多的就是 COE 和 HRBP 团队了。在 MN，HRBP 与 COE 二者是平行的关系，没有隶属关系，如今的 BP Head 周辰与 COE 属于 Peers，二者在战略上扮演不用角色。COE 对接总裁方的战略需求，负责 HR 政策和机制制定，他们的理论基础扎实，作为 HRBP 的业务指导，提供个性化设计，为 HRBP 持续赋能。COE 类似疑难杂症的专科医生，聚焦模块痛处，提供深化的解决方案。而 HRBP 更多偏战略执行落实，更了解业务。HRBP 还可以类比为外科急诊医生，需要解决迫切的剧烈痛点。

在 MN 云事业部，HRBP 要熟悉团队的战略走势，并从人力资源角度思考战略问题。HRBP 会参与事业部业务目标的制定和战略分解，从源头参与，提前做好人才、组织资源准备，保障事业部目标达成。HRBP 还会参与事业部 KPI 体系的制定并主导绩效考核。

除此之外，MN 对 HRBP 的交付能力要求比较高。在符合集团 HR 流程和规范的前提下，要解决绝大部分问题，很多时候都是 HRBP 向 COE 提交方案，由 COE 提出专业意见。比如，某个业务单元提出人员需求，那么 HRBP 马上会对该需求进行分解，如需要什么样的人，内部调配还是外部招聘，通过什么渠道招聘。如果 HRBP 团队无法解决问题，则会让 COE 提供支持，共同确定解决方案，快速交付业务部门，高效满足业务需求。HRBP 还会检验 COE 政策能否很好地推行，反馈可改进之处，帮助政策的完善。

HRBP 的素质要求

在 HRBP 人员的选配上，MN 的要求是首先要有 HR 专业功底并且要对 HR 各模块比较熟悉；其次是要有很强的学习能力，能够迅速掌握业务关键需求；然后是要有很强的责任心，要主动理解业务，解决问题。这三点要求不难理解：第一点是"知己"，HRBP 首先要懂 HR，这样才能梳理 HR 资源，对接业务需求；第二点是"知彼"，要聪明、勤奋，充分理解业务需求；第三点是主观能动性，HRBP 是与人打交道的工作，富有创造性，工作标准化程度低，所以需要很强的责任心。这三点素质要求与大客户经理的素质要求基本一致。周辰带领的 BP 团队，共 6 名成员，均来自外部招聘，都有 HR 专业背景，但是各有侧重，内部会有 HR 专业模块分工，主要是为了便于和集团 COE 各模块对接，但周辰会让团队成员在专业模块上进行轮换，目的还是增强团队成员的综合能力。至于为什么 MN 的 HRBP 会注重 HR 专业背景，周辰有他自己的理解。对于业务(技术)人员转做 HRBP，周辰认为这类人员没有管理经验，对于管理痛点敏感度会低，并且没有 HR 基础，没有落地的手段。对于管理人员转做 HRBP，周辰认为这类人虽然能理解管理痛点，但缺乏 HR 视角，并且管理人员的职业路径大部分依然为管理岗位，甘心从 HRBP 做起的人会很少，然而直接做 BP Head 又不合适。MN 从 2011 年开始搭建 HRBP，主要成员是由招聘团队贡献，COE 部门也有部分人员转为 HRBP，周辰就曾是 COE 部门的 OD，这里也反映了招聘、OD 模块对 HRBP 的重要性。

HRBP 前途似锦

MN 的 COE 成员很多来自于专业咨询机构，眼睛向外，更加了解 HR 行业和市场，能够为 MNHR 体系提供更多的外部视角。

MN 的 HRBP 成员则更多来自于人力部门，周辰也更倾向于人力部门。HRBP 眼睛向内，更多地专注于解决组织内部问题，与 COE 内外结合，共同促进。

在谈到 HRBP 的职业发展路径时，周辰则告诉我们，一方面可以在公司内部横向发展，可以转为 COE，更加专业化；另一方面也可以在公司内部纵向发展，MN 为每个人提供了足够大的发展空间，MN 云事业部几年内可能就会成为 MN 集团的子公司，到那时，周辰就会晋升为 HRD；另外也可向外部发展，凭借着在 MN 积累的工作经历，走出去会有更好的职位。诚然，HRBP 要面对大量复杂情况，要提供一站式解决方案，HRBP 的胜任力模型越来越复杂，几乎要无所不能，才能把工作做好，甚至要像 CEO 一样思考。格局有多大，舞台就有多大，HRBP 不仅可以成为 COE，成为 CEO 也不再是天方夜谭。

在互联网企业纷纷强调云计算业务的趋势下，周辰也打算在 MN 继续坚持下去，实现 BP 到 HRD 的跳跃。飞速发展的今天，实现这一目标，几年内应该不是梦！

HRBP 六剑客点评

铁木真：他们的三支柱很规范、很扎实，各自的角色很清晰。BP 提供一站式人力解决方案，类似急诊医生，对于"小股敌人"就地解决；COE 类似于解决疑难杂症的专家，给 BP 赋能，对于"大部队敌人"提供系统解决方案。

东皇太一：互联网+技术+HRBP，充满了迷人的可能性！

花木兰：MN 的"大客户经理"很形象，HRBP 提供一站式解决方案，业务部有需求，HRBP 便立即响应，做最贴近业务的 HR。当然这对 HRBP 的综合要求更多，不但 HR 的各个模块都要熟稔于心，还要懂业务知识，此外往往还更需要 HRBP 有强烈的主动性，主动发现问题。HRBP 能争取多大价值，HRBP 就有多大价值！

荆轲：通过帮助事业部发展为子公司，而实现从 HRBP 到 HRD 的跨越，是扩张型企业 HRBP 内部晋升的重要路径。

燕南天：MN 集团对于三支柱模型的引进，不是追逐潮流，而是切切实实基于业务的需求。无论是六模块、三支柱，还是其他形式，应该一直以公司发展现状与战略为聚焦点。

黄蓉：HRBP 扮演着"大客户经理"的角色，不仅具备 HR 的专业知识，与业务部门的战略对接也做得井井有条。HRBP 更是与 COE 以战友相称，二者相互协调，紧密配合，为解决业务部门的问题共同出力，在我看来，该公司的 HRBP 可以作为典范供其他公司借鉴。

案例 23　转向业务还是管理：HRBP 的美丽光明大道

陈经理在 HR 领域有着极为丰富的工作经验，她曾在 2009 年到 2010 年期间服务于当当网，见证了当当网的人力资源部门的改变；也曾在 2010 年到 2014 年就职于京东，经历了京东HR部门的组织升级、架构初步的三支柱模型，她曾负责招聘等人力资源的多个模块，也担任过COE、HRBP等职位。作为资深HR，她渴望在更加富有挑战性的公司施展自己的才华。而TM作为一家互联网企业，在竞争极为激烈的红海中厮杀生存下来，确实有很大的空间让她大展拳脚。目前，陈经理在TM的金融服务平台做HRBP Head，这是她的第三家公司，从她的言行举止中看得出来，她对现在的公司有很深的感情，也坚信公司能在所有人的努力下，发展成这个行业中的龙头老大，扩展出更多业务。

陈经理这样评价TM人："皮实、聪明"。皮实，是因为无论是什么任务，任务有多么艰巨、辛苦，TM人都会全力以赴完成，调岗、加班都没有怨言，抗压能力强。聪明，是因为在互联网外卖市场的红海中，竞争极为激烈，既要抵御竞争对手的攻击，也要防止潜在竞争对手进入市场围剿其利润，更担心互联网巨头们的打压、投资者们的资本投向。在这样的多重压力下，TM人依然依靠着创新的想法、坚实的业务能力和踏实的工作态度，在这个市场上占了一席之地。即使没有"闻味官"，也可以清楚感受到TM员工在工作时的这些特质。因此，皮实、聪明这两种特质在招聘新员工时也会进行考察，希望通过招聘与TM特质相符的员工进入公司，从而与公司的工作节奏更好地契合。陈经理提到这两个词时，充满了笃定，这是她对TM员工们最好的概括，也是她对自己最好的总结。陈经理确实是极有能力的，在这样激烈的业务竞争中，HRBP作为业务的支持，同样面临巨大的压力，如何补充最合适的员工进入业务团队、如何激发员工的积极性从而以更加饱满的精神态度面对挑战、如何培训员工技能、如何解决员工需求、如何从人力资源的角度为业务部门提供专业的建议，这些问题都需要陈经理顶住压力，用丰富的实践经验和扎实的理论功底做出解答。

陈经理介绍了公司总体的组织结构。公司总体的人力资源部分为HRBP、COE、SSC，HRBP下又细分为各部门HRBP和各部门COE。公司COE制定大方向的规划，负责招聘、培训、绩效、薪酬等事务，SSC主要负责日常行政工作，HRBP直接对接业务部门。由于要精准匹配业务部门的需求，因此公司COE提出总体规划后，HRBP需要落实到具体部门中，在这个阶段HRBP会与部门COE共同制定规划,再由 HRBP 推行。这样架构的理由是,HRBP 通过与业务部门的交流,可以将具体需求传达给部门 COE,与部门 COE 共同制定有针对性的计划,使计划更具有落地性,一些重要的、规模大的、整体性的、全局性的和战略性的工作由公司 COE 负责完成。她所在的金融服务平台中,共有 20 个 HRBP,按照事业部划分负责范围;部门 COE 共有 7 个人,职位与部门 HRBP 是平级的,这些人共服务 3200 多名员工,服务销售部门员工比例为 1∶200,服务非销售部门员工比例为 1∶150。HRBP 需要及时和业务部门沟通,因此坐在业务部门,参加业务部门周会,传递企业文化。陈经理作为 HRBP Head,直线汇报集团的 HRVP,虚线汇报业务的 SVP。陈经理对 HRBP 有着自己的看法,她认为只将 BP 聚焦于招聘职能是存在问题的,因为绩效是 BP 的蓄水池,通过绩效调节 BP 的效用,因而不能做 BP 只从招聘入手。

　　陈经理基于多年的 HR 工作经验,总结了对于 HRBP 的定位,她认为 HRBP 应该贴近业务,来源于业务,BP 对业务的熟悉程度应该达到当业务部门的员工突然离职时,BP 可以直接顶替其位置,以及在日常工作中,HRBP 应该如何通过人力资源的形式帮助业务部门解决问题,比如告诉业务部门在业务流程中需要哪些人、注意哪些人。HRBP 需要做到"上天入地"。上天,指帮助战略生成,提供目标,搭台子;入地,指帮助业务传承文化,延展生命周期。既需要战略性,使得行动有规划有目标;也需要解决好最基本的需求。

　　正因为 HRBP 的高定位,陈经理更加认为 HRBP 是一个有难度、需要专业素养的职位,从而提出 HRBP 的素质要求。第一,最基本、最重要的是专业能力,人力资源的基础知识,各个模块的工作经验,都是 HRBP 顺利、有效开展工作的保障,只有从专业的角度解决业务部门和员工的问题,才能得到业务部门的接纳和员工的信赖。第二,是整合能力,整合各方要求、意见。第三,落地能力,如何把规划更好地落实到行动上去,需要 HRBP 在多个过程中不断努力,因此,做过 COE 的人更适合当 HRBP。第四,影响力,通过影响力使业务部门接受 HR 方面的意见,通过为对方所认可的价值而获得影响力。第五,业务理解能力,即业务 sense,能够从组织战略到业务战略,最终形成 HR 战略;注意与业务部门深入沟通,参加业务会议，了解业务，甚至帮助业务部门进行竞争对手分析 mapping(包括人与业务)。

可以看到，HRBP 需要有极高的素质和能力要求，因此 BP 来源并不广泛，而是更具有针对性。大多 BP 从业务部门转来、从 COE(OD、培训、薪酬等)转来、或从其他公司挖来。一般要求工作经验五六年以上，不招没有工作经验的应届生，因为 BP 需要具备综合的能力素质，这是应届生所没有的。同时，外部招聘 HRBP 时大都需要有人力资源管理的背景，因为让一个金融背景的人来做 HR，在现实情况中很难实现(很多做业务的人不愿意转到 HRBP)，所以需要在招聘时重点考察人力背景的员工，进入公司后再培训业务知识。

但 HRBP 作为支持业务部门的合作伙伴，是中立人、参谋，要有理有据地与业务部门沟通，从 HR 专业角度给业务部门参考意见，帮助业务部门分析利弊，告知其未来可能的风险点，与业务部门相互信任相互补充，与业务部门坐在一起，随时与业务部门保持沟通。但 HRBP 不能帮助业务部门做决策。在有冲突的问题上，不是谁强势就听谁的，也不能完全满足业务所有的需求，而是看 HRBP 是否能通过这个行为真正帮助业务部门解决问题，告诉业务部门如果不听 HRBP 的意见，就可能存在潜在的风险。因此更需要 HRBP 具备影响力，且站在中立公正的角度进行分析，才能在业务部门做最终决策、HRBP 起间接作用的前提下，影响业务部门从长远角度进行考虑，及时止损。陈经理认为，HRBP 应该站在为公司争取利益的角度上，站在公正的立场上，有原则地为业务部门服务。HR 管理层方面依然有质疑和管控的权利。比如 HRBP 可以向业务部门提问：是否晋升某人，要想清楚是因为什么晋升？业务领导要晋升他背后的逻辑是什么？业务领导关注的点你是否注意到了？如果强行晋升此人，未来可能造成什么影响？

关于公司中 HRBP 的薪酬待遇，由于 HRBP 承担强度更大、难度更高、更加重要的工作，而 COE 只要提出方案，具体执行落地都必须通过 HRBP 完成，且 HRBP 需要共同参与 COE 制定方案的过程，因此在三支柱中 BP 的工资最高。而 HRBP 的职业生涯规划也同样受到重视，发展路径一般有三种：一是综合管理者，由于 HRBP 与多模块都有接触，所以适合综合性的管理工作，成为 HRVP，甚至成为负责范围更广的综合类管理者；二是转向业务部门，因为 HRBP 懂业务，具备转向业务部门的能力,因此也成为许多 HRBP 的发展方向;三是转向 COE,HRBP 和 COE 之间存在互通性,做过 HRBP 的员工能够更好地理解如何制定一个能够落地的规划。但 TM 作为一家竞争激烈的公司,员工同样生存在优胜劣汰的规则中,淘汰机制十分严苛,整个公司实行强制分布,5% 的 C 评价员工将会被劝退或自行离开。无论是业务部门还是 HR 部门均采用此标准。通过这样的淘汰方式让团队活起来,员工拥有工作积极性、紧张感,从而优中选优。虽然淘汰机制严苛,但激励同样丰厚。除绩效奖金激励以外,公司更向资深经理级别以上的员工提供期权激励,使员工产生利益共同体之感,为公司创造更多利润。

但陈经理仍然面临着很大的难题,虽然 HRBP 已下设部门 COE,方便沟通,以辅助 HRBP 更好地制定可行性的规划,但仍然常有公司 COE 脱离业务部门制定计划的事件发生,HRBP 与公司 COE 沟通时仍存在问题。公司 COE 不会直接对接业务部门,HRBP 直接对接业务部门,因此 HRBP 对业务部门的需求更加了解,对制定的规划要求更高,有时公司 COE 就难以满足 HRBP 和业务部门的需求。但如果公司 COE 也深入业务部门,那么就会削减 HRBP 的职能,同时公司 COE 也就难以区分与 HRBP 的区别了。这个问题困扰了诸多实行人力资源三支柱的公司,关于如何更好地处理此类问题,公司还在不断地改进工作方式和工作结构,以探寻更好的解决方法。

铁木真:该公司三支柱有一个极具特色的地方,既有公司 COE,也有部门 COE,二者相互配合,更好地发挥 COE 的作用。

东皇太一:案例中的主人公在人力资源管理领域从业经验丰富,对 HRBP 的理解也非常深入,这有利于工作的开展,这也是为什么众多公司要求 BP 需要有多年从业经验的原因吧!

花木兰:陈经理对 HRBP 有着独特且有意义的看法,BP 聚焦招聘只能保证招对了人,怎么用好人需要利用绩效激励等模块来保证。

荆轲:部门 COE 的存在不仅能够为业务部门提供更好的支持,也具备培养人才的功能和潜力。例如,通过要求公司 COE 必须轮岗部门 COE 或具备部门 COE 的工作背景,可以加深 COE 和 HRBP 的联系。

燕南天：部门 COE 和部门 HRBP 应该是相互补充的，COE 比 BP 更懂公司政策、规则，BP 比 COE 更懂业务、执行，两者虽侧重点略有不同，但由于目标一致，所以可以起到相辅相成的效果。

黄蓉：为了更好地发挥人力资源工作者自身价值，为业务部门提供更加全面的专业支持，COE 与 HRBP 的关系区分问题将是 TM 公司未来不得不面临的又一大挑战。

附录二　所调研企业的 HRBP 详情

案 例	职　能	考核对象	来　源	其　他
1	业务支持：分析数据并支持业务部门； 纵向沟通：宣讲公司规章制度； 业务促进：监督业务部门工作完成情况； 需求发现：参会发现需求； 横向沟通：主动组织沟通会议等	业务部门和HRD	本科北大数学； 国企办公室主任	从心理学入门面相；
2	资源驱动(加速部门沟通)； 员工培养(搭建平台)； 干部建设(培养后备军)； 团队氛围(团队管理、绩效沟通、新员工适应等)； 纵向沟通、传统 HR 事宜：承接COE 评测预估后的人才缺口招聘及培训	业务部门和HRD	本科人力资源； 北大后勤部工作； HR 部门行政总监(猎头挖掘)	用友致远年轻HRBP 的专业性低，并且出现了 HRBP 归属矛盾
3	传统 HR 事宜解决：设计组织结构、安排任务、辅助招聘； 业务联系：处理客户关系。 纵向沟通：组织内的上下沟通	HRVP 与业务部考核(KPI 自己定，然后上级批准)	研究生人力资源专业； HR 部门	COE 的地位高于 HRBP，COE 抢功劳
4	团建和合作：文化管控，团队建设(加速沟通渠道)； 业务促进：人力资源角度； 发现问题：出谋划策	业务部门为主；	本科心理； 人力管培生； 出身人力部门，之前做过招聘、问卷分析	月饼事件，很大的决策权； HR 事宜交给后台来做
5	传统 HR 事宜：如协助合同转签； 纵向沟通：公司政策的讲解，同时解决财务问题以及采购问题； 横向沟通：薪酬沟通等工作	人力部门	行政、人力、财务部门	HRBP 支持100人左右； 灵活机动、主动反应、备选方案设计

续表

案 例	职 能	考核对象	来 源	其 他
6	需求发现：主动了解业务部门的人力资源需求、员工工作的情况； 传统 HR 事宜：人才规划与盘点(40%的时间)、团队建设和团队文化(30%)、招聘板块(15%)、绩效板块(15%)； 横向、纵向沟通：业务部门和人力部门沟通，解决他们的困难	打分制，由业务部门负责人、员工、人力部门主管共同打分，其中人力部门打分占主导	HR 部门，上一家公司是媒体公司	互联网公司，人才盘点频繁(有时甚至一个月一次)
7	传统 HR 事宜：招聘、裁员； 需求发现：参与业务部门会议，独创了"常青藤"培养计划，让新鲜"血液"轮岗培训； 横向沟通：员工离职沟通	考核由 HRD 负责，HRD 会征询分管职能部门意见，年初定量化目标	管培生分别做培训、招聘和人才发展	支持职能部门：负责支持职能中心，包括董事长、质量、控制中心、品牌工管中心等管理部门
8	招聘、效能提升(人才培养项目)； 负责带领团队支持 10 个职能中心，包括财务、融资、计划运营、战略、风控等。	HR 部门考核，参考业务部门意见；招聘 50%；效能提升 50%	FESCO 做过人力招聘咨询、两次猎头机会	与财务部门和业务部门进行三方沟通，将部门内财务人员的选择招聘权逐步移交给业务部
9	纵向沟通：hub，对接业务部门和总部的需求； 传统 HR 事宜：制定并执行 HR 方案，主要涉及招聘和员工关系； 横向沟通：离职沟通等	业务部门和人力部门	本科英语； 旅游管理工作； FT 中文 HR 工作； 自考GPHR 证书	无法左右业务决策，更多的是最优化执行； HR 必备素质：一是善于发现及分析问题的能力；二是学习的能力；三是悟性和情商；四是专业知识

续表

案例	职能	考核对象	来源	其他
10	传统HR事宜：招聘、绩效、薪酬等； 需求发现：紧跟业务角度，窥探需求； 战略辅助：从人力资源的角度辅助战略把控和落实	业务部门和HRD	出身麦肯锡咨询公司	出身咨询，迎接新挑战
11	BP1：传统HR事宜，干部发展培训，负责中层管理发展；绩效考核制度制定，一线员工的职业晋升和凝聚力； HRBP2：传统人力中的SSC角色，主要负责招聘、档案管理及薪资计算	HRBP总监（主导）、大区总监	本科工商管理；培训工作出身	职责界限模糊，VP将不属于该BP的工作安排给BP； 加班很累，但得不到直线主管(HRBP总监)认可； 该BP认为没有体现战略高度
12	HR事宜：如协助招聘等； 需求发现：参加会议，帮助发现问题； 部门沟通：帮助COE进行政策完善和落实	以绩效结果完成率进行考核，参考多部门意见	本科化工机械，但没兴趣；首经贸学习劳动经济学，北师大学习心理学	低层次的操作工直接由SSC部门招聘； 对HRBP软技能的要求，如PPT制作能力
13	传统HR事宜：组织架构、引入培训资源、帮助组织结构建设、晋升、薪酬都有话语权； 业务促进：鸡汤功能、阳春白雪下里巴人的结合； 需求发现：信息整合，帮助业务部门输入、输出； 战略辅助：帮助业务部门看清战略	业务部门和Leading BP	英语专业、人大在职MBA、猎头经历	灌鸡汤、讲故事、影响力、成就他人的胸怀。周末睡觉，因为特别累； 鼓励加班，大多工作到晚上9点
14	传统HR事宜：组织结构优化、人员盘点、提供人力方面的建议等； 纵向沟通：搜集信息，反馈COE等部门；偏重绩效与薪酬设计、加薪调薪、市场薪酬对标等； 战略辅助：人才储备； 横向沟通：离职沟通	由总经理考核、决定晋升。集团HRD不影响HRBP leader	劳动与社会保障专业，毕业后在一家外资公司做了四年的HR工作	HRBP有面试一票否决权(文化、软素质把控)

续表

案例	职能	考核对象	来源	其他
15	业务影响:参加会议,与领导沟通; 驱动变革:不断地创新; 传统 HR 事宜:如组织架构优化、人员盘点、人员编制优化、核心人才发展等,但工作有周期性,HR 工作强调工具推动和落地运用	HRD 直线考核,HRD 听取相关业务部门的意见,但业务部门的意见不占权重	广告专业,毕业一直从事 HR 工作	"活水平台"、"伯乐奖金"、离职礼物、鼓励回流、30~50 万的无息贷款买房、本科生住房补贴、结婚礼金、宝宝 QQ 靓号
16	常规的 HR 六大模块; 了解业务需求; 文化建设如:邀请员工家属参观工厂并参加多项趣味运动,提高员工敬业度	业务和人力部门	HRBP 确定为高级管理职位,比部门经理略低一点,薪酬在 HR 部门处于最高水平,应聘者大部分会满意	HRBP 离职,外部招,内部提拔培养; 相当于被服务部门的HR 经理
17	搞组织:职责、组织整合或者拆分; 管干部:决定谁上谁下。 激励:导向要对,把钱分好,战斗力要激发起来	BG 的 COO 考核	集团 COO 考核	理论上 BP 可求助 COE,但 COE 不接地气,不像 BP 了解业务需求
18	文化建设:"发现最美云杉人(第二季)"和"阳光云杉——2017 年诚信主题月"; 辅助业务:提示业务风险点; 组织发展和人才培养:结构业务匹配、人岗匹配; 传统 HR 事宜:承担较少,交给 COE,SSC 做	HRBP 更多来自于业务部门,有的就像赵政委这样由业务人员兼任政委	17 年 HR 经历,最早在国企从事劳资等工作,之后做 6 大模块。2015 年与前阿里同事建 BP 体系	仓库收货人因为喝了送菜人员的可乐被开除;员工拆单、虚假数据、收受贿赂等,HRBP 有否决权,业务经理无权干涉,两年开了 300 多人
19	问题发现:分解各项业务,确定招聘实质; 业务衔接:根据事业部商业计划提出招聘、管理计划; 战略辅助:信息上交集团 HR 部门,中心进行大招聘; 文化落地:公众号等新媒体手段宣传价值观。	HRD 直线考核	HRD; 山东大学公共管理硕士; 不少来自业务部门	以前是好人文化;现在是绩效文化、聪明人文化(已经转化成了招聘标准)和工程师文化

续表

案例	职能	考核对象	来源	其他
20	传统HR事宜：如绩效考核等； 需求发现：了解业务部门迫切需求，解决矛盾冲突点	事业部人力资源经理	2015年加盟XXW，担任养猪事业部人力资源经理，负责薪酬和绩效	公司的管培生计划培养了多位公司领导干部；高管集体离职事件
21	人员管理，如人员培训、挽留等； 领导力培训； 组织发展(OD)； 文化建设； 专注战略性工作，招聘外包； 问题发现，紧跟业务部门动作	HR总监考核，参考院长、业务经理等建议，支持部门业绩也考虑	HR总监	结果导向型企业；
22	需求发现：主动发现业务部门中的问题，提供一站式解决方案； 战略跟进：了解集团和业务部门战略变更方向	业务部门和HRVP	本科人力资源管理，多年相关从业经验	大客户经理
23	HR事宜：如协助晋升和调薪； 部门沟通：参与业务部门会议，了解人员需求； 问题发现：影响业务决策	人力部门与业务部门	当当、京东HRBP/COE经历	陈经理评价公司HRBP："皮实、聪明"；公司HRBP从业者在多家互联网公司有过HRBP经历

附录三　推荐"涨知识"素材

一、专业能力的提升

1.《招聘、面试、录用及员工离职管理实操从新手到高手》

从招聘到离职,作者带着你一步一步走,样样俱全。包括招聘规划、岗位分解、招聘渠道、陌生电访、面试原则、试用期概念等,同时紧跟互联网时代步伐,联系O2O理念、HRBP趋势,手把手带你走向HRD的巅峰。

2.《资深人力资源总监教你做薪酬——操作实务与设计技巧(实用案例版)》

资深HRD多年的工作总结,将近百个案例完整呈现在你面前。内容包括薪酬设计原则、实用Excel操作、薪酬调查、如何调薪、如何进行薪酬激励等。

3.《中华人民共和国劳动法(实用版)(2015新版)》及《中华人民共和国劳动合同法(实用版)》

最权威。如果致力于从事劳动关系方向的人力资源管理者,熟悉我国劳动用工合法形式和原则是十分必要的。

4.《劳动合同法实务操作与案例精解(增订7版)》

书中含有大量案例,都是平时遇到的劳动纠纷案例,帮助读者应对日常劳动纠纷案件,利用案例学习劳动法会让你印象更深刻。

5.《薪酬设计与绩效考核全案(修订版)》

绩效薪酬设计原则,设计多种绩效考核方法、薪酬设计方法,配有多篇案例,帮助理解。很实用。

6.《员工培训管理实操从新手到高手》

员工培训全过程梳理,让你了解培训需求分析、员工培训计划的制定与实施、员工培训效果的评估的所有内容,同时分工作人员类别(生产、销售、技术)、人员层级(初级、中级、高级管理者)讲述培训方式,很详尽。在企业中的实用性很大。

7. 《与领导沟通的 10 堂必修课》

道理浅显易懂,但实际中并非所有人都能做到,谨记书中箴言,用于实践才是正道。

8. 《九型人格:职场高品质沟通的艺术》

九型人格鼻祖海伦·帕尔默经典力作。可在书中对应自己的人格类型,熟悉沟通法则。

9. 《我这样做 HR 经理(一部 HR 经理的成长手记)》

一些 HR 的基础素质,如隐私保护、伯乐精神等,为职场菜鸟们,尤其是零基础新人提个醒,少走弯路,做得更好。

10. 《赢在 HR——世界 500 强人力资源总监管理实践》

按人物访谈的顺序排列章节。看看大咖们的实践原则,为自己引领方向。

11. 《世界 500 强人力资源总监管理笔记(套装 2 册)》

按 HR 职能进行分类排序,讲述不同职能模块中的 500 强 HR 经验。

12. 一些推荐的人力资源网站:

http://www.hr.com.cn/ 中国人力资源网

http://www.hrloo.com/ 三茅人力资源网

http://www.chinahrd.net/ 中国人力资源开发网

二、战略能力提升

1. 《变革的 HR:从外到内的 HR 新模式》

本书是人力资源管理大师戴维·尤里奇于 2007 年所著英文著作的同名中文译版,阐述了尤里奇先生关于由外而内的人力资源管理的观点,提供了很多关于 HR 变革的适用工具,对于希望了解 BP 本质的 HR 有很大的参考价值。

2. 《重新定义团队:谷歌首席人才官的团队管理法则》

也许你的公司不会或永远都无法与谷歌相匹,但那又怎样,通过世界领先公司来了解发展趋势，指引管理者更好的行动。

3. 《批判性思维——带你走出思维的误区》

内容包含数学逻辑、哲学推理等，十分重要的思维训练，让你辩证、理性、批判性思考，而不再附和别人！

4. 《高绩效的 HR——未来 HR 的六项修炼(珍藏版)》

人力资源领域权威专家大卫·尤里奇撰写，了解大师的思想，知晓 HR 未来变革趋势。书中包含多家世界名企人力资源管理经验，供借鉴、指引。

5. 《思考，快与慢》

书籍很有趣，可以很好地锻炼思维，包括风险厌恶、心理账户、偏见等管理学问题，讲述生动有趣，启发性强。

6. 一些推荐的论坛和网站：

http://www.tbr.net.cn/ 清华管理评论

http://www.hbrchina.org/ 哈佛商业评论

附录四 缩略语解释

C & B,Compensation & Benefit,薪酬与福利

COE,Center Of Expertise,专家中心

ER,Employee Relations,员工关系

HR,Human Resource,人力资源

HRM,Human Resource Management,人力资源管理

HRBP,Human Resource Business Partner,人力资源业务伙伴

OC,Organization Culture,组织文化

OD,Organization Development,组织发展

SOP,Standard Operation Procedure,标准作业程序

SSC,Shared Service Center,共享服务中心

TA,Training,培训

T & D,Training & Development,培训与开发

参 考 文 献

[1] 加里·德斯勒. 人力资源管理[M]. 14 版. 北京：中国人民大学出版社，2017.
[2] 雷蒙德·诺伊，约翰·霍伦贝克，等. 人力资源管理：赢得竞争优势[M]. 9 版. 北京：中国人民大学出版社，2016.
[3] 戴维·尤里奇，等. 变革的 HR：从外到内的 HR 新模式[M]. 北京：中国电力出版社，2016.
[4] 戴维·尤里奇. 人力资源转型：为组织创造价值和达成成果[M]. 北京：电子工业出版社，2015.
[5] 戴维·尤里奇，等. 高绩效的 HR：未来 HR 的六项修炼[M]. 北京：中国电力出版社，2015.
[6] 陈胜军. 人力资源管理概论(第二版)[M]. 北京：对外经济贸易大学出版社，2013.
[7] 党素香. S 软件公司 HRBP 管理模式研究[D]. 对外经济贸易大学硕士论文，2017.
[8] 戴维·尤里奇. 人力资源的四个新角色[J]. 商业评论，2005(10).
[9] 蔡成喜，刘越. HRBP 转型路径研究——基于战略柔性角度[J]. 中国人力资源开发，2013(17)：39-43.
[10] 杨磊，陈静. 人力资源业务合作伙伴(HRBP)——HR 新角色[J]. 经济研究导刊，2011(19)：105-107.